PUBLIC MANAGEMENT IN JAPAN

日本の公共経営

新しい行政

外山公美・平石正美・中村祐司・西村　弥
五味太始・古坂正人・石見　豊　著

北樹出版

はしがき

　本書は、近年、わが国の行政への導入が進められてきた「公共経営（パブリック・マネジメント）」の考え方やその動きについて紹介することを目的としている。これまでにも NPM（ニュー・パブリック・マネジメント）の理論や動向については、多くの先行研究によって紹介されてきた。ただし、それらの大半は、概念の整理や海外の紹介が中心であり、日本の実態や最新の情報を載せた本はあまり多くない。本書では、概念の整理や海外の動きについては最小限に抑えて、日本での状況の説明に力点を置いた。一般に NPM に関する本は、公共経済学や経営学を専門とする研究者の手によるものが多いが、私たち執筆者の7人全員が行政学を専門としている。この点も本書の特徴のひとつである。

　私たちはそれぞれの勤務先の大学で行政学などの講義を担当し、それをどう学生に伝えるかで日々悪戦苦闘している。従来の行政学の講義では、国家と行政との関係、行政学の歴史、官僚制論、管理と組織、統制と責任、予算と人事など、どうしても制度論が説明の中心になってきた。公務員試験（特に専門試験）を受験する学生にとっては、それらの説明は有効であるが、公務員試験を受験しない残りの多くの学生たちに、日本の行政の実態や改革の動きと関連づけたリアリティのある講義ができないものかと前から考えてきた。本書は、そのような思いに共感した7人の執筆者による管理論または改革論中心の行政学の試論的提案である。最後になるが、今回も北樹出版の古屋幾子氏の手を煩わせた。編集のみならず内容面にも及ぶ多くの貴重な助言を頂いたことに感謝申し上げたい。

　2014 年 3 月 4 日

執筆者の一人として

石　見　　　豊

目　次

第Ⅰ部　日本における公共経営の背景

第1章　日本における公共経営論の展開 …………………………………… 2
- ① 社会の構成と政府部門の研究 ……………………………………… 2
- ② 政府部門研究における科学的管理法 …………………………… 5
- ③ 政府部門研究における自治体経営論 …………………………… 9
- ④ 政府部門改革とパブリック・マネジメントの手法 …………… 15

第2章　行政改革とNPMの論理と展開 …………………………………… 22
- ① 福祉国家の終焉と政府の限界 …………………………………… 22
  - 1．福祉国家の後退（22）　2．福祉国家の問題点（23）
- ② 市場の失敗と政府の失敗 ………………………………………… 25
  - 1．市場の失敗（25）　2．政府の失敗（27）
- ③ 行政改革の論理と改革潮流 ……………………………………… 30
  - 1．日本における行政意改革の論理と展開（30）　2．80年代以降の行政改革の流れ（31）
- ④ NPM理論と展開 …………………………………………………… 34
  - 1．NPMの基本的方向性（34）　2．NPMの類型化（36）
  - 3．各国のNPMの展開（36）
- ⑤ NPMと行政改革の融合 …………………………………………… 39

第Ⅱ部　公共経営のしくみ

第3章　民間委託の歴史・現状・課題 …………………………………… 43
- ① 民間委託の起点 …………………………………………………… 43
- ② 直営か委託かの論争 ……………………………………………… 44
  - 1．直営の自治体業務に対する批判（44）　2．民間委託に対する懐疑・反対論の展開（46）　3．民間委託のメリット・デメリット（48）

③ 直営・委託論争から運用・浸透の時代へ ………………………… 50
　　　　1．行財政スリム化の国策と民間委託（50）　2．国策に連動する自治体の動き（53）
　　④ これからの民間委託をどう捉えるか …………………………………… 54

第4章　第三セクターから学ぶべき点 ……………………………………… 58
　　① 第三セクターとは何か ……………………………………………………… 58
　　　　1．第三セクターの定義とその位置づけ（58）　2．第三セクターの現状（61）
　　② 第三セクター問題の経緯 …………………………………………………… 62
　　　　1．バブル期のリゾート開発（62）　2．リゾート系三セクの問題点と教訓（65）
　　③ 第三セクター鉄道の状況と課題 ………………………………………… 66
　　　　1．三セク鉄道誕生の経緯と特徴（66）　2．三セク鉄道の課題・問題点（67）
　　④ 都市開発と第三セクター …………………………………………………… 69
　　⑤ 第三セクターの性格と問題点 …………………………………………… 72

第5章　日本のPFI、PPPの特徴と課題 …………………………………… 75
　　① 日本へのPFIの導入とその状況 ………………………………………… 75
　　　　1．PFI手法の形成と日本への導入（76）　2．国家戦略・成長戦略としてのPFI事業の推進（77）　3．PFI事業の種類（78）　4．PFI事業の実施状況（80）
　　② PFIの課題・問題点 …………………………………………………………… 80
　　③ PFIの成功事例・改善事例 ………………………………………………… 84
　　　　1．PFIの成功事例（84）　2．PFIの改善事例（85）
　　④ 日本版PPPの実施状況と具体的な動き ……………………………… 86
　　　　1．日本版PPPの展開（86）　2．地方自治体におけるPPPの先駆的な取組み（88）
　　⑤ PPP概念の再整理と今後の課題 ………………………………………… 92

第6章　市場化テスト――公共サービス改革法のインパクト ………… 95
　　① 市場化テストとは ……………………………………………………………… 95

1．市場化テスト導入の経緯（95）　　2．市場化テストの考え方（97）

　　② 市場化テストのしくみ ……………………………………………………… 98
　　　　1．競争の導入による公共サービス改革の目的（98）　　2．対象となり得る公共サービス（98）　　3．官民競争入札および民間競争入札（99）

　　③ 国レベルの市場化テスト ………………………………………………… 99
　　　　1．官民競争入札等監理委員会（99）　　2．法令の特例（100）　　3．市場化テストの枠組み（100）

　　④ 地方自治体レベルの市場化テスト ……………………………………… 101

　　⑤ 市場化テストの現況 ……………………………………………………… 103
　　　　1．国の省庁等（104）　　2．地方公共団体（自治体）（105）

　　⑥ 市場化テストの課題 ……………………………………………………… 109

第7章　指定管理者制度の背景・現状・課題 …………………………… 112

　　① 指定管理者制度導入の経緯と背景 ……………………………………… 112
　　　　1．制度導入の経緯（112）　　2．制度導入の背景（113）

　　② 指定管理者制度の現状 …………………………………………………… 114
　　　　1．指定管理者制度導入の現況（114）　　2．都道府県、指定都市、市区町村で異なる指定管理者の状況（116）

　　③ 指定管理者制度をめぐる課題とは何か ………………………………… 118
　　　　1．総務省による課題提示（118）　　2．指定管理者制度をめぐる一般論的課題（119）　　3．指定管理者制度をめぐる建設的見解（120）

　　④ 指定管理者制度運用の実際——宇都宮市・栃木県 …………………… 122
　　　　1．宇都宮市における指定管理者選定の実際（122）　　2．栃木県における指定管理施設の運営評価の実際（125）

　　⑤ 指定管理者制度にどう向き合うべきか ………………………………… 127

第Ⅲ部　行革と民営化の動き

第8章　独立行政法人制度の現状と課題 ………………………………… 132

　　① わが国の独立行政法人制度 ……………………………………………… 132

②　独立行政法人 ……………………………………………………………… 133
　　1．わが国の独立行政法人の導入（133）　2．わが国の独立行政法人の現状（137）　3．わが国における独立行政法人の特質（142）

③　地方独立行政法人制度 …………………………………………………… 143
　　1．わが国における地方独立行政法人制度の導入（143）　2．わが国における地方独立行政法人の現状（143）　3．わが国における地方独立行政法人の課題（144）

④　国立大学法人等 …………………………………………………………… 144
　　1．国立大学法人・大学共同利用機関法人（145）　2．日本司法支援センター（147）

⑤　最近の動向 ………………………………………………………………… 147

第9章　道路関係四公団の民営化とその課題 ……………………………… 149

①　日本における「民営化」とは何か ……………………………………… 149
　　1．本章の目的と構成（149）　2．「民営化」＝特殊会社化（150）　3．完全民営化＝通常の株式会社化（152）

②　なぜ道路関係四公団は民営化されたのか ……………………………… 153
　　1．道路関係四公団とは何か（153）　2．「プール制」「ファミリー企業」「天下り」（154）

③　どのように道路関係四公団は民営化されたのか ……………………… 156
　　1．一般的な政策の形成のプロセス（156）　2．民営化推進委員会（157）　3．法案化に向けて（159）

④　道路関係四公団の民営化とは …………………………………………… 161
　　1．民営化の概要（161）　2．高速道路株式会社の特徴（163）　3．プール制の一部存続と復活の可能性（164）　4．民営化が残した課題（166）

第10章　日本郵政公社の民営化とその課題 ……………………………… 169

①　郵政民営化と道路関係四公団民営化との違い ………………………… 169

②　日本郵政公社の設立と民営化法案の立案 ……………………………… 170
　　1．日本郵政公社の概要（170）　2．郵政民営化法案の立案（171）　3．国会での審議と郵政解散（172）　4．法案の成立と準備企画会社（173）

③ 郵政民営化とその「見直し」………………………………………… 174
　　　　　1．民営化された当初の特徴（174）　2．民主党政権による郵政民営化の見直し（176）　3．改正法の内容（177）
　　　④ 郵政民営化とは何だったのか ………………………………………… 178
　　　　　1．郵政関連4社の経営状況（178）　2．郵政民営化における特徴と課題（180）

第11章　日本における政策評価の動向と特質 ………………………………… 184
　　　① 日本における政策評価導入の背景 …………………………………… 184
　　　　　1．政策サイクルにおける「評価」（184）　2．政策評価の定義（185）　3．制度導入の背景（186）
　　　② 国レベルの政策評価と行政評価・監視 ……………………………… 186
　　　　　1．制度導入の経緯（186）　2．各府省による政策評価制度（189）　3．総務省行政評価局の役割（191）　4．行政評価局調査機能（194）
　　　③ 地方公共団体における政策評価 ……………………………………… 199
　　　　　1．地方公共団体における導入状況（199）　2．静岡県の「業務棚卸表」と「施策展開表」による評価（200）　3．豊島区の政策評価制度（202）　4．日本における政策評価の課題（206）

第12章　公務員制度改革と非正規公務員問題 ………………………………… 208
　　　① 日本の公務員制度の特徴 ……………………………………………… 208
　　　　　1．政官関係（208）　2．キャリア制度（210）　3．退職管理（212）
　　　② 国家公務員制度改革の経緯 …………………………………………… 214
　　　　　1．これまでの改革の経緯（214）　2．国家公務員制度改革基本法の内容と最近の動き（215）
　　　③ 地方自治体における改革の動きと地方公務員の変容 ……………… 219
　　　④ 非正規公務員問題 ……………………………………………………… 222

　索　引（227）

日本の公共経営

―― 新しい行政 ――

第 I 部　日本における公共経営の背景

第 1 章
日本における公共経営論の展開

1　社会の構成と政府部門の研究

　現代社会は、4つの部門から構成されている。先ず、最も基本的な部門として、血縁・地縁・知縁（友情）などの人間関係から構築されている「非公式部門」がある[1]。

　この非公式部門は、19後半から20世紀初頭に活躍したドイツの社会学者フェルディナント・テンニース（Ferdinand Tönnies）の言う自然発生的、有機的、原始的で、かつ伝統的な人間関係を重視した社会集団の集合体（Gemeinschaft）であり、実在的・自然的な本質意思（Wesenwille）に基づく諸集団からなる非公式な共同体である。この部門は、たとえば、家族や一族などの親類縁者（血縁集団）、町内会・自治会（地縁団体）、老人会や婦人会、PTA、寺社の檀家・氏子、出身校の同窓会、野球・サッカーや俳句などのスポーツや文化サークルなどの団体（知縁団体）から構成されている。

　次に、この非公式部門の上に、協約（Konvention）という選択意思（kuerwille）に基づき、かつ自由、契約、手段を重視し、人為的に組み立てられた機能体組織の集合体（Gesellschaft）がある。この集合体は3つの部門（政府部門、市場部門、非営利部門）の組み合わせで構成されている公式部門である[2]。

　この公式部門は、それぞれ、意思決定の方法、資源配分の方法や財・サービスの種別によって、意識的かつ理性的に結合された観念的・機械的な人工の形成物である諸組織から構成されている。したがって公式部門を形成している三部門内の組織はみな、組織それ自体に目的が存在し、その目的を実現させるために人財（材）、資金やその他の資源を集め、役割分担や指揮命令系統の整備などを行っている組織である（表1-1参照）。

政府部門は、国や自治体の公官庁組織（行政府）、議会（立法府）、裁判所（司法府）、政府系外郭団体（quango）、国連やEU等の国際組織・機関等から構成されている[3]。市場部門は、企業・会社・商店等の営利法人（組織）から構成されている。また、非営利部門は、財団・社団、宗教・学校・医療法人、NPO、組合等の非営利法人（組織）から構成されている（図1-1参照）。

表 1-1　三部門の特徴

	意思決定の方法	配分の方法	組織目的
政府部門	多数決	再配分	議会・一般有権者の個人的趣味・選好の集合
市場部門	バーター・取引交換	取引・交換	財・サービスの生産と販売による利益の追求・保存
非営利部門	博愛・公平・公正	互恵・相互報酬贈与・寄付・会費	組織の構成員に対する財やサービスの提供

出典：ケネス・J・アロー『社会的選択と個人的評価』日本経済新聞社、1977年／カール・ポラニー『大転換』東洋経済新報社、1975年／H・サイモン『経営行動』ダイヤモンド社、昭和40年より作成

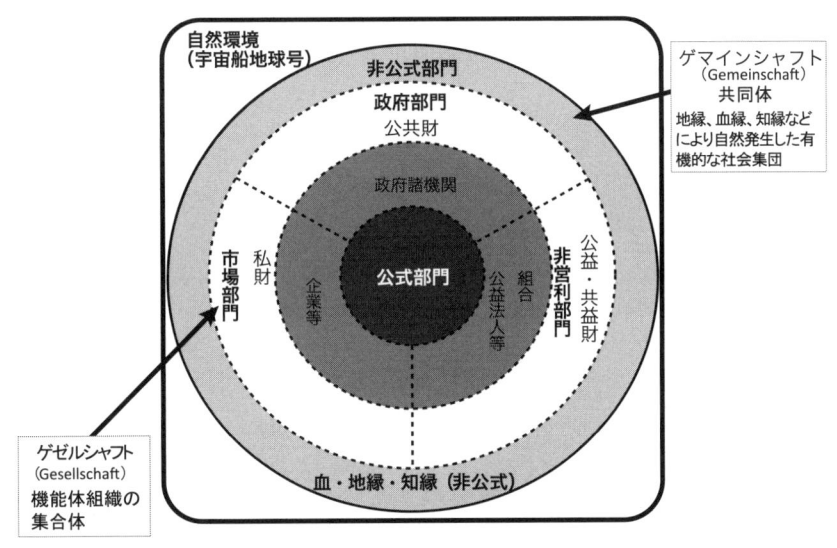

図 1-1　社会の構成——理念型概念図

　政府部門の研究は、これまで、政治学、行政学、政策科学（研究・分析）、公共経済学・公共選択論、財政学、公会計、公法などの各学問分野において、そ

れぞれの研究視点から有益な分析が進められてきた。たとえば、政府部門の改革に関連する研究例を挙げてみると、次のような内容の研究が挙げられよう。

●政治学
　公共性、公正、公平、平等、代表、リーダーシップ、参加、政治文化（ソーシャル・キャピタル論）などのコア概念の再検討など
●行政学
　近代官僚制組織のデメリットの増大、「管理・計画・予算・法令」の重視の姿勢（行政管理）からの脱却など
●政策科学（研究・分析）
　政策過程における官民の協働化・ネットワーク化、およびそのネットワークのマネジメント（Network Management）、政策の評価（行政評価・事業評価・事業の棚卸）など
●公共経済学・公共選択論
　フリーライダー、レントシーキング、中位投票者、外部性、公共財、取引費用、X非効率などの用語を用いた「市場の失敗」と「政府の失敗」の検討など
●財政学
　税の負担と給付の関係の見直しなど
●公会計
　単式簿記から複式簿記への会計制度の変更など
●法学
　行政が従前から担ってきた公共サービスを民間に委ねた場合に生じる法的課題（公役務の委任等）、デザイン・ルールとモジュール化、行政手続きの簡素化・情報の公開などの議論

　本書で取り上げる「パブリック・マネジメント（Public Management）」の研究とその実践もまた、政府部門を対象とする。パブリック・マネジメントによる政府部門の研究とその実践は、上述した先行する各学問分野の研究成果[4]を取り込んだ上で、経済性（economy）、効率性（efficiency）、有（実）効性（effectiveness）と、効（成）果（effect）・結果（outcome）の評価などの経営学の視点から、政府部門の仕事（規制政策・分配政策・再配分政策・制度設計・マクロ経済の管理など）

を総合的に見直していくことを目指している[5]。パブリック・マネジメントの研究・実践は、また、単に政府部門内の諸組織（機関）の業務・財政面の改善（管理者型経営）だけでなく、利用可能な資源（ヒト・モノ・カネ・情報）の総量を拡大することでトータルな生活環境の向上を図る「企業家型経営」への転換を目指している[6]。さらに、パブリック・マネジメントは、政府部門と他部門との関係（市場部門・非営利部門・非公式部門の関係）の改編をも意図している。以下では、これらの点に関して簡潔ではあるが検討を進めていきたい。

2 政府部門研究における科学的管理法

わが国において「パブリック・マネジメント≒公共経営」という考え方が広く普及したのは、欧米のパブリック・マネジメント研究の動向が紹介された1990年代以降のことであると言えよう[7]。この意味では、確かに「公共経営」という考え方は新しい概念と言える。たとえば、武藤博己編『自治体経営改革』（ぎょうせい、2004）においては、「自治体のトップ・マネジメント改革」、「自治体計画の戦略的改革」、「地方独立行政法人」、「PFIをはじめとする民間活力利用による自治体経営改革」などの新しいタイプの改革手法が紹介されている。他にも同様の内容を含む書籍も多い。

しかし、税によって賄われる政府部門内の諸組織の運営管理の「改善」という経営学的な考え方は、わが国においては、必ずしも目新しいものではない。政府部門内の組織と関連して「経営」という用語がいつ頃から用いられていたかを文献検索すると、1910（明治43）年内務省地方局編纂の『地方經營小鑑』（報德會）に行き着くという。この文献は、「人民の便利を主とせる町村役場の事務室」や「釜石鉄山と学校経営」といった地方の創意工夫を紹介した内務省地方局編集の施策事例集であり、政府部門内組織の「経営」という本稿のテーマと直接関係するものではない。しかし、明治の末期に内務省が「経営」という用語を意識して使用したということは注目すべきであろう。

ところで、わが国において、いかにして機能体組織がその業績や効率性を向上させることができるのか、またどのような行動をとることが合理的なのか

（戦略・計画の作成）を考察しようとする考え方が導入されたのは、1910 年代初頭（明治末年から大正初期）であるという。明治末期より大正年間にかけてわが国の事業経営では、工場や鉱山の経営管理、銀行や商店の執務運営において、F・W・テイラー（Frederick Winslow Taylor）の「科学的管理法（Scientific Management）」に基づく工場管理・事務管理が率先して導入され、大きな成果をあげた会社もあった[8]。

間宏監修・解説『日本労務管理史資料集 第 1 期第 8 巻 科学的管理法の導入』（五山堂書店、1987 年）に収録された、安成貞雄「科学的操業管理法の神髄」『実業之世界』第 8 巻第 6 号（1911 年 3 月）によれば、当時のわが国における工場の生産管理の実情について次のような言及がある。

> 思ふに、日本の工場管理監督法の中には、新制度中の工夫と類似したもの、若しくは同一のものが在るであらう。然しながら、之れを以て新制度を研究せずして、之れは陳腐であると云ふが如き結論に急がず、公平に斯法を研究し、日本の実際の事情を斟酌して、之れを自分等の工場に適応せんことを望む（p.56）。

佐々木聡は、『科学的管理法の日本的展開』（有斐閣、1999 年）において、科学的管理法の導入と普及に関連する時代の事情を次のように説明している。日本への科学的管理法の文献的知識、体系的管理（systematic management）の諸手法や、ごく大雑把だが事務管理のそれも含めて、包括的に、早期的かつ網羅的に紹介し、大正時代の前半より、進取的で意欲に富む日本の会社では、科学的管理法や能率増進法の摂取、受容、解釈、応用、実践が盛んに行われたとする。

1910 年代半ば以降、人間工学や労働科学の理論も紹介され、また国内でも自らの実験結果を体系化、精緻化する試みがなされていく。池田藤四郎の『無益の手数を省く秘訣』（1913 年）は 100 万部売れたという。またこの頃には、C・B・トンプソン（C. Bertrand Thompson）や H・L・ガント（Henry Laurence Gantt）の論文も翻訳されるようになる。

1910 年代後半から 20 年代初頭（大正後期）になると、それまで紹介された科学的管理法に基づく原則や手法の知識は、教育機関による講座の開講や専門雑誌の発行によって、普及していく。科学的管理法の紹介・導入・受容・適応過

程における担い手は、学究者グループと実務者グループの2つのグループに分類でき、さらに実務者グループは事務管理型グループと生産管理グループに分かれ、日本能率聯合会と日本工業協会へと収斂していくことになる。

＜学究者グループ＞
● 「学術調査・研究型」
　工場生産・事務作業と離れた立場にあって、科学的管理法に関する知識を紹介・解釈・導入し、合理的な管理と組織および労使関係管理のあるべき姿を模索したグループ（日本能率聯合会（昭和2年）へ）。
＜実務者グループ＞
● 「事務管理の実務型」
　事務（執行）作業に従事しながら、科学的管理手法の必要を認め、これを導入しようとしたグループ（日本能率連合会へ発展）
● 「生産管理の実務型」
　実践的かつ合理的な工場管理の手段を研究する過程で、科学的管理の実際的手法を導入したグループ（日本工業協会（昭和6年）へ発展）

　上記の流れの中で、1926（大正15）年7月に「日本経営学会」が設立される。その会員構成（1927（昭和2）年）は経営経済学・経営管理学の学究人が6割、工場管理・経営工学関係の実務者が4割であったという（斐、2008）。この4割の中には公務員・軍人も含まれていた（文部省、外務省、鉄道省監督局、日本銀行、東京税務監督局、東京地方専売局、海軍大学校、海軍経理学校（3）、海軍主計（大佐1、少佐2）となっており、合計13名であった）。

　同学会の構成員の内、業務の運営・管理の根本的要請に応えうる実際的な理論構築とその実践的応用を試みたのは、現場技術者・工場管理担当者、能率問題の専門家たち、つまり実務者たちであった。たとえば、政府部門においては、鐵道省管轄の大宮車輛工場[9]、国策会社南滿洲鐵道株式會社を通じた満州国の経営[10]、呉海軍工廠の戦艦大和の建造[11]などで取り組まれた事例が挙げられよう。

　無論、学会の主勢力会員の学究者側にも、科学的管理法の理論的・実際的な研究・応用を推進した人物は多数いたが、実務者側の要求を満たすものは多く

はなかった。むしろ、社会科学としての経営学とイデオロギー（理想化と政治化）としての経営学（社会主義や産業報国）との関係を充分に消化できず、抽象空理的な経営論の迷路に陥る場合が多かった。

　1942（昭和17）年3月に、商工大臣岸信介の斡旋により、日本能率聯合会と日本工業協会は統合され、日本能率協会が発足する。日本能率協会は、大東亜戦争の遂行のため、軍需品の生産を効果的に行うための能率指導を行う「国策的な統一機関」として政府部門内に配置されることとなった。しかし、能率指導者・技師たちの懸命な努力にもかかわらず、戦時情勢の悪下により工場や鉱山における作業能率や生産増強は好転しなかった。

　大東亜戦争の終結後は、『経営と共に―日本能率協会コンサルティング技術40年』（日本能率協会、1982年）によれば、日本能率協会の活動は大きな転換を遂げることとなる。

> 昭和20年8月に終戦、ほとんど同時期の9月に、GHQ（連合国軍総司令部）から、能率団体に対する日本政府の補助金打ち切りを命ぜられた。戦前の日本工業協会時代10年と、戦時下の日本能率協会3年半と通じた、商工省や軍需省の外郭団体としての任務や性格が、この命令で180度の転換を迫られることとなった（p.50）。

　日本能率協会は政府部門（政府系外郭団体）から離脱させられることになったのである[12]。

　戦時中、軍需品生産のために行われた「能率研究や能率指導」に携わっていた実務者グループの人たちは、戦後再出発した日本経営学会内の理論重視の学界活動から離れていく。彼らは、政府部門から市場部門（工業界・商業界）に移り、会社経営や製造業務の現場で、戦後の高度成長を支える作業の能率増進や工程の生産性向上をとおして、「品質改善→原価低減→納期短縮」を実現させる一翼を担っていくことになる。

3　政府部門研究における自治体経営論

　他方、上記の科学的管理法による経営論とは異なるもうひとつの系譜がある。たとえば最初期の著作として、片山潜『都市社会主義』（社会主義図書部、1903年）や、安部磯雄『應用市政論』（日高有倫堂、1908年）と同『都市獨占事業論』（隆文館、1911年）の著作が上げられよう。これらの著作は、事業（業務）処理のための運営管理技術（事務・執行の管理と生産管理の手法）というよりも、都市政策の面から、自治体の経営を論じたものである。

　大正期においては、都市問題が深刻化し出し、自治体の経営能力が都市問題との関連で論じられるようになる。池田宏『都市経営論』（都市研究會、1922年）、C・A・ビアード『東京市政論』（東京市政調査會、1923年）[13]、岡実『都市経営革新の急務』（東京市政調査会、1923年）らが、都市の経営論を発表し注目された。これら著作は「経営主体としての自治体」が都市問題にどう対処すべきか、具体的な調査分析に基づいたもので、現在でも高く評価されている。

　昭和に入ると、自治体の企業体論が出てくる。前田多門『地方自治の話』（朝日新聞社、1930年）、また関一『都市政策の理論と実際』（遺稿集、1936年）は、企業の経営を模した「余剰主義（経営）＝税外に収入を求めるシステム」と言われる都市の経営方式を主張するものであった。以上紹介してきた著作以外にも取り上げるべき多くの重要な著作がある。しかし、ここでは「自治体経営」という視点からの検討を行うために必要最小限の文献紹介に留めた。

　ところで、わが国においては、日露戦争以降（明治末年から大正期）、都市部の自治体が、ゲマインシャフト的な名誉職ともいえる名望家による「自治組織（≒公共体）」から、ゲゼルシャフト的な有給専門職員による「公益事業団体」へと変化し始める。この変化は、直面する社会（大都市）問題（都市人口の急増・失業・貧困・公衆衛生等）に対処するために、または経済・産業構造の変化に対応していくために、さらに封建都市を近代都市へと脱皮・再生させていくために生じたといえる。つまり、経済性を発揮する「事業体」へと、自治体の組織を編成し直す必要が生じたのである。上記に上げた文献は、この変化の過程（近代都市社会建設のためのプランの作成と制度の設計、プランの実施に必要な税の調達・

配分、実施組織の編成等）について考察を加えたものであったと言えよう。

当時、東京や大阪などの大都市部において、都市基盤事業（水道・電気・ガス・市電・市バス・地下鉄・港湾等）、都市計画事業（道路・公共施設等）、社会慈善事業（社会保障・福祉等）、衛生施設（下水道・ゴミ処理施設等）などの整備が、欧米の近代化された都市との比較から、大きな課題となっていた。だが、それらの課題に取り組むために必要な都市の一般財源（市税）は窮乏しており、教育・保健・社会事業・土木事業などの都市自治体本来の使命さえ停滞する状況にあった。

国税を確保するために独自財源を制限され、また地租に対する付加税も強く制限され、直接税にも限界のあった自治体は、その財源を戸数割付加税や家屋税付加税に頼っていた。自治体財政の窮乏下において財政の中心となっていたのは、この家屋税付加税であったが、これだけでは上述した課題の対策費用を十分に賄うことはできなかった。そこで、自治体は、次第に、料金による自償性のある市営事業（水道・電気・ガス・市電・港湾等）を収益主義的に経営していくことで当座の財源を確保しようとするようになった。また市営事業により市債の発行も可能となった。市場部門では財・サービスの生産・供給が不十分で、かつ公共性の高い分野においては、公的信用を背景として、公企業（公益事業団体）が創設できるようになったのである。結果として、都市自治体の財政は、「公益事業団体」化を通じて効率を高めていく市営事業からの収入を中心に、残りを家屋税付加税に頼る構造になっていく。こうした市政状況を背景にして、1911（明治44）年に市制全文改正が行われることとなる。

この改正は、自治体の財政を賄うために市営事業を収益主義的に経営せることを可能にするために行われたと言える。改正の要点は、①市長の権限が強化されたこと、②市営事業の担当として市参与が設けられたこと、③特別会計制度が導入されたことなどであった。

この市制改正により、公益事業団体によってなされる市営事業は、旧態の行政的官僚式の取扱いから、次のような事業組織の改善を進め、経済化・実業化を図ることができるようなった。

①専門的、経済的知識を有する事業経営者を集めるために、給与と地位身分の保障

ができるようになったこと。
②事業経営者の責任を明確化させることで権限を与え、合議機関からの無用の制約を無くし、彼らが自由に経営手腕を発揮できるようになったこと。
③市参事会の権限を縮小することによって事業の専門家に対する制約を減らすことができるようになったこと。
④市参与の創設によって事業経営の専門家を市政に導入できるようになったこと。
⑤統一財源の原則により余剰金を内部に留保できなかったが、これを改め特別会計を設けて準備金などの名目で留保できるようになったこと、など。

　以上をまとめると、公益事業団体による収益主義は、市営事業を収益主義的に経営し、その余剰金を他事業、非採算部門、非収益事業（社会慈善事業）にまわしていく、あるいは一般会計に繰り入れるという自治体の経営政策（複合経営（conglomerate））であったと言える。そのため、収益主義的経営には、あくまでも公益を追求する都市自治体が都市基盤整備や社会政策などを行うための手段であり、市場の失敗（貧困・不衛生・無知のもたらす経済への不利益、社会資本の不足等）を補うための手段であるという箍が嵌められている。この箍の枠組みを決めるために、当時の研究者や実務家（国家・地方公務員）は、公益性に対して次のような基準を作成している。

①公営造物
　直接的な公益性がきわめて強く、その経営にあたって自治体の財政上の負担もやむをえないもの（公益質屋・住宅・浴場・病院・療養所等）
②公経済
　公益性はもつがその経済的性格によって企業としての経営活動を必要とするも（上下水道・電気・ガス・軌道（市電・地下鉄等）・自動車運送（市バス）等）
③公企業
　公益性は強くないが、地方自治体がその事業を経営することによって公益性を保持し財政上にも若干の寄与ができるもの（収益事業）

　しかし、自治体の仕事は、本来、市場部門の企業等の行動原理とは必ずしも相容れない面を多々持っている。確かに、当時の政治・経済・社会情勢下にお

いて、都市自治体の財政を切り盛りしていくために自治体は、市場部門の経済活動に対応して経済性を発揮する「事業体」を必要としていたことは間違いなかろう。但し、自治体には統治組織としての「公共体」としての一面も併せ持っているために、公益事業団体の行う収益主義的経営に対して、租税支弁主義[14]や実費主義[15]の立場から、次のような疑問や批判が提示されることになる[16]。

● 自治体の営む事業に営利事業が含まれることに対する可否、
● 公有財産をたとえ公益事業としてではあっても市の財政上の目的で経営することに対する可否、
● 市営事業は不当な間接税か、あるいは税負担の転嫁かという指摘、
● 社会政策を税以外の収入で賄うことに対する可否、
● 市営事業により余剰を求めるよりも民営にして法人所得税や特許料などを徴収する方が得策なのではないか、
● 収益的経営と資本家的経営(民間企業の経営)の違いはどこにあるのか、また民間経営は公経営より優れているのか、
● 市営事業の経営は事業費を支弁できる(賄える)程度に料金を設定すべき、
● 市営事業に適する事業範囲をどう決めるのか、
● 議会の承認なしに料金の設定・改定・増収することに対する可否、
● 市営事業に赤字が出た場合誰が補填するのか、
● 市営事業で個々人が得る利益は平等なものなのか、消費者として得る利益は納税の負担と一致しうるのか、

　これらの疑問や批判は、今日の政府部門の改革議論の中でも論議されている内容を多く含んでいる。明治末期から昭和初期にかけて、都市部の自治体で構想され、実施された収益主義による事業経営は、単なる「公営・私営問題」「自治権拡大の問題」「公共料金政策の問題」「有償か無償かの問題」ではなく、公益というものを巡る政治・行政学上の哲学的な性格を色濃く帯びたものであったと言える。公益性についての論争は、決着を見ずに今日まで続いている。
　自治体の経営は昭和初期までには収益主義的経営が多数となる。しかし一方で自治体の経費膨張は続き、他方で地域独占による放漫経営も見られ、自治体の未熟な管理能力が問われることにもなった。その寿命は長く続かず、昭和

10年代になると戦時体制への移行によって、全ての財源が国に集中されることとなっていった。

このように戦前の自治体の経営論は、大都市を中心とする都市問題の解決策の模索の中で展開されてきたが、大東亜戦争の終結とともに新たな出発をすることになる。

戦後、GHQ の影響のもとに大きな変化を迫られた地方自治制度の下で、自治体経営という用語が再び現れるようになるのは、1955（昭和30）年に発刊された磯村英一・小倉庫次『都市経営』（誠信書房）であろう。同書では『都市経営』という表題を選んだ理由を次のように述べている。「経営」という言葉の方が、都市住民の生活福祉をより民主的に能率的に、かつ効果的に実現しようという考え方が強く把握されると思うからである。経営とは都市行政における「能率的」「効果的」といった経済合理性を意味し、市民にサービスを提供するという点では、地方公共団体である都市が主体である場合も、私企業が主体である場合も違いはないという。戦後の「自治体経営論」の萌芽と見ることができよう。

遠藤文夫『市町村の経営』（第一法規出版、1969年）は、先の『都市経営論』から約14年後の高度経済成長期に出版された。同書は、急激な物理的都市化現象だけではなく、住民意識の中に、市町村の占める比重が次第に低下し、市町村の経営体としての能力ないし効率性への信頼が弱くなりつつあるという住民意識に対する危機感に駆られて論じられている。遠藤は、『市町村経営論』を、市町村がその与えられた資源を最も有効に活用し、住民に対する最大のサービスを生み出す方法論であると位置づけている。そしてあえて「経営」と呼ぶ理由は、①市町村を単に国の出先機関ではなく、生きたひとつの自治体として捉えることで、②その運営の方法として、企業で用いられている新時代の経営技法を最高度に活用する必要があるからであるという。彼は、市町村経営は「計画→実施→調整→評価」のサイクルとして把握されるべきだとする。また市町村経営には「住民と経営組織の一致した協力」も必要であるとしている。

昭和50年代に入って慢性的な地方財政の悪化と経済基調の低下から財政危機に直面すると、改めて減量経営が言われるようになった。1978（昭和53）年

には、日本都市センターから『都市経営の現状と課題』が出され、これをきっかけに都市財政の効率化、収益化の観点から、厳しい行政サービスの削減（減量経営）が主張された。

たとえば、1983（昭和58）年の一瀬智司監修・松行康夫・武田益共編『都市経営論序説』（ぎょうせい）では、都市経営とは、都市自治体をひとつの経営体とみなし、市長を会社の社長になぞらえて、市民、地域住民に最小の費用負担と事業コストをもって最大の地域福祉効果を達成する目的を持つものと述べている。

このような自治体経営の合理化という考え方は、総合的で個性的な地域経営の実現のための具体的な手法の検討へと進んでいく。たとえば、財政危機を背景とする無駄な事務事業の見直しや行政職員の意識改革の手法として、1990年代半ば以降、事業の棚卸（埼玉県志木市）、行政評価・業務評価・政策評価システムが全国の自治体に波及していく（三重県は1996年に「事務事業評価システム」を導入）。

また、自治体政策の根幹となっている総合計画の政策体系と進行管理システムとを連動させる動きも広がっている（静岡市）。さらに、従来は個別に運用されてきた予算編成や定数管理などの諸システムの統合を図り、総合的な行政経営システムを構築しようとする自治体も現れている（滋賀県湖南市）。

しかし、これに対して、減量経営が住民福祉の衰退につながってはならないという認識が生まれる。1985（昭和60）年の高寄昇三『現代都市経営論』（勁草書房）は、都市経営は、行政の中に経営的精神を取り入れることであっても、行政そのものが企業へ変身していくことではないと言う。これからの都市経営には、外部経営的要素をかなり含んだ政策決定を行うことが必要になるとしている。

最近の自治体経営論の中には、自治体は行政機関であると同時に、都市経営の主体であるという視点から、住民やその他ステークホルダーを巻き込んだ市民参加型の経営を目指すことで、自治体運営の目的を住民福祉に明確に位置づけることによって、企業的な減量経営とは異なる視点から、自治体の都市経営の可能性を提示しようとするものも多い（PPP：公民協働システム）。

たとえば、地域における公共的課題の解決や公共サービスの供給を行政だけが担うのではなく、市民・NPO・民間事業者・大学などの多様な主体と連携

して行う必要性が顕在化し、ローカル・ガバナンスの視点から、自治基本条例等の制定や協働事業提案制度の創設などの協働型地域経営システムの構築に向けた取組みも行われるようになってきている（愛知県）。

4　政府部門改革とパブリック・マネジメントの手法

大東亜戦争終了後、政府部門の改革は、「行政改革」という名称で継続的に行われきた（表1-2参照）。増島俊之は、行政改革の歴史を追いながら、実際になされた改革の手段を詳細に検討した後、改革の目標から行政改革の重点がどのように変化してきたかを検討している。彼は、改革の目標を2つのカテゴリーに分類している。

ひとつ目のカテゴリーは、行政における効率性の実現に関わる手段であると

表1-2　改革目標の視点から見た行政改革の重点

	1945-1961	1962-1981	1981-93				1993-1994	1994-2000	
	戦後から第1次臨調	第1次臨調・行政監理委員会	第2臨調・行革審				非自民連立政権	自社さきがけ連立政権以降	
			第2臨調	第1次行革審	第2次行革審	第3次行革審	行革委員会	行革会議	地方分権委員会
行政の効率性の実現	●	●	●	●	●	●		●	
財政再建 行政の守備範囲の見直し				●	●				
規制緩和 経済構造の調整						●	●	●	
地方分権						●			●

出典：増島俊之「20世紀後半50年の行政改革の動向と21世紀における展望」『公共政策研究』2001年、p.108より作成

いう。片山・芦田内閣から橋本・小渕内閣に至るまでに行われた行政の効率性実現のための手段には、次のようなものが含まれている。

①行政組織
　省庁再編、部局課・室の整理、出先機関の整理、審議会の整理など。
②定員数
　定員削減、人員の配置転換、人事交流など。
③特殊法人等
　特殊法人・認可法人の整理合理化、公益法人の適正化、行政機関の独立行政法人化など
④財政
　補助金の整理、補助金事務手続きの簡素化、財政投融資の合理化など。
⑤行政事務
　許認可事務の整理、行政手続きの簡素化・公正化・透明化、情報の公開、行政情報のIT化など。

　行政における効率性の追求は、これまで「行政整理」と言われ、その内容は上記①から④のような手段を意味している。したがって、行政整理とは、主に行政機関の簡素化・合理化あるいは減量経営を目指すためのものだったと言えよう。言い換えれば、行政整理という手段を用いて行政の対象範囲を変更することなく「行政管理」を行ってきたと言えよう（伝統的改革手法：第12章を参照）。
　次に、⑤の行政事務は、行政にかかる手続を規制し明確にすること、行政における情報の取扱いを定め公開すること、行政の実績・仕事ぶりを一定の様式で評価することによって、行政の外にいる国民に対して行政の仕事を透明化し、公正な行政を行うようにするものであり、これも行政の対象範囲を変更することは前提としていない。行政手続法、情報公開法、行政・政策・業務評価がこの例として挙げられる。
　もうひとつのカテゴリーは政策改革であるという。このカテゴリーには、行政の守備範囲の見直し（民営化）、規制緩和、地方分権などがあてはまるという。こうした政策改革は、1980年代以降に現れたもので、政府の役割を見直し、

規制を緩和し、国と地方の関係を変えることで、現行の政府規模の変更を目指している。財政健全化、財政再建のために行われる社会保障、公共事業、農業、文教等の歳出削減、また運輸、通信等の現業の見直しがその例である。経済活性化、経済構造の調整として行われる規制緩和もこの例として挙げられる。

また地方分権改革は、「住民に身近な行政は身近な地方公共団体へ」ということなら、効率性の実現のカテゴリーに分類しうる。だが、国と地方の権力構造の変革となると、既存の制度や権限の枠を超えた変化をもたらす非日常的な取組みとなる。後者の場合なら、自治体の中の一部局が、前節で挙げた公益事業団体となり、市場部門や非営利部門に転出していくこととになるかもしれない。たとえば、「株式会社神戸」や川上町のはっぱビジネス「株式会社いろどり」が例として挙げられるかもしれない。

ところで、民営化、規制緩和、地方分権改革などの政策改革の影響を受け、財政制約の下で、顧客たる国民の満足の最大化を目的とした効果的・効率的な行政運営、質の高い行政サービスの提供が求められる中で、従来の「効率性重視」に加え、「顧客（国民・市民・住民）志向」「成果志向」といった新しいタイプの行政改革手法が登場している（NPM：第2章を参照）。たとえば、指定管理者制度（第7章を参照）、PFI（Private Finance Initiative）（第5章を参照）、（地方）独立行政法人（第8章を参照）、市場化テスト（第6章を参照）、包括民間委託（第3・5章参照）などは、法制度の整備によって導入が可能になった新しい手法である。こうした新しい手法が開発・導入されたのにはそれなりの訳がある。

現在の政府部門の規模は、図1-2で表すと、ABCDから構成されている。Aは政府本体である。Bは混合経済といわれるように、政府が政府系外郭団体（国有企業・公社・公団・特殊会社・第三セクター・公営企業・一部事務組合等の形態の法人）を通じて市場部門の半分程度をコントロールしている領域である（第4章を参照）。Cも政府が政府系公益法人（財団・社団等）を通じて補助金・助成金・給付金等を与えることで非営利部門の大部分をコントロールしている領域である。Dは本来CSR（企業の社会的貢献事業）などの領域であるが現在は政府がほぼ全域をコントロールしている。19世紀の後半からほぼ100年かけて、政府部門は市場・非営利部門を植民地化してきたのである。ここでは、なぜ政府部門が

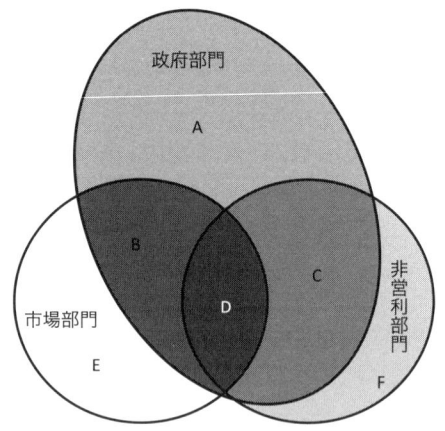

A：政府部門本体
B：政府系外郭団体
　　公社・公団
　　三セク
　　公営企業
　　一部事務組合
C：政府系公益法人
　　財団・社団法人
D：CSR
E：市場部門本体
F：非営利部門本体

図 1-2　市場・非営利部門を植民地化する政府部門

他の二部門を植民地化し出したのかその理由については言及しない（前節の公益事業団体を参照）。ただ、この現状が、財政の限界（赤字財政）・公共サービスの量・質の限界などの理由により、維持しえなくなってきていることだけは確かなようである。1970年代後半から1980年代にかけて、植民地経営のデメリットがメリットを上回るようになったため、BCDからどう撤退していくのか、その方法が考えられることとなったのである。

　最初に着手されたのが民営化であった。国有（営）企業がその対象となった。わが国では国鉄がJRに、電電公社がNTTに、専売公社がJTになった。料金設定が可能な事業は今後も歪曲はあっても民営化が進んでいくだろう。現に道路公団（第9章を参照）や郵政事業（第10章を参照）もその対象となっている。問題はCDの領域で行われている事業にある。料金設定が難しく、しかも担い手がいない、探せない場合である。

　そこで、さまざまな方策が考えられるようになった（図1-3参照）。先ず、図1-2のBCDの領域で行われている事業（図1-3の白い部分）を棚卸・仕訳し、それぞれの事業を評価していく（事業評価：第11章を参照）。この作業は四角い枠内の民間で開発され使用されている経営分析の手法を用いる（但し、これからさまざまな経営分析手法が開発されるようになってくるだろうが、今は使用可能なものを使用していくしかない現状にあると思われる）。その結果、黒の部分を純粋公共財とするの

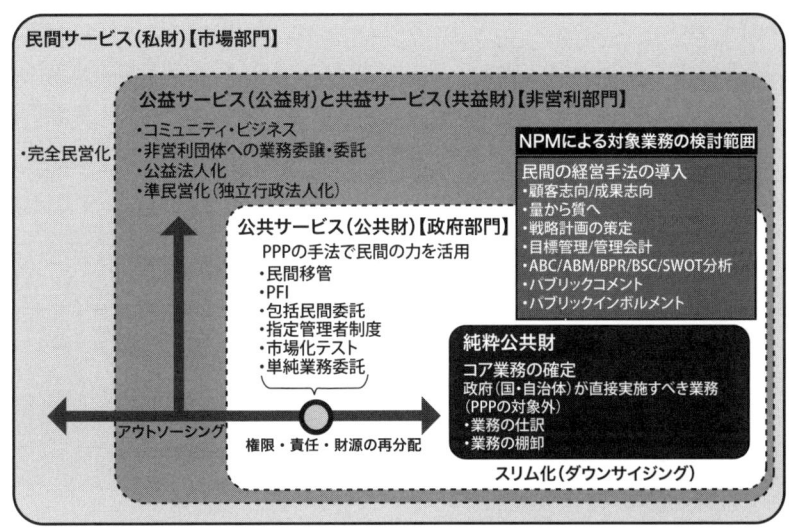

図1-3 パブリック・マネジメントの手法

か（国・自治体の直営）、真ん中グレーの部分を準公共財（共益財・公益財）（各種民間団体の経営）とするのか、一番外側の部分を私財とするのか（民間会社の経営）を決める。

国や自治体の直営となった事業、完全民営化となった事業は、問題なく移行できると思われる。但し、先行している諸国の事例や近江八幡市の病院の事例を見ると、移行後に経営に失敗した事例もあるので、制度設計やビジネスモデルの構築には十分すぎるほどの配慮が必要であるし、真摯な経営努力も欠かせない。

問題は真ん中グレーの部分に該当する事業である。先ず担い手を確保するために、公益法人の改革、独立行政法人、NPO法などの法整備を行ったが、これだけでは十分ではないかもしれない。たとえば、コミュニティ・ビジネスなどの海外事例や、国内の成功事例も参考にして、担い手の育成を図っていく必要がある。わが国には、秋田佐竹藩の感恩講、江戸の町火消し、大阪の町橋、目黒の太鼓橋（勧進橋）などの貴重な事例もそろっているので、受け皿、担い手づくりは、時間と労力を惜しまなければ、それほど心配する必要はないかもしれない。また、事業の運用手法としては、PFI、指定管理者制度、包括・単純民間委託、市場化テストなどの仕組みも用意されている（白い部分のPPPの手

法で民間の力を活用）。

　以上、簡単ではあるが、パブリック・マネジメントの手法を紹介してきた。パブリック・マネジメントの目的は、先ず行政効率性の追求手段を提供すること、現行の三部門のアンバランスな関係をバランスの取れた関係に再配置する手段を提供することで、社会生活環境のトータルな改善を図っていくことを目的としているといえる。

1）ここで、非公式部門（informal sector）とは、個人間の接触・相互作用を通して自然発生的に形成されるもので、意識的・人為的な相互関係の秩序だった取り決め（構造や制度）をもたない社会的結合（個人の情感や価値観を基にした結びつき）のこと。
2）ここで、公式部門（formal sector）とは、一定の目的を達成するために意識的・人為的に形成された「相互関係の秩序だった取り決め［構造（メンバーシップ・階層構造・ポジション）・方針・計画・規則・コミュニケーション・自立性・責任・権限］」を有する組織のこと。
3）本稿でテンニスの概念を用いたのは、彼の言う「機能体組織の集合体（ゲゼルシャフト）」が国家という概念と等置していると考えたためである。本稿では非公式部門（自然状態）の上に、さまざまな問題を解決する手段として人工的な構築物（公式部門）を形成してきたところに人類の特徴があると考えるからである。M・ウェーバー（Max Weber）の場合は、「運命共同体」という言葉に見られるように本稿でいう非公式部門を含めて国家と考えているようである。また、現在においては本稿の「政府部門」を指して国家とみなす場合も多く見られる。したがって国家の定義の多様性から生ずる解釈の混乱を避けるために、テンニスの概念を用いることにした。
4）こうした研究成果には、パブリック・マネジメントの研究とその実践に対して後押しする材料を提供するものもあれば、その反対の材料を提供するものもある。
5）政府の仕事の見直しとは、具体的にいうと、規制の緩和（撤廃）、補助金・助成金などの見直し、給付行政（社会保障・福祉）の見直し、制度の廃止・改正・創設、持続的な経済成長を実現するためのしくみづくりなどを指す。
6）ここで、管理者型経営とは、上位下達の行政の守備範囲内で公共財・サービスを効率的に生産・提供することを目指す経営方式をいう。また企業家型経営とは、公共財・サービスを生産・提供する活動を運営する経営方式をいう。
7）ここでパブリック・マネジメントという用語の日本語訳は「公共経営」とする。欧米における公共経営に関する研究の名称は一様ではない。たとえば、米国では「Reinventing Government」や「Entrepreneurial Government」などの用語が用いられている。また欧州諸国では「Managerialism」「New Public Management」「Market-Based Public Administration」などの用語が用いられている。
8）F・W・テイラーを始祖とする工場管理の方法。狭義には、テイラーが提唱した工場労働の時間研究による標準時間と作業量の設定、職能別職長制度に、ギルブレス（Frank Bunker Gilbreth）が開発した作業方法の研究（動作研究）による作業の簡素化・標準化を加えた管理方式を言う。広義には、経験・勘にによる管理（成行き管理）と対比した各種の科学的理論に基づく経営管理の方案・技術・組織制度を言う。
9）日本国有鉄道『鉄道技術発達史 第4編 II』（1958年）によると、大宮車輛工場（埼玉県大宮市）は、1894年の創設以来、近代技術の導入に努め、大正末から始めた科学的管理法の導入と吸収、「工場業務研究会」による全工場あげての技術の研究・改善のしくみ、「提案制度」、「思いつき籍」

10) 南満洲鐵道株式會社は、日本政府が1906（明治39）年に設立した半官半民の特殊会社であり、単なる鉄道会社にとどまらず、日露戦争中に児玉源太郎が後藤新平の影響を受けて献策した「満州経営梗概」に「戦後満洲経営唯一ノ要訣ハ、陽ニ鉄道経営ノ仮面ヲ装イ、陰ニ百般ノ施設ヲ実行スルニアリ」とあるように、それを具現するための国策会社であった。満鉄は鉄道経営に加えて撫順炭鉱、鞍山製鉄所、港湾、電力供給、農林牧畜、ヤマトホテル、航空会社などの多様な事業を行うために科学的管理を導入している。また満鉄調査部は当時の日本が生み出した最高のシンクタンクであった。満鉄では「産業合理化」「能率増進」「科学主義工業」「合理的統制」の推進という標語が用いられていたという。ここでは満洲国の営についての歴史的評価は行わない。
11) 呉の海軍工廠で建造された戦艦大和は、科学的管理法の採用なしには建造できなかったと言われている。この戦艦大和の建造技術が大東亜戦争後のわが国の重工業の発展に多大な貢献をなしたと言われている。
12) 現在、日本能率協会は一般社団法人となっており、非営利部門で幅広い活動を行っている。
13) 東京市政調査会は現在、公益財団法人 後藤・安田記念東京都市研究所となっている。1919年国は都市計画法と市街地建築物法を制定し、無秩序な都市形成の規制を図ろうとした。しかし自治体には計画権限は付与されなかった。1922年東京市長であった後藤新平は、「東京市政調査会」を設立し、広範な市政改革運動を背景として生み出されたニューヨーク市政調査会（Bureau of Municipal Research）の専務理事を務めていたC・A・ビアード（Charles Austin Beard）を招聘し、東京市政の調査を委ねた。『東京市政論（The Administration and Politics of Tokyo：Survey and Opinions）』（1923年）は、都市行政論の名著とされている。
14) 租税支弁主義（無償主義、赤字主義）とは、市営事業を無料あるいは極めて廉価で経営し、その赤字は租税によって補塡するという経営政策をいう。
15) 実費主義（原価主義、手数料主義、全体的実費支弁主義）とは、租税根本主義に基づき、市営事業の経営目的は、財源の獲得を目的とするのではなく、事業費用を支弁できる程度に料金を制限すべきものであるという考え方をいう。
16) 1910年に行われた社会政策学会第4回大会の議論、1917年の大審院判決と福田徳三・美濃部達吉の論争、1920年代に『都市問題』誌上で行われた議論を参照した。

参考文献

テンニエス（杉之原寿一訳）『ゲマインシャフトとゲゼルシャフト：純粋社会学の基本概念〈上・下〉』岩波文庫、1957年

都市計画協会『代日本都市計画年表』都市計画協会、1990年

裴富吉『経営学理論の歴史的展開』三恵社、2008年

持田信樹「日本における近代都市財政の成立（一）」社会科学研究 Vol.36, No.3、1984年、pp.95-142

第2章
行政改革とNPMの論理と展開

　ロン・ヤス・サッチャー[1]に代表される80年代の民営化は、財政逼迫に直面した先進諸国が政府をスリム化させるために民間活力を積極的に進める一連の政策であり、各国の政治が連動していった。日本でも、日本専売公社、日本国有鉄道、日本電信電話公社の三公社を民営化させた。先進諸国で福祉国家の見直しが始まり、日本でも成熟社会として政府の見直しが本格化するかと思われたが、80年代後半から始まるバブル景気の歳入増の影響を受けて、抜本的な改革が始まるのは90年代後半まで待たざるを得なかった。また、構造不況に苦しんだ経済界も、自らのイノベーションで景気回復をするだけの余力を失い、そのきっかけを政府の行財政改革によるパフォーマンスの向上に求めたのであった。その結果、遅まきながらも日本社会は、西欧社会で取り組んできていたNPM（New Public Management）型の改革に着手するようになった。

1　福祉国家の終焉と政府の限界

1．福祉国家の後退

　福祉国家の概念的な形成は、1920年代から30年代にかけてイギリス等の西欧諸国で大量の失業と貧困が発生し、社会主義からの圧力を受け、国が中心となって雇用対策や社会保険・福祉を通じて国民の生存権を保障する研究や検討が行われた。イギリスでは、第二次世界大戦後にベヴァリッジによる社会保障プランが具体化され、福祉国家は政府が経済に介入して経済的安定を図り、国民の生命と安全を保障する制度として普及してきた。この福祉国家を支える理念は、アダム・スミス以来タブーとされてきた市場への介入により経済の安定

を図るケインズ主義と、福祉や貧困対策を講じる社会政策を社会統合のシステムへと変容し、ナショナルミニマムを保障することで豊かな社会を形成するベヴァリッジ主義に求められる。戦後の混乱から回復し、高度経済成長が続いてきた時代においては、歳入の増加と豊かな社会への期待が目先の問題を解決し、政府への期待が高まっていった時代でもある。デモクラシーは経済成長に裏づけられ、国民の要望は組織化され、圧力団体による政治が定着し、さまざまな社会保障が制度化されていった。

　政治は、票を獲得するために組織や団体と結束し、テレビ等のマスコミの発達に合せて国民受けする公約や政策をさらに展開するようになっていった。国民生活も高度経済成長とともに豊かになり、次第にサービス産業化も進み、高学歴化した国民生活はD・ベルのいう脱工業社会へと入っていった。国民は生活するために働くだけの時代から、豊かさを享受し、生きがいを求めて社会参加していく「声を出す民」へと変化していった。また、経済成長は、産業の組織化や系列化を進めることで拡大し、行政は国民の要求に応えるために直接的な行政組織だけではなく、財団法人などの公益法人を数多く設立し、公共・準公共の裾野は国民から見えにくい形で拡大していった。

2. 福祉国家の問題点

　70年代後半以降、西欧諸国では福祉国家の問題が次第に顕在化してくることとなった。それは社会保障を政府が手厚く保護することで、負担以上の給付を得ようとする依存型やフリーライダー型の文化が生まれてきたことである。また、こうした層からの票を集めようとする政治が、応答的な政治というよりは耳あたりの良い短期的政策を中心とするようになった結果、重要な問題は先送りにする政治が定着していった。N・ルーマンは、福祉国家とは、ハンディキャップや経済的不利益を補償する国家形態であるが、この補償メカニズムを前面に出しすぎると、すべての問題を補償することになり、福祉を受ける側と善意を注ぐ側が心を通わすことがなくなり、結果的に国家や政治自体を疲弊させることになる。その結果、政治は本質的な問題を回避して、目標設定や時間軸を短期化することで、事態を乗り切ろうとするのだと述べている（ルーマン，2007）。

福祉国家は、社会保障政策を手厚く提供する政治体制であるため、政治への期待感を高める効果を持つ。しかし、現代のような複雑で巨大化した社会体制の下ではサービスと負担の応答関係が見えにくくなり、政府はひたすら国民により良いサービスを無限大に供給できるかのようにメディア等で増幅されるため、国民が支える範囲でしか政府を維持することはできないという基本的な憲政原理が崩れてしまう傾向がある。これは、必然的に要求が次第に高度化し、増大していく高コスト社会を生み、問題の自己解決力を高めるよりは政府や社会に責任を求めるフリーライダーを増殖させることになる。

　国民生活の安定を目的とする社会保障は、国民のライフスタイル、家族制度や雇用形態などと密接に関係しているものであり、その国特有の政策パターンである面が強い。1973年の第一次オイルショックは高コスト社会の弾力性の欠如を直撃し、社会の混乱と競争力の低下を招き、経済の低成長を慢性化させていった。福祉国家は、イギリスを中心とした「イギリス病」や「先進国病」といった批判がなされ、日本においても1975年の社会保障長期計画懇談会や1979年の大平内閣における「新経済社会7カ年計画」において社会福祉の見直しが謳われた。

　さらに1980年代半ば以降の経済のグローバル化は、一国が培ってきた社会的相互関係や公私のあり方を変え、福祉国家体制そのものを大きく揺るがすこととなった。この経済のグローバル化は、海外資本や企業の投資を有利にするために各国間の立地競争が激しくなり、企業の社会保険料負担の軽減と法人税の引下げ競争が行われる。そのため、財源確保は難しくなり、社会保障財政の縮小を求める圧力が強くなり、さらに企業は人件費の安い国外に移転し、人件費縮小のためにリストラと非正規雇用が拡大し、失業と低賃金労働者の増大が社会問題化してくる。今までのような福祉国家が維持されるためには、経済の持続的な成長と企業雇用の絶妙なバランスが不可欠なのである。しかし、合意と調整が難しい国際政策を福祉や財政などの国内政策から変更することはできず、福祉国家の変更をめぐりどのように政府と国民との関係や制度を再構築していくかが課題となっている。

2　市場の失敗と政府の失敗

　現代行政の拡大は、一定の地域内での取引や営業活動が範囲を超えて活動を活発化させることによって生じるようになる。アメリカの建国期の州政府では、担当大臣が週2〜3日出勤すれば済む程度であったと言われている。しかし、19世紀末のアメリカの鉄道の発達は経済活動の範囲を飛躍的に拡大し、さまざまな問題をもたらした。鉄道会社は、競争のある地域では運賃を安く設定し、競争がない地域では高く設定するという公平性を欠いた経営を行っていた。これらの失敗を解決するために1887年に州際通商委員会（Interstate Commerce Commission）が設立され、行政は新たな課題が出てくるごとに対応組織を設置し、次第に国民の要求に合わせて行政は拡大していった。

　このように市場の失敗を解決するために、拡大していった行政も次第に逆機能を示すようになってくる。それは、ロバート・K・マートンやマーティン・アルブロウなどが指摘する「非人格的な官僚主義」や「セクショナリズム」であり、組織内の権威や権力を維持するための自己組織や予算を増殖するといったパーキンソンの法則などである。これらの問題は、企業等がイノベーションを通じてサービスの改善やコスト削減を進めることと対比的に写り、批判されることとなる。つまり、有効性が低い組織活動をしている行政が、かえって市場や民間活動を阻害しているのではないかという政府の失敗が問題視されてくるようになる。

　これらの市場の失敗（market failure）と政府の失敗（government failure）は、経済学の側面からのアプローチであり、これらの問題は時代を変えて出てくることもあるし、同時期に複合的に出てくることもある。

1．市場の失敗

　資源配分が最も効率的に行われるのは、「神の見えざる手」が作用する市場経済であるとされてきた。市場は、完全競争状態、つまり「多数の売り手・買い手」、「同質の財」、「参入・退出の自由」、「完全情報」が満たされるときに、市場は需要・供給を自動調整し、総余剰（消費者余剰＋生産者余剰）を最大化して

経済を発展させるといった長所を発揮する。しかし、大気汚染・水質汚染などの環境問題などのように市場メカニズムが存在しない財や問題については、市場が適正に機能できるわけではなく、公害のような外部不経済が発生させたり、資源配分が非効率になる場合もある。これを経済学では「市場の失敗」と呼んでいる。

市場の失敗には、①市場の内在的限界に由来するもの（仮に完全競争が行われたと想定しても生ずる問題）と、②市場の不完全性に由来するものがある。具体的には以下のような要因があげられる。

(1) 市場の内在的欠陥による失敗　第一は、公共財の存在である。これは消費における「非排除性」と「非競合性」という性質を持つ財・サービス（国防、警察、消防等）である。これらの財・サービスは、市場では適切に供給がなされず、供給されても維持することが難しい。

第二には、外部性の問題がある。これは、市場取引の対象外への効果や影響を意味し、消費した当人だけでなく同時に他人にも影響を及ぼすことを外部性という。たとえば、教育や景観のように良い影響をもたらす場合を外部経済、公害や騒音などの悪い影響をもたらす場合を外部不経済という。

第三には、自然独占がある。たとえば、電力・ガス事業のように固定費用が大きく、現在の生産量の水準で平均費用曲線が右下がりになる産業（費用逓減産業）では、規模の経済が発生するため、そのまま市場を放置しておくと、自然と独占状態になってしまう。独占企業による起こりうる悪影響を阻止するために、こうした産業（電気、ガス、上下水道、交通機関）は一般に、公的に供給される形態を取っている。

第四には、情報の非対称性がある。市場は将来時点まで含めて効率的な資源配分を実現することはできない不確実性がある。また、市場でパレート最適[2]の条件を満たす効率的な資源配分が行われるためには、公正で自由な競争がなされる環境整備が前提とされる。そのためには、取引される財・サービスに関して、需要者と供給者双方が同等の情報を有していることが必要だが、現実には完全な情報を持ちうることが不可能である。

第五には、配分の不平等性がある。市場には公正な所得分配を実現する機能

は備わっておらず、市場による最適な資源配分は、あくまでも初期の分配状態を所与とした相対的な最適化であるため、配分の公正さ（所得や貧富の格差是正）は、市場よりも政府による対策（規制や税、社会保障制度等）を講じる必要がある。

第六には、取引費用の問題がある。権利の移転に関する交渉に必要な労力・時間・費用が大きいため、私人間の交渉が成り立たない場合（裁判・民事執行制度、実体法による権利の設定などで、例えばマンションの建替え、ストーカー等）がある。

(2) **市場の不完全性による失敗**　第一には、市場の制度的不備の問題がある。市場も社会を構成するさまざまな制度のひとつである。市場を支える取引ルールやそれに関連した法制度、ビジネスに関する慣行や商慣習などの文化的要因、セーフティネット等の制度に不備があれば、市場は本来の機能を発揮することはできない。市場が有効に機能するためにはこれらの制度が整備されていなければならない。

第二には、不完全競争がある。独占力（価格支配力）や市場支配力（価格の決定に対して影響力を行使する力）の存在によって、市場の機能は歪められることである。具体的には、独占市場や寡占市場において効率的な資源配分が達成できない場合を指す。そこで発生する非効率には、資源配分非効率のほかに、レント・シーキング（利権追求）などがある。このような状況は、競争政策の対象になる。

第三には、市場経済の不安定性があり、市場経済には景気変動に伴う経済の不安定性、つまりインフレやデフレ、失業の発生などが常に存在する。そのため市場経済社会には、政府による積極的な対応を必要とする諸問題が頻繁に生じる。

このような「市場の失敗」が見られる場合、市場に委ねるだけでは不十分であり、行政やその他の公的機関による介入が必要となる。

2．政府の失敗

1970年代には二度にわたる石油危機に見舞われるとともに、政府の累積債務の増大、政府のパフォーマンスの悪化など、経済を支配する負担の大きさに耐えかね、政府はその役割を減らし、市場を最大限活用するようになった（サッチャーリズム・レーガノミクス）。

政府の役割と市場の関係について考えると、主に4つの考え方が存在する。第一の考え方は、これまでの伝統的な考え方であり、市場と国家は対峙するもので、市場の失敗は政府が補正するべきであるとするものである。第二は、市場と国家を対立的に捉えるだけでなく、市場機能を拡張・補充するような補完的な役割を果たすという考え方である。第三は、政府は国民から選出された代表が、市場経済を支える基本的な社会基盤を提供し、必要に応じて市場に介入し、市場の主要なプレーヤーとして参加するなどの活動を通じて国民全体の利益増進を図るという考え方がある。第四は、グローバリゼーションが進展し、世界規模で競争激化している経済では、国は国際経済政策において後手に回るようになってきているため、政府が全てをコントロールするのではなく、政府は枠組み形成の役割を担うことで市場を成立させるという考え方である。このように政府と市場との関係は、伝統的市場規制論から、経済基盤を整えて国際競争力を涵養するところまで拡大してきている。そのため、政府は時代や環境の変化に合わせて適切な政策選択をしなければならないが、その前の段階で法改正や世論喚起など多くの時間とコストを必要とし、迅速な対応ができにくいことも政府への不満を高めることとなっている。

　「市場の失敗」を根拠に進められてきた「福祉国家」や「大きな政府」ではあったが、政府部門の赤字、肥大化、低い生産性などの点から、「政府の失敗」が議論されるようになった。特に1980年代に入り、イギリスのサッチャー政権やアメリカのレーガン政権時代には、経済に対する政府の介入を極力抑制し民間経済の活動に委ねる「小さな政府」の実現が進められた。

　経済学では、公的介入に有効性が見られない、あるいは介入したことによって市場に弊害を及ぼすなどの政府の構造的な欠陥を「政府の失敗」と称している。たとえば、政府の失敗の例としては、政治家や官僚の汚職、公金の不適切な利用、利益集団の競合による政策の歪みや偏向、あるいは決定すべきことが決定されない不作為など事態などが考えられる。政府の失敗を生じさせる要因としては、組織の肥大化、公的サービス部門の生産性の低さ、レント・シーキング、予算制約、AJ効果などがある。

　第一の組織の肥大化とは、どんな組織でも一度組織が成立すると、組織の自

己保存や増殖自体が目的となるという性質（パーキンソンの法則）から、官僚組織についても、一端、人員と権限が確保されると、組織の自己保存自体が目的となり、不要となった事業であっても事業遂行自体が目的化して継続される。

　第二の公的部門（政府）の生産性の低さとは、資金調達の多くが税金であること、倒産がないことなどに由来する構造的な問題で、とりわけ市場での評価がないため、費用対効果に対する無関心さが問題視されている。例えば、公益事業特権を認められた事業者は費用削減・サービス向上のためのインセンティブが働かず、消費者は高い料金を支払わされる（X 非効率）ことになる。

　第三のレント・シーキングとは、多数決原理に基づく代議制民主政治における政治家の行動原理は、公共目的を追求するよりは、自己利益（再選）に傾注して、票田への公的支出の過大化に走り、同時に必要以上の規制を行うことで、支援者である業者はレント（規制に守られた独占）を得る。この典型として、公共事業の実施などに見られる利権構造が挙げられる。たとえば、独占的な利潤を生産的な活動に振り向けず、既得権益保持のためのロビー活動に使用し、官民癒着をもたらす「規制の虜（regulatory capture）」などがある。

　第四の予算制約とは、予算の制約のもとで政府が直接供給するサービスは、一元的、画一的になりがちで、価値観の多様化した現代社会における消費者のニーズを満足させることが困難だという問題もある。

　第五の AJ 効果とは、Averch と Johnson が発見した過剰投資の傾向を指す。事業報酬率を固定資産に比例させる「公正報酬率規制（rate-of-return-regulation）」のもとでは、過剰資本のバイアスがかかる。たとえば金融部門を必要としない省までもが公的金融機関を持ったり、旧郵政省の郵便部門がホテルを経営したりすることである。

　政府の失敗は、「大きな政府」の構造的な限界を示しているとして、「小さな政府」への移行が論じられるようになった。その対応策として、行政組織のスリム化、既得権益の縮小、規制緩和の促進、公的サービス部門の民営化、民間への業務委託などの取り組みなどの行政改革が実施されるようになった。

3 行政改革の論理と改革潮流

　行政改革を体系的に最初に研究したのは、G・E・カイデン（Gerald E. Caiden）である。彼は、イスラエルのヘブリュー大学でイスラエル政府の行政改革を進めるために、各国の行政改革の事例収集と研究を始め、その研究成果を『行政改革（*Administrative Reform*）』（1969年）として上梓した。しかし、彼が行政改革に関して収集した事例や理論はさまざまな目的や手法を有し、分析の側面も多様であったため、理論と実際の違い、改革を進めるプロセス的視点、改革の障碍などを実践的・実務的な視野から研究し、改革を成し遂げていくための組織力学や組織心理に重点を置いている。そのため「行政改革とは、抵抗に対して行政上の変革を人為的に引き起こすこと」と組織心理学的な警句を導き出している。

1. 日本における行政改革の論理と展開

　日本において「行政改革」という言葉が公文書に出てくるのは、1964年の第一次臨調の「行政改革に関する答申」であり、その前年に行政改革本部が設置された。それ以前は、「行政整理」「行政簡素化」という言葉が、人員や組織の整理のために用いられていた。

　法律の中で「行政改革」が出てくるのは1981年の「行政改革を推進するため当面講ずべき措置の一環としての国の補助金等の縮減その他の臨時の特例措置に関する法律（行政改革関連特例法）」が最初であり、法律の中に始めて盛り込む言葉であるため、その語義の検討がされた。それによると「行政改革とは……行政が所与の理念なり政策目標をもっとも適切かつ効果的に実施するために必要とされる制度、施策、組織体制、業務運営の改革措置をいう」とされている。さらに注記の中に「合理性、能率性、民主性、公平性を全体として方向付ける改革視点」に基づくことと、「改革とは、現状の改変措置であるが、現状と比較した場合、性格、内容、程度等において従前とは異なる非連続的特徴を持つ質的変革を内容」とする行政改革の視点と特徴が示された（田中，1996）。

　西尾勝は、行政改革を「日常の行政管理」と「非日常の行政改革」とに分け

る。前者の「日常の行政管理」とは政府構造の基幹制度と法令の枠内で、総括管理機関が予算査定と定員査定を通して新規増分を抑制することであり、後者の「非日常の行政改革」とは前者の枠を超えた改革であるとする。そして、行政活動を規定している制度構造を6段階に分け、第1段階から第3段階の「制度」の改革は行政機構改革と呼ばれることが多く、第5段階の改革は行政整理と呼ばれることが多く、行政整理では第4段階の関係法令の廃止と事務事業の廃止、第3段階の組織法令の改正による行政機構の統廃合に至ることもあるとしている。

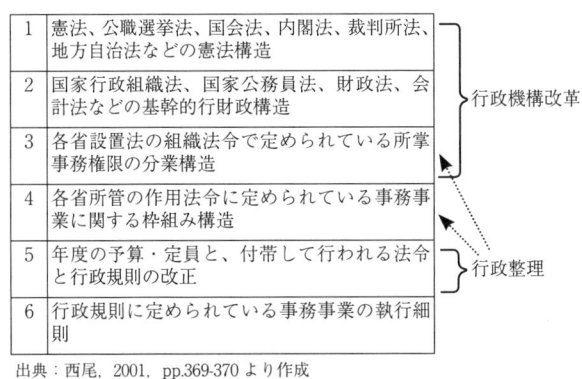

1	憲法、公職選挙法、国会法、内閣法、裁判所法、地方自治法などの憲法構造
2	国家行政組織法、国家公務員法、財政法、会計法などの基幹的行財政構造
3	各省設置法の組織法令で定められている所掌事務権限の分業構造
4	各省所管の作用法令に定められている事務事業に関する枠組み構造
5	年度の予算・定員と、付帯して行われる法令と行政規則の改正
6	行政規則に定められている事務事業の執行細則

1〜3: 行政機構改革
4〜5: 行政整理

出典：西尾, 2001, pp.369-370 より作成

図 2-1　制度の段階構造と改革呼称

2. 80 年代以降の行政改革の流れ

1970 年代の 2 度にわたる石油危機は、予算や定員を中心とした歳出削減や減量経営だけで対処するには、政府運営に限界があった。この税収減の影響を受け、1975 年から赤字国債が発行されるようになった。悪化した財政を立て直すため大平首相の下で一般消費税の導入が検討されたが、1979 年の総選挙で自民党は敗れ、断念することとなり、「増税なき財政再建」という選択肢の少ない政策理念が以後の政権を縛ることとなった。鈴木善幸首相の下で行政管理庁長官となった中曽根康弘は第二臨調を設置し、「戦後政治の総決算」として行政改革を進めていった。

80 年代に入ると、82 年に中曽根政権が誕生し、国営企業や公営企業の民営化、

第 2 章　行政改革と NPM の論理と展開　31

規制緩和を行い、政府活動の減量、民間委託の範囲の拡大を図る市場メカニズムを積極的に活用する改革を展開するようになった。また、国民の負担を軽減する手続きの簡素化・有効期限の延長などのほか、情報・通信とトラック輸送事業の規制緩和も進めた。同時期のイギリスやアメリカなどの西欧諸国では、積極的に民間活力を導入した改革に進んでいった。しかし、日本では中曽根内閣による国鉄、電電公社、専売公社の民営化は進んだものの、バブル景気による歳入増と地価対策、そして日米貿易摩擦問題などへと焦点が移っていった。

90年代に入ると86年から5年近く続いたバブル景気の崩壊が始まり、不良債権問題や金融機関の破綻と日本経済の厳しさが増してきた。96年には、村山富市首相の辞任に伴い橋本龍太郎政権が誕生し、政治主導による中央省庁の再編が新しい「この国のかたち」を創ると行政改革会議を立ち上げ、六大改革（行政改革、財政構造改革、社会保障構造改革、経済構造改革、金融システム改革、教育改革）を掲げたが、中央省庁の再編を除いては未完に終わった。

小泉純一郎は「自民党をぶっ壊す」と逆手にとって、小泉旋風を吹き起こし2001年に首相に就任した。「構造改革なくして成長なし」のスローガンを掲げ、「官から民へ」「国から地方へ」を基本とする改革を進め、道路関係四公団の民営化と郵政三事業の民営化を進めた。小泉首相は、ワンフレーズ・ポリティックスや劇場型政治と呼ばれ、持論の郵政三事業の民営化に集約されがちの政治家ではあったが、西欧諸国のNPM型改革から10年以上遅れて、小泉行革でNPM型手法が導入された。彼の改革の中で「官から民へ」において展開されたのは、郵政民営化、道路公団民営化、市場化テスト、指定管理者制度、労働者派遣法の規制緩和、独立行政法人や政策金融機関の統廃合、構造改革特区や規制緩和の推進などであった。「中央から地方へ」の改革においては三位一体の改革をスローガンに、国庫支出金の改革、地方交付税交付金の改革、税源移譲を含む税源配分の見直しを進めた。これらは、①徹底した競争原理の導入、②業績／成果による評価、③政策の企画立案と執行の分離という理念のもと、より効率的で質の高い行政サービスの提供をめざしたNPMの導入である。特に、市場化テストや指定管理者制度は、自治体の現場において具体的に取り組まなければならない手法であり、経営手法や運営方法自体に大きな影響を与え

るものであり、さらに政府部門の民営化、民間委託、PFIの活用、行政に対する目標設定と評価制度の導入、政策の企画立案と実施執行の分離する独立行政法人化もNPM手法である。

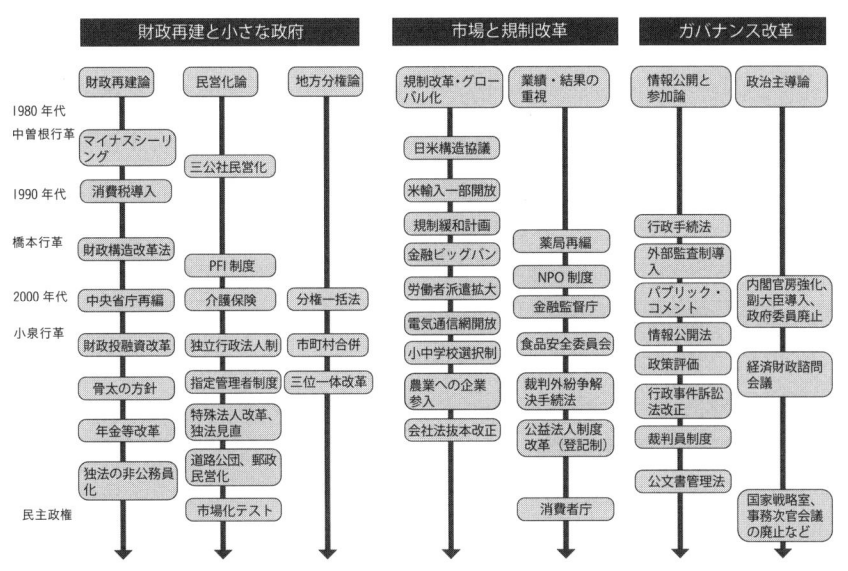

財政再建と小さな政府	市場と規制改革	ガバナンス改革
財政再建論／民営化論／地方分権論	規制改革・グローバル化／業績・結果の重視	情報公開と参加論／政治主導論
1980年代 中曽根行革：マイナスシーリング／三公社民営化		
1990年代：消費税導入	日米構造協議／米輸入一部開放	
橋本行革：財政構造改革法／PFI制度	規制緩和計画／金融ビッグバン	行政手続法／外部監査制度導入
2000年代 小泉行革：中央省庁再編／介護保険／分権一括法／財政投融資改革／独立行政法人制／市町村合併／骨太の方針／指定管理者制度／三位一体改革／年金等改革／特殊法人改革、独法見直し／独法の非公務員化／道路公団、郵政民営化	労働者派遣拡大／電気通信網開放／小中学校選択制／農業への企業参入／会社法抜本改正／薬局再編／NPO制度／金融監督庁／食品安全委員会／裁判外紛争解決手法／公益法人制度改革（登記制）／消費者庁	パブリック・コメント／情報公開法／政策評価／行政事件訴訟法改正／裁判員制度／公文書管理法／内閣官房強化、副大臣導入、政府委員廃止／経済財政諮問会議
民主政権：市場化テスト		国家戦略室、事務次官会議の廃止など

注）本図における改革項目と年代が、作図上ずれている場合もある。

図2-2　80年代以降の行政改革の潮流

80年代以降、日本で行われたさまざまな改革を位置づけるならば、「財政再建と小さな政府」、「市場と規制改革」、「ガバナンス改革」の3つの主な潮流が根底に流れていると考えられる。「財政再建と小さな政府」には、財政再建論、民営化論、地方分権論が検討されて、具体的な改革出力となる。「市場と規制改革」には、規制改革・グローバル化と、行政管理を事前調整から業績や結果の重視へ変化させるマネジメント改革が進められた。「ガバナンス改革」においては、情報公開と参加論、政治主導論が展開されてきた。

それぞれの主な潮流に、個別の制度改革や改革手法が時代状況と、時の政権や政府によって政治化されて出てくる具体的な改革が展開されてきたが、実はそれぞれの潮流や個別の改革が相互に何らかの関係性や影響を受けるため、改革とそれらの制度変更を維持していくインセンティブも解明されていかなけれ

ば、改革は単発の打上げ花火になりかねないのである。

4 NPM 理論と展開

イギリスやアメリカを中心とした英米諸国においては、政府の役割は大きな政府から小さな政府への流れが進んでいる。一方、小さな政府を目指すにあたってはただ政府が小さくなればいいというものではなく、政府は小さくなり経費は削減されながらも、パフォーマンスはこれまで以上のものにしなければならないという二重の責務を背負わされているのである。

1．NPM の基本的方向性

この難しい課題を解決する手法として、NPM が導入されている。NPM は各国の民営化手法や改革手法を総合的に呼称したことが始まりであったため、学術的に明確な定義があるわけではない。しかし、1980 年代の半ば以降、英国・ニュージーランドなどのアングロサクソン系諸国を中心に行政実務の現場を通じて形成された革新的な行政運営理論で、民間企業における経営理念・手法、成功事例などを可能なかぎり行政現場に導入して行政部門の効率化・活性化を図る（大住, 1999）という考え方が一般的である。

西欧諸国では、厳しい財政状況、さまざまな行政ニーズの増加等により政府は、これまでの行政手法では行政の運営が困難になってきた。そのため、イギリス、ニュージーランドなどの先進国では NPM の手法を導入し、政府のパフォーマンスの向上を図ってきた。日本においても、現在進行中の構造改革に見られるように、PFI（Private Finance Initiative）、独立行政法人、指定管理者制度、市場化テストなど、この NPM の手法が用いられ、政府の役割が変化し始めている。

新たな行政管理手法として世界的に注目されてきている NPM は、経営学や経済学に理論的根拠を置きながら、民間企業における経営手法等を積極的に導入することによって、効果的・効率的な行政運営を行い、質の高い行政サービスの提供を実現しようとするものである。その特徴を C・フッド（Christopher Hood）は、NPM を「新制度派経済学」と「民間経営」の融合であるとして、

①マネジメントの責任と明確な任務分担、②目的の明確化と効率性、③手続よりも結果の重視、④生産と供給の分離と、契約や移管による効率性の重視、⑤コスト削減とサービスの質を高めるための競争の重視、⑥民間部門のマネジメント手法の導入、⑦公共部門の資源要求の精査と費用効果の重視である（Hood, 1991）とする。

それでは、このNPMを理解するために、F・ナショルトの伝統的官僚制モデルとNPMモデルの比較を通して考えてみる。伝統的官僚制モデルは、法令や規則により行政運営が行われたとしても、合法性が担保されるだけで顧客である市民の満足度や有効性に寄与したのか明確でなく、さらに独自の組織原理を原理とするならば民間部門の能率や効率と乖離してしまうことになる。一方、NPMモデルは、目的や成果、NPOや民間企業との連携や契約を重視し、公共部門に市場に近い競争原理をできるだけ働かすものであるが、公平性や民主性に課題が残る。

表2-1　伝統的官僚モデルとNPMモデルの比較

伝統的官僚モデル	NPMモデル
・法令や規則による統治	・目的や成果による統治
・単一の労働原則及び協力の過程別役割に基づいた機能的分業	・政策プロセスが分かりやすい組織
・明確な階統制	・自立的な組織間での契約によるマネジメント
・競争手段の限定的利用	・競争入札と準公共市場の形成
・戦略マネジメントの欠如	・供給サイド優先ではなく顧客第一指向

出典：Frider Naschold, 1996, p.14 より作成

また、NPM型行政改革の目標が国民という顧客の満足の最大化を目指すものだとすると、そこで重要なのは、第一に、国民の望むことを具体的に政策目標として設定すること、第二に、設定された目標に従って行政サービスを最速で国民に提供することの2つに整理することができる。前者は、顧客である国民のニーズを的確に把握し政策目標として設定するという意味で、政策決定過程に関するものであり、後者は、その政策目標に従い行政サービスを国民に提供するに際してその能力を最大限に発揮するという意味で、業務の効率化に関するものである。

2. NPM の類型化

一方、NPM についてはその類型化も行われている。NPM の類型については いくつかの研究が行われているが、C・ポリットと G・ブッカート（Christopher Pollitt & Geert Bouckaert）の類型では、NPM を、①保守（Maintain）、②現代化（Modernize）、③市場（Marketize）、④最小化（Minimize）の「4 つの M」で分類している。

この類型では、民営化や外部委託などによって公共の業務を可能な限り市場部門に移転する④の最小化が NPM の導入による組織的影響や反発が最も強い。次に市場システムを公務部門に可能な限り導入する③の市場化が強く、市場の手法を政治システムに適合するようにアレンジする②の現代化、伝統的な枠組みの中で経費節減、定員削減などの行政の改革を行う①の保守、の順に導入の影響が緩やかになっている。

具体的な例としては、保守は 1995 年までの EU であり、現代化はイギリスのブレア政権やフランス、オランダである。また、アメリカのレーガン政権、イギリスのサッチャー、メージャー政権、オーストラリアのハワード政権、1984〜93 年までのニュージーランド政権は市場化と最小化の混合型である（岡田, 2005）。

3. 各国の NPM の展開

(1) **イギリスの NPM**　イギリスの NPM については、Pollitt と Bouckaert の NPM の類型化では、サッチャー政権による改革は、公的部門に可能な限り市場システムを導入する市場化と公共業務を可能な限り市場部門に移転する最小化が混合した形態とされる。また、18 年続いた保守党に代わって誕生したブレア政権の改革は、市場システムを政治システムに適合するように調整して導入する現代化に分類される。

1979 年に発足したサッチャー政権は市場システムを公共部門に導入することで政府のパフォーマンス向上を図るため、NPM を導入した。まず、1982 年に中央省庁に FMI（Financial Management Initiative）制度を導入した。FMI の目的はマネージャークラスに経営資源の（予算の使用、人事管理など）自由度を高め

ることと引き替えに、結果／業績に関する経済的なアカウンタビリティを要求した。それは、a) トップによるトップマネージメントの確立、b) 予算権限をマネージャーに分権化／分散化、c) 業績／成果に対する評価の導入であった。しかしながら、現行システムのままで各部門に目標を設定したこと等から十分な結果がでなかった。そのため 1989 年に行政を企画立案部門と実施部門に分け、実施部門の必要性を検討し可能なものは民営化を進める Executive Agency を導入した。Executive Agency は執行部門に予算決定権など経営に関する執行を任せる一方で、業績目標の設定やサービス供給義務を負わせる政策立案部門と政策執行部門とを契約システムで結ぶものであった。

また、地方自治体に対しても市場原理を入れ、その効率を上げるため、強制競争入札制（CCT：Compulsory Competitive Tendering）を 1980 年から導入した。入札の対象業務は 1988 年の英国地方自治法ではオフィス管理、図書館等の清掃や公園の管理、ゴミ収集など現業的なものであったが、1992 年の改正によって、その対象が法務や会計業務などホワイトカラーの職種にまで広がっていった。

この CCT とその適用範囲の拡大によって、英国地方自治体の労働組合から激しい抵抗を受け、ブレア政権は 1999 年に地方自治法改正を行い、CCT は廃止されベストバリュー制度が導入された。ベストバリュー制度は CCT がサービスのコストを重視したのに対し、コストや、住民が求めるサービスの内容、質も重視して、地方自治体の人的・財政的な資源に加えて、民間企業や市民団体の力も合わせながら効果的な手法をとるものである。

このベストバリュー制度にも、①民間手法が公的組織に適合しにくいこと、②指標設定や検査・評価制度の有効性についても、統計及び理論的に矛盾があり、結果的に新たな課題を発生させているとの課題がある。

(2) **スウェーデンのNPM**　福祉国家のモデルとされたスウェーデンにおいても、経済の停滞や大きな政府による財政赤字、累積債務の増大により改革が余儀なくされ、さまざまな手法を検討し適用可能なものを導入していった。

スウェーデンにおける行政改革は、前述の NPM の類型での現代化のプログラムが 1982 年に社会民主党によって始められた。第一の改革は、明確なイデオロギーとしての「顧客主義」による改革である。公務員は議会のしもべでは

なく、直接国民に奉仕すべき存在とされた。公務員は行政現場を通じて国民のニーズを把握し、議会からより現場性のある行政組織へと権限委譲されることとなった。

　また、1991年の新地方自治法の制定や1993年の社会サービス法、医療・保健法等の改正等によって、自治体業務の外部化が認められ、自治体の業務に競争的要素が促進された。そして、ヴァウチャー制度、民営化、民間委託、独立事業単位制への移行などのNPMが導入されていった。

　ヴァウチャー制度は、サービス利用者側にサービスの選択権があることから、サービスの供給者は利用者数を増加させ、料金の低下、サービスの質の向上等、市場システムによってパフォーマンスの向上を目指すものである。また、独立事業単位制（resultatennet）は自治体の事業遂行責任を独立事業単位に移行させることにより分権化が進み、それによって経費の効率的な使用、経営資源の効率化を狙ったものである。

　このようにスウェーデンにおいてNPMの導入が図られた背景には、前述の新地方自治法の制定や社会サービス法等の改正、さらには大きな政府によって社会システムを構築してきたことによる財政赤字、累積債務の増大等の財政危機がある。特に財政危機はこれまでNPMを導入してきた先進諸国における共通の要因と考えられる。

　スウェーデンにおけるNPM導入に係る課題としては、a）サービス利用における格差とサービスの質の低下（費用削減によるサービス低下）、b）対人的社会サービスの「生産」特性への配慮不足（製品の品質管理とマンパワーに起因する人的サービスの違い）、c）民主主義の弱体化（民主主義のプロセスの中で政治的代表者が果たすべき役割が果たせなくなる）、d）雇用安定性への悪影響（労働者の雇用の継続性と安定性が損なわれる）がある。

(3) **ドイツのNPM**　ドイツのNPMは、前述の類型ではドイツは保守と現代化を跨る形に分類され、政治部門の機能を維持してその効率化を図ろうとするものである。ドイツは80年代末に自治体職員を中心に設立された「自治体簡素化共同機構」（KGSt）が1993年に「自治体行政改革のモデル」（NSM）を発表した。このNSMは急進的なイギリスの改革ではなく、成果／業績への強

化、契約管理・予算システムの改革を柱として緩やかに市場システムを導入していくオランダの改革をベースにしたものである。

NSM は、a）契約管理の導入（業務の委託者となる議会や行政首脳部は受託者である行政各部局との間に、提供されるべきサービスの質や量、価格、対象に関する契約ないし協定を結ぶ形式）、b）アウトプットによる管理（住民に提供される便益や経済的な効果は「製品」に準じて表され、その品質管理手法として、サービスの効果を測る指標や目標達成度、顧客満足度等による評価が行われる）、c）疑似競争要素の導入（サービスの成果やコストに関する自治体間比較や民間との比較を行う）」の３つからなっている（岡田，2005）。

NSM は自治体行政を「公的なサービスを供給する経営体」に再編することを目的にしている。したがって、民営化や経費節減は改革の結果生じたものと捉えている。NSM の導入状況としては、権限・責任の分権化と集権的な制御システムとによる予算管理が多く導入されているが、人員削減・パート労働の導入が進められる中、職員モチベーションや人的資源の質の向上は難しい状況にある。また、アウトプットによる管理についても、業務一覧表や評価書の作成に多くの労力が注がれ、制御手段として活用するまでには至っていない。

5　NPM と行政改革の融合

NPM は、民間部門の経営手法を積極的に取り入れることで、効果的・効率的な行政運営を図り、質の良い行政サービスを提供しようとする手法を結びつける考え方である。村松岐夫が言うように理論というほどのものではないが、政府運営をラディカルに変革しようとする「新しい公共管理法」である（村松，1999）。一方、行政改革は、伝統的に行政の効率性、財政再建、規制緩和、地方分権（増島，2003）を求めて、各種の改革手法が展開されてきた。

現代の課題が、福祉国家の限界を超えて新たな「くに」や「政治」を模索するのではあれば、個別の政策のつぎはぎではなく、根本的な改革を目指すようにさまざまな考え方や手法を総合化していくことが求められる。田中一昭は、改善と改革の違いを「当初はそれなりに機能していた制度もそれを取り巻く状

況が変化するに従って綻びが目立ってくる。そうした綻びに対し、制度を大きく変えることなく弥縫的に対応していくことが改善であり、制度自体を抜本的に変えてしまうことが改革である」(田中, 2001) としている。

一方、C・ポリットとG・ブッカートは、現代的な行政改革を行っていくための基礎的な理論には、以下のようなNPM、NWS (ネオウェーバー主義政府論)、ネットワーク、ガバナンスの4つがあるとしている (表2-2)。NPMは、民間部門が情報通信技術や生産管理技術の発展をいち早く取り入れ、顧客満足度を高める経営をしているのに、公共部門の組織がそれらの技術や手法を導入できないわけはなく、有効な手法も多い。しかし、国家を形成し、公共サービスを民主的に形成していくには、相当な時間やコストがかかる。政府の失敗の悪い面は改善したとしても、伝統的な正統性や中核的な政府組織はいずれにしても必要となる。破壊することは簡単かもしれないが、また新たに創造するとなれば破壊するコストの何十倍もかかることになる。デモクラシーは、国家だけが維持しているわけでもなく、国民だけで形成できるわけでもない。本来の意味で社会を構成している国民や社会集団、政府などが必要なネットワークを形成し、適切な役割分担を果たしていくネットワークやガバナンスを、政府のあり方や改革に融合していくことが必要となる。ポリットらの理論は具体的な改革をしていくための基礎理論であり、目標とする新たな政治行政のモデルに合わせて具体的な手段や方法を採用することが重要である。

NPMは、厳しい財政状況のなか多様で増大するニーズに応えながら、サービスの質も高めていくためにはこの手法を活用せざるを得ないが、イギリスをはじめ、NPMを導入した各国において、人員削減やパート労働の導入によるサービスの質の低下、民主主義の弱体化、雇用の安定性への悪影響などさまざまな課題も生じてきていることも事実である。日本においても、NPM導入に関する諸問題として、「相互の連携や全体としての包括的な行財政マネジメント・システムが構築されていない。財政支出の効率化、公共サービスの効率化、事務事業評価が適切に行われているかのモニタリングシステムの確立」(NIRA, 2003) が指摘されている。

また、ジャネット＆ロバート・ダンハルト (Janet V. Denhardt & Robert B. Den-

表2-2 行政改革の関連理論

モデル	中心的な考え方	共通的な調整メカニズム
NPM	民間経営手法を取り入れることで、より効率的に、利用者に応答的な政府にすること	市場メカニズム（業績指標、目標監理、競争入札、市場に準じた手法など）
NWS（ネオ・ウェーバー主義政府）	伝統的な政府機構をより専門化、効率化、市民へ応答的へとするために現代化すること。民間経営手法は補助的な役割であり、政府は法令、手法、文化の面で依然として重要なアクターである。	統制のとれた公平な官僚制を通じて行使される権限
ネットワーク	階統制や市場メカニズムよりも自己組織化されたネットワークを通じて政府をより柔軟に、そして情報公開や参加をしやすいようにすること。	独立したステークホルダーのネットワーク
ガバナンス	政策形成や実施においてより広範な社会的アクターを巻き込むことで、政府をより効率的で正統性のあるものにすること。	パートナーシップやステークホルダー間のネットワーク

出典：Christopher Politt & Geert Bouckaert, 2011, p.22 より作成

hardt）は、安易に効率性だけを追求してしまいがちなNPMを、ニュー・パブリック・サービス（The New Public Service）へと変えていく必要性を主張している。それはデモクラシーの価値を重視して、行政・NPO・民間企業が連携して市民やコミュニティ間の利害を調整しながら市民に奉仕していく形態へと変えていくべきであるというものであり、行政部門だけを改革して済む段階は過ぎてしまっているのである。

したがって、従来の行政のあり方を新しいものとしていくには、「一元的な統制のシステムを多元主体間の調整システムに置き換え」（森田, 1997）ていくことが求められており、これは優れて専門的、実務的、経験的な検討作業の積み重ねが必要となる。日本では、各地で「まちづくり」や「地域おこし」の実例を積み重ねており、90年代以降の自治体においてはさまざまな協働の実験やその成果を出してきている。これらの活動とNPMをどう組み合わせるか、政府組織との関係やネットワークをどう形成するか、ガバナンスと効率性や有効性をどうするかなど、可能性と検討課題が山積している状態ではある。

1）ロナルド・レーガン大統領、中曽根康弘首相、サッチャー首相のそれぞれの愛称である。
2）ある市場で、1人の選択が他の人の効用（満足）を犠牲にしなければ充足されない状況をさし、パレート効率（性）とも表現する。

参考文献

埋橋孝文『現代福祉国家の国際比較』日本評論社、1997 年
大住莊四郎『ニュー・パブリック・マネージメント』日本評論社、1999 年
岡田章宏編『NPM の検証――日本とヨーロッパ』自治体研究社、2005 年
総合研究開発機構（NIRA）『NPM 手法の地方自治体への導入』2003 年
田中一昭『行政改革』ぎょうせい、1996 年
田中一昭「3　行政改革」『決定版　日本再生へのトータルプラン政策課題 2001』朝日新聞社、2001 年
田中一昭「中曽根行革・橋本行革・小泉行革の体験的比較」『年報行政研究』No.46、2006 年
ダニエル・ヤーギン＆ジョセフ・スタニスロー（山岡洋一訳）『市場対国家「上」』日本経済新聞社、2001 年
西尾勝『行政学（新版）』有斐閣、2001 年
林敏彦『改訂版経済政策――現代政策分析』放送大学教育振興会、2005 年
増島俊之『行政改革の視点と展開』ぎょうせい、2003 年
村松岐夫「新公共管理法（NPM）と行政改革」『季刊行政管理研究』1999 年 12 月
森田朗「行政改革と行政学」『季刊行政管理研究』1997 年 9 月
N・ルーマン『福祉国家における政治理論』勁草書房、2007 年
Christopher Hood, 'A Public Management for all season', *Public Administration*, Vol.69. spring 1991
Christopher Politt & Geert Bouckaert, *Public Management Reform*, 3rd ed. Oxford University Press, 2011
Frider Naschold, *New Frontiers in Public Sector Management*, Walter de Gruyter, 1996
Gerald E. Caiden, *Administrative Reform*, Aldine Transaction, 1969
Janet V. Denhardt & Robert B. Denhardt, *The New Public Service*, M. E. Sharp, 2007

第Ⅱ部　公共経営のしくみ

第3章
民間委託の歴史・現状・課題

1　民間委託の起点

　民間委託とは、行政執行にあたって、当該地方自治体の外部にある資源（労働力、財源、知識・技術力など）を活用する方式を言う。委託先は企業、住民組織、団体などである。日本では1960年代後半から国が議論の面でも制度導入の面でも先導する形で進められ、今日に至っている。

　それではさっそく、民間委託論の変遷をその急速拡大の動きとなった起点時期に注目しつつ概観していくこととしよう[1]。

　日本では1961年を境に地方公営企業（病院、水道、交通等）の赤字が目立つようになり、1965年に当時の自治大臣の諮問機関である地方公営企業制度調査会が、「地方公営企業の改善に関する答申」を出した。そこでは、「水道事業における料金徴収事務、病院事業における清掃、洗濯、給食の作業、交通事業における直営食堂については、民間委託、共同処理等の方法を積極的に採用し、極力費用の節減に努めるべきである」と記された。

　翌年の第11次地方制度調査会による「地方税財政に関する当面の措置についての答申」でも、「地方経費の効率化」の項目中に、「地方団体の事務事業のうち、必ずしも地方団体が直接実施する必要のないもの、たとえば各種会館等の施設の運営、し尿、じん芥の収集処理、保育所の経営、学校給食の実施、庁舎の清掃管理等については、各団体の実情に応じ地方団体の十分な管理監督の下に、その民間委託又は間接経営等を積極的に推進する」とされた。

　さらに、1967年12月の閣議決定「今後における定員管理について」では、各省庁1局削減、国家公務員の定数減のほか、法令の1割削減、3年間に5％の計画的人員削減が言われ、こうした国の行政機構の簡素化と定員の削減に連

動する形で、「地方公共団体においても、国の措置に準じて措置する」とした。

この閣議決定が起点となって、同月には自治省の事務次官通達「地方公共団体における機構の改善と定員の管理について」が発せられ、その中の「特定事務の民間委託」において、「計算事務、庁舎管理事務等単純な労務により遂行可能な事務、又は工事の設計事務、製図等事務量の時期的変動が多い事務等で、そのために常時一定の職員を設置しておくことが不合理なものについては、積極的に民間への委託を考慮する」と明記された。

こうした閣議決定・自治省事務次官通達を契機として、地方自治体に対して具体的な事務事業を挙げてその民間委託を促す通達等が次々と発せられるようになり、自治体の事務事業の民間委託は急速に拡大していった（宮崎，1997，pp.48-51）。

以上のように民間委託導入をめぐっては、地方公営企業の赤字の顕在化が契機となって、半世紀以上も前に国が先導し、地方自治体が対応せざるを得なかったという時代的背景があったことがわかる。

2　直営か委託かの論争

それでは、その後1980年代後半に展開された直営か民間委託かの論争を振り返り、両者のポイントを把握しておこう。

1．直営の自治体業務に対する批判

直営のコスト高にターゲットを絞り、それらを民間委託すれば、同じ質の行政サービスが直営よりも格段に割安で達成されるという批判が展開された。表3-1のように、批判の対象を6類型に分けた上で、各々について以下のように民間委託への転換を実現しなければならないと主張された。

たとえばごみ収集について、今後退職者不補充という形で、直営部門を縮小し、漸次委託部門に切り替えていくことが、税金を効率よく使うという点からみても是非とも望まれる。学校給食については、「1日のうちまるまる業務量がないような職種」や「年間を通じ継続して仕事がないような職種」に正規の

表3-1　直営批判における自治体職員業務の類型

(1) 現業部門業務	ごみ収集、警備業務、機械保守点検業務など
(2) 定型的業務（単純労務）	各種受付案内、庁舎清掃、学校用務員など
(3) 継続して仕事がない業務	学校給食、運転手付き公用車、広報誌等配送など
(4) 施設の管理運営	文化・体育施設、公民館、児童館、図書館など
(5) 専門性の高い業務	電算システム開発、設計管理、検査など
(6) その他	各種事業・イベント、講習会・研修会の実施、租税の徴収嘱託員など

出典：坂田，2006，pp.121-122より作成

公務員をあてるのは、大変なムダ、不合理であり、嘱託、パートまたは民間委託という形で対応すべきである。

　公用車（運転手つき）については、原則として廃止し、必要な時はタクシー借り上げとする。また、運転手を各課に配属し、運転業務時間以外はそれぞれの課で業務を分担させる。学校用務員について、業務量は大幅に縮小しており、各学校に用務員を配置する必要性から改めて見直す必要がある。庁舎管理について、確かに、連絡調整がうまくいかないことがある（庁舎清掃）し、各部局の事務について精通し、迅速な対応を必要とする点において委託では問題がある（電話交換）。しかし、委託先で研修等を行い、支障なく対応できるように努められている。

　施設の管理について、直営でなく、自治会、老人会、体育協会など地域の団体に管理を委託する。社会福祉協議会、社会福祉法人、民間企業、シルバー人材センター等を活用し、そこに管理を委託する。施設管理公社を設置してそこに管理を委託する場合には、管理公社の正規の職員はできるだけ少なくし、役所OB職員とか、嘱託、パート等をなるべく用いるようにする。やむなく役所直営で行う場合であっても、正規職員でなく、なるべく嘱託、パート等を用いるようにする、といった具合である。

　ごみ焼却、水道事業浄水場、下水道終末処理場、保育所、学童保育、公民館、学校事務職員、コンピューターの管理、公営バス事業についても同様に民間委託化が強く主張された（坂田，2006，pp.59-84）。

　さらに直営批判論者は、直営がいかにコストの無駄であるかを数値で裏づけることを意図して、表3-2のように、「公・民のコスト比較」と称して、各々の業務の単位あたりの成果量に比する経費（給与）、民間委託経費を分母に直営

表3-2 ごみ収集、学校給食等の公・民のコスト比較

区分	単位	公（直営）(A)	民間 (B)	(B)／(A)×100 (%)	備考
ごみ収集	トン当たり経費（千円）	23,171	10,782	46.5	函館市など25市平均
学校給食	1食当たり経費（円）	277（自校方式）	122（センター方式）	43.9	山形市など7市平均
	1食当たり経費（円）	383（直営）	250（嘱託・パート）	65.3	山形市など6市平均
	年間職員給与費（千円）	7,231（直営）	967（委託）	13.4	山形市など13市平均
	年間職員給与費（千円）	7,231	2,603	36.0	山形市など13市平均
運転手つき公用車	キロ当たり単価（円）	783	305	39.0	釧路市など6市平均
学校用務員	1人当たり年間経費（千円）	7,495	1,744	23.3	室蘭市など28市平均
庁舎管理	1人当たり年間経費（千円）				
①庁舎清掃	1人当たり年間経費	59,745	25,524	44.2	青森市など8市平均
②電話交換	1人当たり年間経費	15,336	6,145	42.2	青森市など7市平均
③市役所案内業務	1人当たり年間経費	13,114	5,354	40.2	青森市など8市平均
④守衛	1人当たり年間経費	22,486	5,996	27.5	水戸市など4市平均
⑤庁舎警備	1人当たり年間経費	29,245	15,689	41.9	水戸市など3市平均

出典：坂田、2006、p.127より作成

経費を分子にした割合も提示した。たとえば、学校給食に携わる直営職員を嘱託・パート化すれば、直営の13.4％の経費でもって給食サービスが提供できるとした。

2. 民間委託に対する懐疑・反対論の展開

以上のように民間委託と比べて相対的な直営のコスト高を問題視する主張に対して、これに反論する形で、以下のように「コスト」の捉え方そのものを疑問視する声が挙がった。

たとえば清掃業務について、民間委託され現場作業の主体が民間事業者に移行したとしても、計画、管理監督、広報、あるいは費用負担などの行政責任は、直営業務と同様、自治体当局の側にあるから、委託業務は民というより、公・民の混合事業形態というべきであるとする。

そして、委託が安く直営が高いというコストについて、収集コストの計算方式が不明瞭であり、各市の間での計算項目を統一しているのかも疑わしい。また、ごみ収集区域の人口密度、地理、道路、居住や産業上の形態、ごみ処理施設との遠近度、収集物の違いなどの条件によって作業条件は変化し、コストの

面もそれ相当の影響を受けるので、直営と委託のそれぞれの収集区域の条件を勘案する必要があるとした。

清掃職員の労働環境にも注目し、清掃車一車あたりの乗車人員（運転手を含む）や労働時間の違い（民間よりも直営の方が多く、労働時間が長い）について、だから委託が良いという論調には乗らない。委託事業に従事する民間労働者は行政の単なる下請け業者ではないにもかかわらず、民間サイドのコスト安は実際には民間従業員に対する「しわ寄せ」の上に成り立っていると指摘した。

要するに委託推進論者によるごみ収集における公・民コストの比較は、コストの計算方式の内容や比較条件にほとんど、あるいは十分に言及されていない場合が多く、「その差を額面どおりに受けとめることができない」ことになる。

本来の意味でのコスト比較論の展開には、清掃事業の実態や現実的条件の理解が不可欠なのであり、経営的効率論、行政減量化論、経費の安上がり論では、民間清掃労働者に対して作業安全や労働条件、職場環境の面で犠牲を強いることになる。したがって、直営であれ委託であれ、社会的有効性基準（廃棄物の適正処理と生活環境の保持）の達成やまちづくりへの寄与が重要であると結論した（寄本，1989, pp.170-199）。

民間委託批判論者は、直営であれ委託であれ、公共サービスは社会的効率を追求するのが筋であり、コスト高という一断面を照射して当該公共サービスの価値観を含めた是非を判断すること自体に疑問を呈しているのである。

その他にも、民間委託によって厄介な仕事は民間にやらせ、自治体はその指導監視だけをやるという立場では、自治体側の知識や情報、経験の蓄積も少なくなり、政策立案にあって現場から遊離した空虚なものになる。幅の広い業務内容を処理することは民間委託になればなるほど専門分化され、単一機能しか果たせなくなる。行政サービスは本質的に市場メカニズムにはなじまないし、相対的に低い賃金によって低コストを維持しているがゆえに、より高い正当な対価を求めて委託費はやがて上昇していってしまう。民間委託は、直営方式では発揮不可能な市場・効率・参加のメカニズムが予測できる場合にのみ許されるべきである、といった指摘もあった（高寄，1985, pp.188-201）。

また、公共性は間接（便益）効果、非経済（文化・福祉、環境など）効果であり、

そのことを念頭に置きつつ、数量的把握が困難である民間委託方式については、行政サービス供給形態として何が最適かという基本論から検討すべきである。完全民間委託方式ではなく、民営・直営併用方式とか、給食センター方式のように部分的効率化で妥協しなければならないという主張もあった（高寄, 1986, pp.198-236）。

さらに、保育所の民営化を例に挙げれば、公費負担を保育所利用者の保育料に対する補助金に切り替えることは、「福祉の公的保障」をめぐる供給サイドから需要サイドへの大転換を意味する。企画・立案部門は公立直営、執行・現業部門は民間委託というのは、「頭の労働と手足の労働の分業論」であり、現業部門をほとんど持たなくなった自治体は・総合計画の作成すら民間のシンクタンクに依存せざるを得なくなる。最後は政策立案・企画機能もアウトソーシングされ、結局のところ行政に残る仕事は権限の配分と財源の配分、つまり発注の振り分け業務だけになるという批判が展開された（二宮, 2000）。

3．民間委託のメリット・デメリット

これまでの指摘を踏まえ、民間委託のメリット[2]、デメリットについてまとめたものが表3-3である。

委託か直営かの議論には総論と各論が混在しており、また、たとえばコスト面のみを重視するのか、公共性を重視するのかといった視点の置きどころによっても是非の立場は異なってくる。むしろどちらが正しいのかといった二者択一的な捉え方ではなく、直営であろうと委託であろうと、公共サービスの担い手としていかにより良いパフォーマンス（公共パフォーマンス）を発揮できるのかといった視点が求められる。

さらに、たとえ単純労働に近い定型業務であったとしても、あらゆる公共業務は程度の差こそあれ、住民や公共空間との何らかの接触が避けられないし、関連事業とのつながりにおいて、住民生活の向上に直結した価値の高い公共サービスであることは間違いない。その意味では、行政による監視や調整から離れた完全包括的な民間委託業務は存在しない。そうであるならば、関心の焦点は直営と委託の相乗効果にあてられるべきではないだろうか。

表3-3　民間委託のメリット・デメリット

メリット	デメリット
・事務事業に係る経費を節減（コスト軽減）、サービス向上、労務管理からの解放 ・業務量の変動などに柔軟に対応 ・専門技術や知識の活用 ・少ない公務員数で多くの事務事業の執行が可能 ・住民の自治意識の向上 ・民間委託によって公的責任は継続 ・財政危機の時代には自治体サービスの効率化・低廉化が不可避 ・民間委託によって競走の刺激が働きサービスも多様化 ・アルバイトや早朝・夜間勤務などで柔軟な対応が可能	・利益が基準となる民間企業では公正が保てない ・サービスの内容、質について住民の注文がつけにくく、議会の監視が届かない ・行政責任の所在が曖昧（行政責任の放棄） ・サービスの質低下 ・民主的コントロールが及ばなくなる ・労働条件の切り下げに結びつく ・秘密漏洩の可能性 ・単純労働化にも公共性をもちあわせった技能・熟練面の存在 ・大量の臨時、パート、非常勤職員の一方、下請的民間委託を推進（不安定雇用の創出と中間搾取形態の増殖）

表3-4　民間委託の性質別3類型

経済性・能率性基準型委託	専門的知識・技術基準型委託	自治性・共同性基準型類型
庁舎清掃、夜間警備、電気・機械設備保守、コンピューター業務、使用料収納、設計監理・測量、ごみ収集、道路維持補修等の業務。 委託先は、民間企業、第3セクター、個人など。	統計・調査研究、健康診断・臨床検査、法律相談、不動産鑑定等の業務。 委託先は、コンサルタント、大学、弁護士、不動産鑑定士、医師会など。	コミュニティ施設の管理運営、寡占清掃、校庭開放事業、ホームヘルプサービス、在宅配食サービス、障害児者交流事業、ボランティアクラブ推進事業、街づくり調査等の業務。 委託先は、町内会・自治会、地域住民協議会、文化協会、ボランティアセンター、社会福祉協議会、高齢者事業団、民間企業など。

出典：吉田，2002，p.11 より作成

　次に民間委託を別の角度から追求してみよう。表3-4は、民間委託を具体的な業務が目指す性質に基づいて3つに類型化したものである。表中の「経済性・能率性基準型委託」とは、行政サービス水準の向上や行政の効率化を意図したものである。「専門的知識・技術基準型委託」とは、行政の高度化への対応を図るものである。そして、「自治性・共同性基準型類型」においては、多様な市民ニーズへきめ細かく対応し、コミュニティ意識を醸成するために、地域における住民活力と公共の仕事とを結びつけようとするものであると説明されている（吉田，2002，p.11）。

　もはや民間委託は、広範な行政分野にわたって、行政サービスの担い手となっているのであり、行政へのコスト効果や企業効率の導入、専門的知識・技術や柔軟な対応の導入による租税の効率的使用や行政の能率化、効率化方策として導入されている。「お役所仕事」に象徴される官の非効率性、不経済性、画一

第3章　民間委託の歴史・現状・課題　　49

性、硬直性を、民の有する効率性、経済性、多様性、弾力性によって是正・補完しようとする考え方が広範に浸透しているのである。換言すれば「行政システムの生み出す機能障害現象を行政機能の外部移転により是正」するのである。

しかし、現実の民間委託は、採算性重視の市場サービスと公共的価値を追求する行政サービスとの理念的相克の中で進んできた訳ではなく、地方自治体の「財政悪化に対する場当たり的な減量策」の試行錯誤の結果として今日に至っている。また、実際の民間委託の推進では、「契約での明確なサービス水準の設定や委託効果の調査・検討をなおざりにするケースが多い」という。また、これまでの行政活動の現実として、「サービスの便益が市民個々人に帰属する民間部門でも対応可能な選択的サービスも広く供給されている」点が挙げられる（吉田, 2002, pp.11-13）。

このように民間委託をめぐる議論は、あたかも行政理論における立法と行政の統制の規範から政治と行政の分離の規範、そして両者の協働の規範へと移行していったのと平仄を合わせるかのように展開してきた。直営か委託かをめぐる両者の固有の価値領域について、これまでは他領域の潜在的欠陥を批判し、各々の領域の理論的価値を強調する形で相互の議論の応酬がなされてきた。

しかし同時に、たとえ財源のスリム化が最大の委託推進の原動力であったとしても、両者の交錯領域、すなわち公共サービスは行政が占有するものでもないし、市場が独占するものでもなく、公共セクター、企業セクター、市民セクター、団体やNPOなどさまざまなセクターによって担われるものだという認識が定着し、そうした担い手同士の最適な組み合わせ（協働）を追求する素地もまた整ってきた状況に至ったのである[3]。

3 直営・委託論争から運用・浸透の時代へ

1．行財政スリム化の国策と民間委託

民間委託をめぐる現代的課題がその運用にあるとすれば、全国的規模における実際の民間委託の浸透状況や地方自治体の運用事例についても把握しておく必要があろう。そこで、国（総務省）による関連の報告・指針・通知と調査資

料、そして自治体事例として栃木県宇都宮市の委託推進の行政スタンスに関わる資料（行革プランと指針）を提示しておこう。

自治省（当時）は「地方自治・新時代に対応した地方公共団体の行政改革推進のための指針」（1997年11月）において、「行政運営の効率化、住民サービスの向上等を図るため、民間委託等の実施が適当な事務事業については、地域の実情に応じ、積極的かつ計画的に民間委託等を推進すること」とした。

続けて、同年翌月には国の「行政改革会議　最終報告」（1997年12月）において、「事務・事業において、行政機関自らが行う必要性が乏しく、民間に委託した方が効率的な事務・事業は、その委託を大幅に進める必要がある」とした。そして、さらに踏み込んだ形で、「個々の業務における部分的な委託のみでなく、一連のまとまりとして、包括的に民間に委託する手法を積極的に採用すべきであるとした[4]。

その後、2004年3月には、総務省が「市区町村における事務の外部委託の実施状況」を公表した。これは政令指定都市、中核市、特例市、人口10万以上の市、特別区、その他の市、町村（平成の大合併以前の計3213の自治体）の一般事務における外部委託の実施状況を調査した結果をとりまとめたものである（2003年4月現在）。

それによれば、一般事務における委託実施自治体の比率の高いものは、在宅配食サービス業務96％、ホームヘルパー派遣業務91％、本庁舎の清掃業務86％、一般ごみ収集業務84％、水道メータ検針業務および情報処理・庁内情報システム維持業務で82％などであり、比率の低いものは、案内・受付業務20％、学校用務員事務20％、公用車運転業務29％などであった。

前回（1998年4月時点）の調査と比べると、一般事務における市区町村総計では、道路維持補修・清掃等業務が17ポイント増、公用車運転業務が13ポイント増となるなど、ほぼすべての事務で委託実施団体の比率が高まった（表3-5参照）。そして、自治体の規模が大きいほど委託実施団体の比率が高い傾向にあること、また、特に案内・受付業務や電話交換業務、学校給食業務、水道メータ検針業務、道路維持補修・清掃等業務では、市区の委託実施団体の比率は町村に比べかなり高いと指摘された。

表 3-5　市区町村における一般事務の民間委託の状況

事務事業名	民間委託を行っている市区町村の割合（1998年4月現在）	民間委託を行っている市区町村の割合（2003年4月現在）
1. 本庁舎の清掃	82%	86%
2. 本庁舎の夜間警備	67%	71%
3. 案内・受付業務	19%	20%
4. 電話交換業務	33%	33%
5. 公用車運転	16%	29%
6. し尿処理	76%	78%
7. 一般ごみ収集	77%	84%
8. 学校給食	37%	44%
9. 学校用務員事務	14%	20%
10. 水道メータ検針	75%	82%
11. 道路維持補修・清掃等	50%	67%
12. ホームヘルパー派遣事業	83%	91%
13. 在宅配食サービス	93%	96%
14. 情報処理・庁内情報システム維持	―	82%
15. ホームページ作成・運営	―	49%
16. ka 給与計算事務	―	36%

出典：総務省「市区町村における一般事務の民間委託の状況」より作成

　また、同時期に総務省（自治行政局）は「一般事務における外部委託未実施の理由＜市区町村総計＞」を公表した。これは委託を実施しない理由をあらかじめ7項目設定[5]した上で、表3-5の「本庁舎の清掃」から「給与計算事務」までの16の事務事業ごとに回答させたものである。

　加えて、総務省自治行政局長による通知「地方公共団体における事務の外部委託の実施状況の調査結果を踏まえた民間委託等の推進の観点からの事務事業の総合的点検について」において、「特に、当該団体と同じ団体区分の委託実施団体の比率が高かったり伸びの大きい事務事業や最近委託化の取組が広まっている事務事業であるにもかかわらず、当該団体としては未だ外部委託によらず直接実施している事務事業」については、重点的な検討を行うよう要請した。また、「新たな民間委託等に係る準備や移行に要する経費の一部については、地方交付税による財政措置を行う」とした。

　このように、2003年4月は、単なる「情報提供」に止まらず、民間委託の浸透に向けて国がさらに強力な推進策を打ち出し、その後の展開を左右したところの、まさに"エポックメーキング"（epochmaking）な時期と位置づけられる。

　近年では「地方公共団体における行政改革の推進のための新たな指針（「集中

改革プラン」)」(2005年3月) や「地方公共団体における行政改革の更なる推進のための指針(「18年指針」)」(2006年8月) が出されている。後者では「住民に対するサービスの提供その他の公共の利益の増進に資する業務(「公共サービス」)として行う必要のないもの、その実施を民間が担うことができるものについては、廃止、民営化、民間譲渡、民間委託等の措置を講ずること」とされた。こうした記述からも、今後民間委託がさらに拡大・加速化していく流れを見て取ることができる。

「『集中改革プラン』及び『18年指針』の取組状況について」(2010年11月) の中では、民間委託が地方行革の一環に位置づけられ、都道府県、政令市、市区町村のいずれにおいても民間委託の比率の増加が明らかになった[6]。

2. 国策に連動する自治体の動き──栃木県宇都宮市の場合

それでは、国による民間委託の浸透策は、自治体においては実際の施策にどのように反映されたのであろうか。栃木県宇都宮市を事例に見ていきたい。

市では2003年8月に「外部委託(アウトソーシング)の推進に係る指針」を定めた。「外部委託を一層推進するため」と位置づけられ、その目的は「『経営』の観点から外部資源を効果的に活用することにより、これまで以上の質の高い行政サービスを実現すること」にあり、「本市業務全般にわたる総点検を進めるための考え方を示すもの」と位置づけられた。

これまでも清掃・警備業務や公共施設の管理、ごみ収集運搬、学校給食調理業務などの現業業務を中心に委託を推進してきたとし、今後も「市全体の業務全般を対象に大胆な委託の推進が必要」「外部活力の活用が必要」だと指摘した。

「民間が実施主体として役割を担うことが十分可能なもの」については、行政は「実施主体から撤退」と明言した上で、行政が担うべき役割として、①政策形成・決定、公権力行使(許認可、処分)に関すること、②秘密性や公平性、安定性の確保、公的支援・関与が不可欠なもの、③民間の育成・誘導、活性化の3つを挙げた。

さらに踏み込む形で、「市が役割を廃止・縮小することで、市民の自主活動の活性化等が期待できる」とした。そして、「サービスの安定供給や妥当なコ

スト水準の確保などにも留意しながら」、民間委託を「これまで以上に大胆に」進めるとした。

表 3-6 は宇都宮市による民間委託業務の 3 つの類型化である[7]。

表 3-6　民間委託を推進する業務類型（宇都宮市）

定型的なもの	ごみ収集運搬、学校給食調理、データ入力、アンケート等調査、施設の管理運営等
高度の知識を要するものや、技術革新に関するもの	情報システム開発・運用、事業計画策定に係る調査研究、設計・測量、健診等
臨時的・一時的な業務や、変則的な業務	除草・樹木剪定、害虫駆除、各種講座・教室、イベント企画・運営等

出典：宇都宮市, 2003 より作成

その後、市は「行政改革推進プラン」（期間は 2010～2014 年度）において、「全庁的な外部委託の推進」を掲げた上で、具体的には「上下水道施設維持管理業務」「学校給食調理業務（対象校拡大）」「保育園給食調理業務」について、「社会情勢等を踏まえ、外部資源を効果的に活用し、よりよいサービスの提供や経費縮減を図るため、計画的に外部委託を推進する」として今日に至っている。

具体的な進捗状況について、2011 年度の取組内容では、4 月から「学校給食調理業務」の拡大を図るとした。また、10 年度までの取組みの概要として、4 月から「ごみ収集運搬業務」の全面委託化や、「学校給食調理業務」の拡大を図るなど、全庁的な外部委託を推進するとした。さらに、「上下水道施設維持管理業務」（14 年度以降委託範囲を順次、拡大）、「学校給食調理業務（対象校拡大）」（14 年度に 86 校での委託を計画）、「保育園給食調理業務」（14 年度は 2 園で新規委託実施）が掲げられた。

4　これからの民間委託をどう捉えるか

本章では、今や自治体運営の一翼を担う民間委託を対象に、導入の起点となった 1960 年代後半の国の動きを把握した上で、そのほぼ 20 年後に展開された直営か委託かの論争について、各々の主張のポイントと論旨の特徴に注目した。そして、民間委託の拡大・浸透傾向は、たとえその原動力が行財政のスリム化を企図する国策のなせる業であったとしても、公共サービスを支える多様なセ

クターの出現は動かしがたい事実現象であることを、全国的な民間委託導入率の上昇と、国策に呼応する自治体の事例を提示することで確認した。

果たしてこれからの民間委託はどのように推移していくのであろうか。仮に日本における民間委託化の動きの起点を1960年頃に設定したとすると、その歴史はほぼ50年に及ぶことになる。この間、民間委託の拡大・浸透傾向は止まることがなかった。大きな政府か小さな政府かは自治体活動に取っても重要な論点であろうが、一方で自治体が対応しなければならない公共サービス（特に社会保障や福祉の領域）の量や範囲の拡大はこの半世紀、時代的趨勢として不可避であったということも紛れもない事実（史実）である。

臨調以来の行財政スリム化の要請は年々強くなっていて、それを実現するための国策による政策誘導（市町村合併、三位一体改革、行革プランなど）も実に巧みであった。自治体とすれば、従来担っていた直営の公共サービスを減量しない限り、人的にも物的にも早晩立ち行かなくなることは明らかであった。これまでの自治体活動の射程範囲が広過ぎたのか、あるいは国策として組み込まれた結果であるのかはともかく、民間委託は、国と地方を通じた行財政改革が出現させたこれまでの歴史のひとつの産物でもあり、公共サービスの遂行をめぐるひとつの知恵でもあったと位置づけられるのではないだろうか。

そうであるとすれば、理論と実際が混濁してきた民間委託論と、現実に展開している無数の民間委託業務の両方を、一定の成果と捉え直した上で、地域総合力を発揮するための貴重なツールとして、当該自治体ごとに公共サービスを支える諸セクターによる相乗効果を実践的に追求していかなければならない。

1）民間委託を広義で捉えた場合には、公共施設の管理運営や外郭団体・地方公社なども含まれると解されるものの、本章では自治体の一般事務における民間委託に焦点をあてる。
2）メリット論の最たるものとして、「株式会社の行動原理は、消費者主権に奉仕する活動であり、利益追求ではない。消費者に支持された結果が、利潤の発生であるにすぎない」「同種のサービスであっても、公益法人が行えば非課税であり、かつ公的補助があるのに対し、民間活力による『公益事業』には公的補助がなく、かつ収益に課税できる。民間開放はGDPの増加と税収の増加という二重の意味において、国家に貢献するのである」といった極端な主張まである（反町勝夫「規制・財政改革が求める、新たな『公益と営利』『官と民』の定義」『21世紀の行政モデル　日本版PPP（公共サービスの民間開放）』東京リーガルマインド、2002年、pp.211-212）。
3）この点、髙寄は、「官民合同方法が最も普遍性がある方式ではなかろうか。具体的には館長とか会計事務・利用者の決定といった、公平性と正確性が要求される分野は官庁が担当し、行事計画・

運営は住民グループが分担し創造性と参加性を発揮していくという方式がのぞまれる。さらに神戸市の事例では婦人コーナーなど一部スペースを団体委託していくなどの方法も考えられる」と指摘している（高寄，1986, p.219）。
　　また、吉田は、「市民の求めるサービスの性格にかなった供給主体や供給方式をいかに選択・組み合わせるか、効率的なサービス提供という観点から市民、民間非営利団体、民間企業、行政などそれぞれの公共的活動の特質や強みをどういかすか、それに伴い地方政府の行政システムも含めた公共システム改革をいかに推進するかという戦略的な視点や改革意欲」の重要性を述べている（吉田, 2002, p.13）。
4 ）具体的には以下の事務・事業が掲げられた。すなわち、社会資本整備（直轄事業の調査、建設、運営、管理業務等）、営繕・国有財産管理、設備、施設等の管理業務、情報処理、統計の処理（集計、データベースの作成・提供等）、各種検査検定業務、各種国家資格・認定業務、国際交流業務、普及啓発業務、広告活動、各種調査（農林統計等の調査、資料収集、分析等）である（「行政改革会議　最終報告」1997年12月）。
5 ）7項目（その他は含まず）とは、①外部委託の方が経費が割高、②秘密保持または保安上の観点から、③業務に精通した職員対応が必要、④現在従事している職員の処遇等の対応が必要、⑤適切な受託者がいないまたはその選定が困難、⑥市民や議会等からのサービス低下等の懸念があり、⑦体制の縮小等により内部的に効率化を図っているから、となっている（総務省自治行政局, 2004a）。
6 ）この中で、2004年末から2010年4月までの民間委託化率が示された。それによれば、学校給食（調理）（都道府県）が77％から96％（19％増）、総務関係事務（都道府県）が51％から79％（28％増）、公用車運転（指定都市）が46％から79％（33％増）、学校給食（運搬）（市区町村）が55％から70％（15％増）となっている（総務省, 2010）。
7 ）ただし、「秘密性の確保が厳重に求められる業務や、受託先が当面見込めない業務については、秘密保持などの委託手法の検討や、民間市場の発展・成熟を待っての委託を検討する」「サービス実施の責任は第一義的に市が負うものであるため、リスク分担や受託先のノウハウの内部還元・留保、効果の検証・評価などにも十分留意して、委託業務及び委託先業者を主体的に管理する」としている（宇都宮市, 2003）。

参考文献

宇都宮市「外部委託（アウトソーシング）の推進に係る指針」2003年
宇都宮市「行政改革推進プラン（平成22〜26年度）平成23年度の進捗状況」2013年
行政改革会議「最終報告」1997年
坂田期雄『民間の力で行政のコストはこんなに下がる』時事通信社、2006年
自治省「地方自治・新時代に対応した地方公共団体の行政改革推進のための指針」1997年
総務省「一般事務における外部委託未実施の理由＜市区町村統計＞」2004年3月a
総務省「市区町村における事務の外部委託の実施状況」2004年3月b
総務省「『集中改革プラン』及び『18年指針』の取組状況について」2010年11月
総務省「地方公共団体における行政改革の更なる推進のための指針」2006年8月
総務省自治行政局長通知「地方公共団体における事務の外部委託の実施状況の調査結果を踏まえた民間委託等の推進の観点からの事務事業の総合的点検について」2004年3月
高寄昇三『地方自治の経営』学陽書房、1985年
高寄昇三『地方自治の選択』学陽書房、1986年

二宮厚美『自治体の公共性と民間委託―保育・給食労働の公共性と公務労働―』自治体研究社、2000 年
宮崎伸光「公共サービスの民間委託」今村都南雄編著『公共サービスと民間委託』、敬文堂、1997 年
吉田民雄「行政サービスの民営化と地方政府の公共システム改革」『都市問題』第 91 巻、第 2 号、2002 年 2 月号
寄本勝美『自治の現場と参加』学陽書房、1989 年

第4章
第三セクターから学ぶべき点

1　第三セクターとは何か

1．第三セクターの定義とその位置づけ

　本章では、第三セクターの現状や課題について述べる。第三セクター（以下、三セクと略す）とは、地方公共団体が出資して設立される法人のことであるが、その経営は困難な場合が多く、しばしば三セクの破綻が伝えられてきた。そもそも三セクとは、第一セクターである行政と第二セクターである民間企業の両者の連携・協力によって、行政や民間企業のいずれか一方だけでは実現することができないような事業に取り組むことを目的に設立されるものであるのに、なぜ経営が悪化し破綻するような事態に陥るのだろうか。本章では、三セクの特徴を整理すると共に、その内包する問題点についても明らかにすることをねらいとしている。

　日本における三セク概念の混乱　今から20年ほど前（1993年）、行政管理研究センターに研究会が設置され、行政学者を中心に行政法や公共経済学、公企業論などの約20人の研究者によって当時の第三セクターの状況を把握する研究が行われた。その成果は、行政管理研究センター監修・今村都南雄編『「第三セクター」の研究』（中央法規、1993年）として公刊されている。その中で研究代表者である今村都南雄は、第三セクターの概念に関して「第三セクターとは何か、どこからどこまでを第三セクターに含めるのか、依然としてはっきりしないところを多分に残したまま、その概念を用い、用いられることが多いように見受けられる」（今村, 1993, p.15）と述べている。また、今村は第三セクターの語が国の公式文書に初めて登場したのは1973（昭和48）年2月13日に閣議決定された「経済社会基本計画」であるとし、同計画が策定された時期が、

田中角栄内閣が「日本列島改造論」を掲げた時期と重なることから、同計画における三セクの意味を「開発型第三セクター」[1]としてのみ理解する傾向が強かったことを指摘している（同, p.16）。そして、70年代後半から三セクの受けとめ方に変化が見られるようになり、さらに、80年代末には民営化や規制緩和の潮流の中で「三セク・ブーム」が出現したことなどを踏まえて、「第三セクター概念をいま一度再構築してみる必要がある」（同, p.33）と述べている。

本章が対象とする三セク　今村の言うように確かに三セクは捉えにくいものである。そこで、本章では、三セクの対象範囲を絞るにあたって総務省の調査を参考にする。総務省は毎年、「第三セクター等の状況に関する調査」を実施し、その結果を公表しているが、そこでは、地方公共団体が出資を行っている社団法人、財団法人、株式会社、その他の会社法法人の他に、地方住宅供給公社、地方道路公社、土地開発公社の「地方三公社」および地方独立行政法人も対象としている。しかしながら、本章で言う三セクには、地方三公社や地方独立行政法人は含めないことにする。つまり、本章で言う三セクとは、地方公共団体が出資して設立される社団法人、財団法人、株式会社、その他の会社法法人を指す。ちなみに、社団法人と財団法人は民法上の法人であり、株式会社とその他の会社法法人は商法上の法人という違いがある。

三セクと地方公営企業　本章で対象にする三セクの範囲については上記の通りであるが、三セクの特徴とその位置づけを明らかにするためには、三セクと同様に行政と民間企業の両者の性格を併せ持つ地方公営企業との違いについて考えることが重要である。地方公営企業とは、地方自治体が経営する現業のうちで、地方公営企業法の適用を受ける事業のことである。地方公営企業法は、その2条において、同法の適用を受ける事業を掲げている。同法の適用を受ける事業は、水道事業、工業用水道事業、軌道事業（路面電車等）、自動車運送事業（路線バス、貸切バス等）、鉄道事業（地下鉄、高速鉄道等）、電気事業、ガス事業の7種である。自治体が経営する病院事業についても同法の一部が適用される。また、前記の事業のほかであっても、地方財政法施行令第46条で規定されている公営事業については、自治体の条例によって、地方公営企業法の全部または一部を適用することができる。ただし、地方財政法施行令第46条が規定す

第4章　第三セクターから学ぶべき点　59

る公営事業の中には、三セクでしばしば見られる観光施設事業などもある。そこで、三セクと地方公営企業の線引きは、法律に求めて、三セクは上記のように民法上および商法上の法人、地方公営企業は地方公営企業法の全部または一部の適用を受ける事業とするのが妥当であると考える。繰り返しになるが、本章が検討の対象にするのは、民法上および商法上の法人である三セクであり、地方公営企業や地方三公社は対象としない。

公企業に関する一瀬の整理　　三セクや地方公営企業、地方公社などの行政と民間企業の間のグレイ・ゾーンとも言える混合的な領域に関する概念上の整理としては、少し古いものであるが次の一瀬智司の整理がもっともわかりやすい。この整理によれば、地方公営企業と地方三公社、三セクはともに「公企業」に分類されるが、地方公営企業は3つの中ではもっとも一般行政に近く、次に地方三公社が続き、三セクは3つの中では最も民間企業（一般私企業）に近い公私混合企業に位置づけられている。

この三セクの位置づけは、財政学者や地方財政の実務家の間でも共有されている。財政学者の林宜嗣は、地方公営企業より三セクのほうが、公共性や効率性の点で民間企業に近いとしている（林, 1999, p.273）。また、実務家（総務省）の細谷芳郎も地方公営企業は経営風土などの面で官庁的であるが、三セクは民間企業的であるとしている（細谷, 2004, p.347）。

1. 一般行政（公共サービス、公共事業等、いわゆる公共財の提供）
2. 公共企業
   - (1) 公企業
     - ①官庁事業（五現業等）、（地方）公営企業
     - ②公共企業体 ─── 公社（三公社）── 公共企業体（狭義）
                       公団、公庫、事業団等
     - ③公私混合企業 ─── 電源開発株式会社、国際電信電話株式会社等
                        第三セクター
   - (2) 公益事業（企業）── 電力事業、ガス事業、運輸・放送通信事業等
3. 一般私企業── 独禁法の対象となる

出典：一瀬ほか, 1977, p.2 より作成

図4-1　公私の企業の位置づけ

2．第三セクターの現状

　次に三セクの現状について、総務省が毎年実施している「第三セクター等の状況に関する調査」に基づいて述べる。2012年3月31日現在での三セクの数は7181で、社団法人や財団法人の民法上の法人が3616、会社法法人などの商法上の法人が3565である。三セクの全体数においても、また、民法上の法人や商法上の法人などの個別の数においても、その数は年々少しずつ減ってきている。2011年度中に新たに設立された三セクは33で、その中では株式会社が17で最も多い。この新設法人数についても、上記の三セクの法人数と同様に年々減少傾向にある。

　三セクの役職員の状況については、2012年度調査において、三セク全体での役職員23万7797人中、自治体の退職者が1万2868人（5.4％）、自治体からの出向者が2万2058人（9.3％）を占めている。

　また、三セクの経営状況については、単独および複数の自治体からの出資割合が25％以上の民法法人および商法法人、出資割合が25％未満であっても自治体からの財政的支援（補助金、貸付金および損失補償）を受けている同種の法人の5916のうち、約6割（60.1％）が黒字、残り4割（39.9％）が赤字という状況である。

表4-1　三セクの法人数の変化

区分＼調査時	H15	H16	H17	H18	H19	H20	H21	H22	H23	H24
社団法人・財団法人	4,636	4,534	4,390	4,183	4,051	3,973	3,863	3,813	3,723	3,616
会社法法人	3,821	3,823	3,827	3,790	3,724	3,713	3,672	3,626	3,594	3,565
第三セクター計	8,457	8,357	8,217	7,973	7,775	7,686	7,535	7,439	7,317	7,181

出典：総務省「第三セクター等の状況に関する調査結果」2012年12月26日より作成

表4-2　三セクの新設法人数の変化

設立年（暦年）	H15	H16	H17	H18	H19	H20	H21	H22	H23
社団法人	4	3	0	2	1	1	6	4	3
財団法人	23	12	21	7	9	2	15	7	12
株式会社	66	68	48	33	36	30	27	23	17
その他会社法法人	26	17	17	6	1	1	1	1	1
計	119	100	86	48	47	34	49	35	33

出典：同上

上記の出資割合に基づいた5916法人の三セクのうちで、自治体から補助金の交付を受けているのは2682で、交付総額は2697億円となっている。

　三セクの数は年々減少傾向にあると述べたが、前年度調査（2011年度調査）と比較した場合、減少した136法人の統廃合の状況について

表 4-3　経常損益の状況

区分		法人数	構成比
社団法人・財団法人	当期正味財産増加法人	1,822	53.8%
	当期正味財産減少法人	1,565	46.2%
会社法法人	経常黒字法人	1,733	68.5%
	経常赤字法人	796	31.5%
第三セクター計	黒字法人	3,555	60.1%
	赤字法人	2,361	39.9%

出典：同前

表 4-4　第三セクターの統廃合の状況

区分	廃止件数	統合件数 (法人減少数)	出資引揚件数
社団法人・財団法人	72	33（36）	13
会社法法人	39	4（1）	15
第三セクター計	111	37（37）	28

出典：同前

いては、廃止が111、統合が37、出資引揚が28という状況である。

2　第三セクター問題の経緯

1．バブル期のリゾート開発

リゾート系三セクの増加　上記でも参考にした2012年度の総務省の第三セクター等に関する調査では、三セク等の業務分野を13に分けている。その中で比較的割合が高いのは、「地域・都市開発」分野（17.2%）、「農林水産」分野（15.4%）、「観光・レジャー」分野（14.5%）、「教育・文化」分野（13.7%）などである。ここでは、三セクの問題点について考えるために、特に「観光・レジャー」分野の三セクについて注目する。深澤映司による先行研究を参考にすると、三セクの設立年次はバブル期から1990年代の前半に集中しているが、特に観光・レジャーの分野ではその傾向が顕著であったと述べている（深澤，2005，p.64）。そして、この状況は、1980年代後半に政府が民間活力の導入と地域間格差是正のために打ち出した地域振興策である「民活法」[2]に基づく経済的優遇措置、そしてリゾート法（総合保養地域整備法）などによってもたらされたも

のであったと述べている（同，p.64）。

リゾート法制定の背景　この時期になぜリゾート法は制定されたのだろうか。観光学者の溝尾良隆は、リゾート法制定の背景について次の3点に整理している。①余暇活動指向の高まり、②日本の産業構造のソフト化（重厚長大産業から余暇関連産業への企業経営の多角化傾向）、③東京一極集中是正手段としてのリゾート開発の位置づけ（溝尾，1991, p.40）の3点である。

バブル景気の過熱による金余り現象の中、企業は格好の投資先としてリゾート開発に乗り出すことに意欲的であった。また、リゾート法では、個々の民間事業者のリゾート整備に関する構想や計画を踏まえて基本構想を作成されるべきものと規定されていたので、リゾート法の適用を希望する自治体は、パートナーとなる民間事業者を見つけ出すことが必要であった（岡田，2010, p.137）。こうしたわが国の経済情勢ならびにリゾート法のしくみが、自治体と企業を結び付け、リゾート開発のしくみとして三セクが多用されることになった。

シーガイアの概要　そこで、次にリゾート開発や観光・レジャー分野における三セクの破綻の事例として、宮崎のシーガイアの事例を振り返ってみる。宮崎のシーガイアは、三重県の志摩スペイン村[3]とともにリゾート法指定（1987年）の第1号であり、また、宮崎・日南海岸リゾート構想の中核施設にも位置づけられていた。このように鳴物入りで開発が進められたが、経営状況は思わしくなかった。1993年のオープン時から毎年200億円前後の赤字を出し続け、2001年2月には3261億円という過去最大の負債で会社更生法の適用を申請した。同年6月にアメリカの投資会社のリップルウッド・ホールディングスが162億円で買収した。その後、富裕層を対象にした経営戦略を導入し、また、地元利用者の少なさを補うために韓国や中国などからの外国人観光客を呼び込むなどの経営努力を展開して、2007年3月決算では1993年のオープン以来初の営業黒字となった。ただし、オーシャンドーム（資料4-1参照）に関しては、赤字状況を脱することができずに、2007年9月末日をもって閉鎖された。また、2012年3月26日には、リップルウッドが所有していたフェニックスリゾートの全株式を娯楽業界大手のセガサミーホールディングス[4]が取得し、完全子会社化した。取得額は4億円であるが、負債の54億円も肩代わりする

資料 4-1　シーガイアの概要

【誘致の背景】	宮崎県はかつて（1960年代から70年代にかけて）は、新婚旅行のメッカであったが、沖縄返還や海外旅行の普及により、宮崎への観光客数は激減した。特に大企業のない宮崎県にとっては、リゾート法に基づくシーガイアの建設は"観光の宮崎"という過去の栄光を取り戻す格好の機会であった。
【運営主体】	シーガイアの運営会社となったフェニックスリゾート株式会社は、宮崎県、宮崎市、フェニックス国際観光、第一勧銀、宮崎交通などが出資して1988年12月に設立された。ちなみに、シーガイアとは、海の"Sea"と地球を意味する語の"Gaia"の組み合わせによる造語である。
【施設概要】	高級ホテル（地上43階、地下2階のホテルオーシャン45）、国際会議場、ゴルフコース（トム・ワトソンの設計によるコースなど）、その他のアミューズメント施設（温泉施設、大型ボウリング場、テニスクラブ）などから構成される大型リゾート施設であった。さらに、シーガイアのランドマーク的存在は、開閉式の屋根を持つ全天候型プールのオーシャンドームであった。奥行き300m、幅100m、高さ38mのプールのほかに長さ140mの人工ビーチや造波プールもあり、「世界最大の室内ウォーターフロント」としてギネスブックにも登録された。

出典：筆者作成

ので、実際には58億円で取得したことになる。

シーガイアの敗因　シーガイアの敗因は何か。第一に、中核施設であったオーシャンドームについては、計画の杜撰さが見られる。初年度の入場者目標は250万人であったが、初年度から目標の半分にも届かない結果で、最大の入場者数を記録した1995年でさえ124万人であった。大人4200円という高い入場料も集客が伸びなかった原因である。2001年以降、2500円に値下げされたが、その結果、入場者数が増えても赤字となった。経営戦略以前の問題として、オーシャンドームがシーガイアにどうしても必要だったのかという疑問が残る。杜撰な計画と拡大志向がオーシャンドームを生み、シーガイア全体の首を絞めたと言える。

　第二に、破綻の時期と対応の遅れについてである。シーガイアでは、2000年7月の九州・沖縄サミットの外相会合も行われたが、このことが結果的には破綻の時期を遅らせることになった。その前年の1999年には、メインバンクの第一勧銀が新規融資の撤退を発表した。この時点での累積赤字はすでに1115億円を超えていたが、この時点で手を打っていれば負債が3261億円まで膨れ上がることはなかった。サミット前に問題を起こすことはできないという

行政の決断の遅れ（先送り）が状況のさらなる悪化を招いたと言える。

2．リゾート系三セクの問題点と教訓

三セク活用の失敗の本質　　ここでは上記のシーガイアの事例を踏まえて、少し広い視点からリゾート系三セクの問題点やそこから学ぶべき教訓について整理する。地域経営研究者の河西邦人は、三セクを活用する地方自治体と民間企業のそれぞれの利点について、資料4-2のように述べている。少し長くなるが、河西の先行研究に寄りながら、リゾート系三セクの問題点について考えたい。河西は、夕張市と芦別市の２つの観光開発の事例について比較検討し、リゾート開発に三セクを活用する失敗の本質として、①事業計画の問題、②経営統治の問題、③三セクへの地域の足かせ、④リーダーシップの慣性の４点を指摘した。

①については、「事業計画の甘さは第三セクターの官民の共同事業方式に起因するところもある。また、甘い事業計画でも容易に資金調達できてしまう」（河西，2006，p.111）としている。②については、三セク側（事業を持続するための利益を重視）と自治体側（政策の文脈の中で尺度が変化する）の評価尺度の違いが有効な経営統治を阻害する経営統治の問題点として指摘している（同，p.114）。③については、議会や市民、商工業者などから要望が出されると、選挙で選ばれる首長にとっては、それが三セク経営にとって望ましくない要求であっても拒絶しにくい点を挙げている（同，p.115）。④については、「地方自治体首長が第三セクターの社長を務めている場合、第三セクターの経営の失敗が本人の政治

資料4-2　自治体と民間企業による第三セクター活用の意味（利点）

地方自治体	民間企業
・民間企業の経営資源を活用でき、事業の効率化が図れ、リスク分散もできる。 ・本来、自治体は営利的事業に関わることは馴染まないが、三セクへの参加を通して自治体の影響力を行使できる。 ・三セクは民間企業のため経営管理上の制約が自治体に比べて緩やかで、資金の借入れなどの制約も少ない。予算や議会手続きの制約も緩やか。	・三セクには自治体が参加しているので、事業としての信用力が期待できる。 ・民間企業だけでは不足する財源を自治体に頼ることができる。 ・事業内容によっては、自治体が関与する団体にしか認められていない事業もある（自治体が関与する三セクに参加することによってそうした事業に民間企業も参入できる）。

出典：河西，2006，pp.109-110 より作成

家としての評価を棄損するため、第三セクターの失敗をカバーするような政策の意思決定や行動をしていきがちになる」としている（同．p.116）。

ミッション優先の落し穴　河西は、これらの指摘を踏まえてまとめとして、通常、民間企業の経営では、新しい事業展開を行う場合には第一に"リスク"を考える。一方、行政は"リスク"に対する意識が低く、リスクより"ミッション"（目的、使命）を重視する。三セクは、民間企業の姿を装いながらも心は行政という状態で、リスクに対する緊張感が低かったということが、河西の先行研究から明らかになったリゾート系三セクの問題点である。これは別な言い方をすると"コーポレイト・ガバナンス"の欠如と"企業の危機管理"の低さとも表現することができる。なぜ、リスクに厳しくならないのかと言えば、それには行政の無責任体制も原因のひとつではあるが、それよりも地域を何とか活性化しなければならないという"ミッション"（目的、使命）が先に立つからである。それが厳しいリスクへの目を曇らせるのである。ただしこの構造（思考論理）は、リゾート系三セクに固有の問題であろうか。そこで次に異なる分野として、三セク鉄道の状況と課題について整理する。

3　第三セクター鉄道の状況と課題

1．三セク鉄道誕生の経緯と特徴

国鉄民営化による三セク鉄道の誕生　旧国鉄のJRへの民営化の際の赤字路線の廃止は、リゾート法と並ぶ全国で三セクの数が増加したもうひとつの要因である。ちなみに、三セク鉄道の第1号は、1984年に開業した三陸鉄道である。1987年の分割民営化前後に開業した三セク鉄道が多い。代表的なものを挙げると、会津鉄道（1987年）、わたらせ渓谷鉄道（1989年）、信楽高原鉄道（1987年）、北近畿タンゴ鉄道（福知山〜宮津間は1988年、西舞鶴〜豊岡間は1990年）、若桜鉄道（1987年）、土佐くろしお鉄道（1988年）、南阿蘇鉄道（1986年）などがそれである。これらはかつて国鉄の「赤字ローカル線」だった区間である。次に、これらの三セク鉄道が開業する経緯について少し述べる。

三セク鉄道開業の経緯　旧国鉄は、1960年代以降、赤字を計上し、財政危

機状況に陥っていた。国鉄の再建が大きな政治課題になっていたが、運輸政策審議会における審議などを踏まえて、1980年12月27日、国鉄再建法が公布・施行された。そして、同法に基づいて、翌81年3月11日、国鉄再建法施行令が公布・施行された。同施行令では、国鉄の鉄道線区を幹線鉄道網、地方交通網、特定地方交通線に区分する基準が示された。幹線鉄道網と地方交通線を区分する基準は輸送密度（8000人／日未満）で、幹線鉄道網70線区（約1万2300km）と地方交通線175線区（約1万160km）に区分した。また、地方交通線のうち、鉄道輸送のほうが効率的な路線およびバス輸送への転換が困難な路線を除いた83線区、約3160kmを特定地方交通線とし、バスへの転換もしくは三セクなどへの経営転換を行うとした（菅原，2010，pp.218-219）。これが、三セク鉄道が誕生することになった法制度面での経緯である。

特定地方交通線83線区のうち、バスへの転換が45線区、鉄道への転換が38線区となった。鉄道転換線区のうち、2線区（大畑、黒石）については民間事業者の下北交通と弘南鉄道が引き継いだので、三セクへの経営転換の対象になったのは残りの36線区であった。この36線区に対して31の三セク組織がその事業を引き継ぐことになった。

2．三セク鉄道の課題・問題点

三セク鉄道のマネジメント　こうして誕生した三セク鉄道はどのような課題や問題点を持っているのだろうか。そこで菅原浩信による三セク鉄道のマネジメントに関する先行研究を参考にして、三セク鉄道の課題や問題点について整理する。菅原は、マネジメントの視点（環境、技術、戦略、組織特性、組織成果）から三セク鉄道に関する実証分析を行ったが、菅原の指摘を少し異なる言葉で表現し直すならば、①利用者（観光客、ビジネス客、地元住民など）の把握とそれへの対応、②従来型のサービスとは異なる新企画（商品）の開発、③鉄道とそれを取り巻く関係者間での連携のしくみの構築と地元資源の有効活用の3点に再整理することができる（菅原，2010，pp.324-325）。この3点は、まさに三セク鉄道が抱える課題と言える。そこで、次にこれらの3点を手がかりに、三セク鉄道の第1号である三陸鉄道の状況について整理し、その三陸鉄道の事例から

三セク鉄道が抱える問題点について考えることにする。

三陸鉄道のマネジメントの状況　第一に、利用者の把握とそれへの対応に関しては、まず、定期利用者と定期外利用者の把握およびそれ（それぞれ）への対応が必要である。開業当初は、定期外利用者のほうが定期利用者を上回っていたが、その後、定期利用者のほうが定期外利用者を上回るようになった。ただし、実際には、地元住民などの定期利用者は、少子化や自動車利用の増加によって減少傾向にある。そうなれば、三陸鉄道としては、定期外利用者（観光客など）の利用増加により一層の努力が必要になってくる。

そこで、第二の点である新企画などの開発の内容として次の2点が重要になる。①旧国鉄（現JR）との直通運転などについては、1984年の開業当初から盛岡〜宮古〜久慈間を結ぶ夏の臨時列車「うみねこ号」、一関〜盛〜釜石間を結ぶ「むろね号」を運行した。また、1997年には、自社車両で仙台〜久慈間（1999年からは仙台〜八戸間に延長）の海岸線を直通運転する「リアス・シーライナー」の運行を始めた（菅原，2010，p.223）。②イベント列車として、「納涼列車」「ビール列車」「ワイン列車」「月見列車」「クリスマス列車」「初詣列車」「結婚式列車」「披露宴列車」「落語列車」などを運行してきた（同，p.223）。

最後に、第三の鉄道とそれを取り巻く関係者間での連携の取組みであるが、三陸鉄道は、「宮古市周辺でグリーン・ツーリズムに取り組む事業者と連携して『みやこ地方グリーン・ツーリズム推進協議会』を設立し、顧客と地元観光資源（事業者）を結び付ける活動を展開している」（同，p.229）。また、2005年に岩手県と沿線・周辺の12市町村で「岩手県三陸鉄道強化促進協議会」を設立し沿線市町村住民30万人が年1回は三陸鉄道を利用しようという「マイレール三鉄・沿線地域30万人運動」を始めた（同，p.224）。

一方、職員数について見ると64名しかなく、「駅員や車掌もおいていないため、すべての乗客対応を運転士が行っている。始発電車に乗務した場合は、駅のカギを開け、清掃を行っている」（同，p.232）。こうして見てくると、三陸鉄道では、できる限りの経営努力を行っているように見える。しかし、財政面は非常に厳しい状況にある。1994年度からは赤字に転落し、それ以降、赤字分を基金[5]で補填していたが、それも2006年度で底を着いた。そこで、2007年

度以降は岩手県と沿線市町村の補助によって赤字分を補っている（同, p.224）。

三セク鉄道の経営改善　最後に、三セク鉄道の経営改善に関する末原純の指摘を紹介して三セク鉄道に関する節のまとめとする。末原は、経営改善の取組みについて、事業者による取組みと自治体等による支援の2つに大きく分けている。

前者については、費用削減策（人件費削減策として、JRからのOB採用、ひとり何役もこなす複合職制度、駅の無人化、ワンマンカーの運行、保守の外注化、メンテナンスコストの削減では、設備の近代化、車両については第三セクター鉄道等協議会での車両規格の標準化など）、増収策（新駅の設置、イベント列車の運行など）、副業収入（旅行業、物品の販売など）の3つの方向性を挙げ、後者については、財政支援（損失の補填、近代化補助の自治体負担、固定資産税の減免・免除、定期券の購入補助など）、自治体職員の三セク鉄道への派遣、駐車場の設置、また、住民による支援策として、ボランティアによる駅の清掃、三セク鉄道主催旅行への積極的な参加や地域住民による団体利用などの諸点を挙げている。

しかしながら、「モータリゼーションの進展、沿線の過疎化、少子化等によりほとんどの3セク鉄道で減収が続いている。事業者は費用削減に努力しているところであるが、減収が費用削減を上回っており」「今後このような状況下で3セク鉄道が存続を続ける為には、これまでの努力に加え新たな対策が必要である」（末原, 2006, pp.36-37）と指摘している。確かに、上記の三陸鉄道の事例でも末原の指摘する経営改善の取組みのほとんどに手を付けているが、実際には減収が費用削減（改善努力）を上回っている状況にある。それでは、「新たな対策」とは何かということが問題になるが、それが見えないところが三セク鉄道の抱える最も本質的で大きな問題点であると言える。

4　都市開発と第三セクター

これまでリゾート系の三セクの事例そして三セク鉄道の事例について見てきた。最後にもうひとつの三セクのタイプとして都市開発に関連するものについて少し触れる。都市開発に関する三セクは、上記の2012年度の総務省の第三

セクター等に関する調査でも 17.2％と三セク全体に占める割合が大きく、また、破綻や失敗の例として全国的に名が知られている事業も多い。ここではその中でも代表的なものとして大阪市の大阪ワールドトレードセンター（WTC）の事例について振り返る。

WTC の概要　WTC は、南港の中心に位置する 55 階建てのオフィスビルで、民活法の指定を受け事業費 1193 億円をかけて建設され、1995 年に開業した。当初の計画ではその名の通り国際貿易取引の一大情報サービス拠点になるはずであった。しかし、実際には貿易関係の企業はほとんど入居しないで、96 年には日本電気、日立製作所、東京海上火災、住友海上火災、99 年にはフロアー面積の 6 分の 1 を占めていた三井物産も退去した（入谷, 2008, p.142）。その穴を埋めるように大阪市の関連団体や部局が次々に入居し、WTC 全体に占める市の関連団体の入居率は 73％、賃料収入の 70％に上り、事実上の第 2 庁舎とも言われた（正籬, 2005, p.24）。WTC は 982 億円の負債を抱え、2003（平成 15）年 6 月、大阪市と金融機関等を相手方とする特定調停の申立を大阪地方裁判所に対して行い、2004 年 2 月に調停が成立した（入谷, 2008, pp.136-137）。

他の大阪市の三セクの状況　2003 年の特定調停の申立てでは、WTC だけではなく、他の大阪市が関係する三セクであるアジア太平洋トレードセンター（ATC）、湊町開発センター（MDC）も共に申立てを行った。ちなみに ATC は、国際卸売センターとしての計画で建設されたが、テナントが埋まらず、当初の計画を大きく変更して、アウトレットモールに模様替えした。また、MDC は、関西空港への玄関口として作られたオーキャット（O-CAT）が売り物だったが、国際線の搭乗カウンターの利用者が 1 日平均 4 人しかなく、100 円ショップに姿を変えた。この 3 社の負債を合計すると 2763 億円に上った（正籬, 2005, pp.23-24）。大阪市が関係する都市開発系の三セクの破綻はこれにとどまらず、2004 年 11 月には大阪ドームの運営会社である大阪シティードームと心斎橋の地下街を運営するクリスタ長堀が同じく特定調停の申立てを行った（同, p.25）。

特定調停の意味　さて、ここで言う特定調停とは何か。本節でこれまでにも参照してきた正籬や入谷の説明を参考にすると、当初は自己破産対策を念頭に考え出されたスキームであったが、2003 年 12 月の総務省の通知を契機に法

的整理の手法として三セクに利用されるようになったものである。事業の清算ではなく再建（継続）を前提に、金融機関に債権放棄（借金の棒引）を求め、経営の立直しを図るものである。正籬は、この特定調停が重宝される理由として裁判所の調停だから従わざるを得ないという説明が付く点であると指摘している。「大阪市は税金を払う市民に対し、金融機関は株主に対し、言い訳が立つ。つまり、究極の責任回避手段」という指摘（批判）は重要である（正籬，2005, pp.26-27）。WTCは、上記のように開業当初からオフィスの入居率が悪く、開業2年目の1996年度決算ではすでに債務超過に陥っていたので、もっと早期に破綻処理に取り組むべきだったのではないかという疑問が生じる。当時は、民事再生法や特定調停法も制定されていない時期で、抜本的な破綻処理策としては法的整理としての会社更生法の適用しかなく、それは事業を推進した市の関係者の責任問題にも発展する危険性があったので、結論を先延ばしにしてきたようである（同，p.26）。また、2003年の時点においても、特定調停ではなく、会社更生法の適用などによって清算するという選択肢もあった。ちなみに、大阪府の三セクである「りんくうゲートタワービル」は、この清算の道を選び、民間企業に売却された[6]。大阪市がWTC、ATC、MDCの3社について法的整理、清算の方法を選択しなかったのは、それをすると「市の出資金や貸付金などおよそ900億円の損失が確定し、市債などを発行する上で、大阪市の信用が大きく失われると考えた」からであった。ここでも、三セク問題に共通する「潰したくても潰せない」事情が見られる（同，p.24）。

東京における都市開発系三セクの状況　こうした都市開発系の三セクの破綻の事例は大阪市だけに見られる現象ではなく、東京でも同じような光景が見られる。特に東京臨海副都心地区では、経営破綻する三セクが多く見られる。りんかい線を運営する東京臨海高速鉄道、国際展示場を運営する東京ビッグサイト、情報通信系企業のオフィスビルを目指した東京テレポートセンターなどの赤字が目立って大きい。東京都政に詳しい塚田博康は、これらの三セクの大赤字の原因を次の3点に整理した。①建設中にバブルがはじけて、進出予定企業の辞退が相次ぎ、地価下落により賃貸料も下げざるを得なかったこと。②建設工事を一気に進めようとしたことによる過大な建設コスト。③都自体の計画性

の乏しさ（臨海地区に企業を誘致するためには、丸の内や汐留などの好立地条件地区での供給を抑制しなければならなかったのに、それをしなかったこと）（塚田，2005，pp.13-14）。これら３点の指摘に共通する点は、都（行政）の計画の甘さ、無責任体質である。これは、東京都に限ったことではなく、また、都市開発系の三セクに限ったことではなく、三セク問題の根底に流れる本質的な問題点である。

5　第三セクターの性格と問題点

　比較的最近の三セクに関する行政学関係の研究に金井利之のもの（2007年）がある。金井の研究では、独自の視点に基づき三セクの問題点について指摘しており、重要な研究と思われるので最後にその要点について少し紹介する。金井は、三セク組織の行政管理について考察し、その特徴として、内部的性格と外部的性格を併せ持つ二面性と、現在時点と将来時点との時間的二面性の２点について指摘した。前者の性格（組織）的二面性とは、「『自治体であって自治体でない』『自治体でなくて自治体である』という鵺的性格」を意味し、「三セクの設立により、内部的組織のように、地域の政策課題への対処を自治体として行うことができる」と共に、「自治体の内部的組織では不可能な、しかし、自治体が求めるような、経営手腕を発揮することが期待される」という。また、民間企業にとっての利点としては、「一般の民間企業には認められない許認可上の便宜が期待される」（金井，2007，pp.80-81）。後者の時間的二面性とは、「現在時点では、時には将来の費用は過小評価され、将来の便益は過大評価される」ことを意味している（同，p.91）。この時間的二面性の影響で「『眉唾』の長期事業計画に、関係者は異論を唱えない」ようである（同，p.92）。これらの考察を踏まえて、金井はこれらの二面性の手法は三セクだけの問題ではないと主張している。PFIは三セクに代替するものとして期待が持たれているが、その期待感は「経営的に合理的な手法だからではなく、三セクと同様に、組織的・時間的二面性を有する『妙味』があり得る手法だからである」という指摘は重要である。また、「施設建設関係の三セクにはPFIは代替しても、小規模・地域密着型のものにPFIが進出することは難しく、PFIが三セクに全面的に取

って代わることもない」(同, p.101) という指摘も興味深い。このあたりの三セクとPFIの共通点と相違点については、第5章のPFI、PPPに関する部分を併せて参照願いたい。

　本章では、三セクの現状と課題、その特徴や問題点について明らかにすることを目的としてこれまで述べてきた。三セクの数は確かに減少傾向にあるものの、それでもまだ全国に7000以上の三セクが存在する。本章では、「第2期三セク・ブーム」とも言うべき民活法およびリゾート法に基づいて設立されたリゾート系三セク、国鉄民営化の結果として誕生した三セク鉄道、そして都市開発系の三セクという3つの事例について紹介してきた。それぞれに抱える特徴や問題点は少し異なった。リゾート系三セクでは、事業展開によって生まれるかもしれないリスクを見ようとしないで（もしくはその査定が極めて甘く）、地域を何とか活性化しなければならないという"ミッション"が強調されるという特徴と問題点があった。三セク鉄道の場合、特に三陸鉄道の事例では、それなりに経営改善の取組みが行われていたが、それを上回る減収が見られ、「新たな対策」の必要性が指摘されながらも、それが何か見えないという問題点が見られた。都市開発系の三セクでは、もっと早期に破綻処理に取り組むべきであったのに関係者の責任問題に発展することを恐れて問題の先送りが行われ、また、法的整理（清算）を行った場合、巨額の損失の発生と市の信頼が傷つくため「潰したくても潰せない」現実があることが露わになった。

　こうしたことから、本章のまとめとして、次の3点を指摘して結論としたい。
　①三セクは減少傾向にあるものの、すべてのものがPFIなどの新たな手法に代わるわけではない。金井が指摘するように、PFIが進出しないものについては、今後も三セクによる運営が行われることになる。②リゾート系三セクと都市開発系の三セクには、行政の計画の甘さ、無責任体質という共通点があった。一方、三セク鉄道については「新たな対策」を見つけるのはなかなか難しそうである。③三セクの持つ計画の甘さ（バラ色の計画など）や、無責任体質といった問題点は、行政が関係するもの全般に言えることであり、PFIもその危険性を内包している。過度の成果主義は問題であるが、ミッション（理念・目的）や過程（手続き）重視の体質はそろそろ改善されるべきである。

1) 具体的には、むつ小川原開発株式会社や苫小牧東部開発株式会社などの「官民共同出資による株式会社」の組織形態をイメージしている（今村，1993，pp.21-22）。
2) 中曽根康弘内閣によって「民間活力の導入」を目的として 1985 年 5 月に制定された「民活事業者の能力の活用による特定施設の整備の促進に関する臨時措置法」の略称。
3) 志摩スペイン村は、三重県志摩市磯部町坂崎にある複合リゾート施設。開業は 1994 年（テーマパーク「パルケエスパーニャ」とホテル志摩スペイン村は 94 年の開業、ひまわりの湯の開業は 2001 年）。近鉄グループが伊勢志摩地域への観光客（特に若年層、ファミリー層）の増加をねらって始めた事業である。開業初年度には 375 万人以上の入園者数を誇ったが、2010 年度以降は 150 万人を切っている。
4) セガサミーは、過去にも横浜のみなとみらい 21 地区で大型娯楽施設を開業する予定があったが断念した経緯がある。同社がアミューズメント施設事業に手を広げようとするのは、ゲームビジネス以外にも新たな成長のエンジンを手に入れたいからだという見方がされている。
5) 特定地方交通線の廃止・転換の円滑な実施を図るために国から交付された転換交付金の残額（約 7 億 8000 万円）で基金を造成した。
6) 関西国際空港の対岸のりんくうタウンに建設された超高層ビル。WTC と同じ 256m の高さを誇る。インテリジェントオフィス、国際会議場、ホテルから構成される。

参考文献

一瀬智司・大島国雄・肥後和夫編『公共企業論』有斐閣双書、1977 年
今村都南雄「第三セクターの概念と国会審議」行政管理研究センター監修・今村都南雄編『「第三セクター」の研究』中央法規、1993 年
入谷貴夫『第三セクター改革と自治体財政再建』自治体研究社、2008 年
岡田一郎「リゾート法と地域社会」『東京成徳大学研究紀要—人文学部・応用心理学部—』第 17 号、2010 年
金井利之「第三セクターの行政学」堀場勇夫・望月正光編『第三セクター——再生への指針——』東洋経済新報社、2007 年
河西邦人「地域経営における第三セクター活量戦略の失敗」『札幌学院商経論集』第 23 巻第 2 号、2006 年
末原純「第 3 セクター鉄道の現況と将来の方向性に関する検討」『運輸政策研究』第 9 巻第 1 号、2006 年
菅原浩信「第 3 セクター鉄道のマネジメントに関する事例研究」『開発論集』第 85 号、2010 年
塚田博康「臨海副都心の負の遺産—新たな「未来型都市」建設のために—」『都市問題』2005 年 3 月号
林宜嗣『地方財政』有斐閣、1999 年
深澤映司「第三セクターの経営悪化要因と地域経済」『レファレンス』2005 年 7 月号
細谷芳郎『図解　地方公営企業法』第一法規、2004 年
正籬聡「大阪南港開発の蹉跌—特定調停の綻び—」『都市問題』2005 年 3 月号
溝尾良隆「わが国におけるリゾート開発の課題と展望」『経済地理学年報』第 37 巻第 1 号、1991 年

第5章
日本の PFI、PPP の特徴と課題

1　日本への PFI の導入とその状況

　日本社会は、人口の減少と高齢比率の深化が急速に進み、社会のさまざまな構造に大きな変化が生じている。特に中央政府や地方政府の運営は厳しくなり、90年代以降の公共事業縮小の影響が出るとともに、社会インフラの補修管理・更新、そして防災対策等の需要が複合的に増大している。一方、グローバル経済の中で地域経済は熾烈な競争にさらされ、産業空洞化や地域間格差が拡大している。こうした構造変化の中で中央政府による指導力は弱まり、地域自体が自らの資源を有効活用し、地域の生活基盤を確立していくこと[1]が期待されるようになってきた。税収などの行政資源が減少していく中で、地域活性化と住民生活の向上を図るためには、従前の政治や行政の考え方を改めるとともに、行政が民間企業や NPO 等の多様なアクターと連携しながら、地域社会に必要なサービスを提供していくしくみづくりや環境形成が重要となる。

　公共部門をより効率化していくには、民間企業の経営手法を導入し、公共部門の効率化やコスト削減を目指していく NPM 理論があり、その具体的手法として民営化、民間委託、独立行政法人化、PFI（Private Finance Initiative）などが具体的に進められてきた。

　一方、事業の形態や規模、そしてその内容によっては民間企業だけではなく、NPO や地域住民組織、コミュニティなどの市民セクターなどとも多様な形態のパートナーシップを形成して、公共サービスを提供していくことも必要となるし、地域に必要なサービスが本当に必要であるかをコスト概念だけで計ることができないこともある。そうした課題を解決していく概念として望ましい主体間の連携による PPP（Public Private Partnership）[2]が形成されてきた。これは、市

場原理だけでは達成できない公共サービスの質の改善や公共セクターの役割を重視し、すべてのリスクや責任を民間に移転するのではなく、パートナーとの協力や連携により、両者の長所を引き出して事業や活動を成功させていこうとするところに特徴があり[3]、さまざまな形態の協働連携事業の可能性が高まる。

PFIは、公共事業等に新しく民間資金や運営方法を導入する手法として生み出され、公共施設等の建設、維持管理、運営等を民間の資金、経営能力および技術的能力を活用する手法である。そのため、PFI手法は、民間のノウハウや能力の活用により、国や自治体よりも効率的かつ効果的に公共サービスを提供可能な事業分野について実施されている面もある。それは、①低廉かつ良質な公共サービスが提供されること（事業コスト削減による財政負担の縮減と質の高い社会資本の整備や公共サービスの提供が可能になる）、②公共サービスの提供における行政の関わり方の改革（民間事業者の自主性、創意工夫を尊重することにより、資金の効率的使用や新たな官民パートナーシップが形成される）、③民間の事業機会を創出することを通じて、経済の活性化に資すること（民間に委ねることで、新規産業の創出や金融環境の整備推進）にある。

1．PFI手法の形成と日本への導入

もともとPFIは、NPM型行政改革の流れの中で、イギリスにおけるシティズンズ・チャーター（市民公約：Citizen's Charter）やValue for Money（VFM：金銭的効率性）[4]を契機として、1992年11月にメージャー保守党政権でのノーマン・ラモント蔵相の提案で導入され、その行財政改革に重要な役割を果たしてきた。イギリスでPFIを生むきっかけとなったシティズンズ・チャーターは、1991年にメージャー首相により発表された公共サービス改善のための政策であった[5]。先進諸国では、PFI方式によって多くの公共サービスの提供が実施されており、有料橋、鉄道、病院、学校、行刑施設などの公共施設等の分野で成果を収めている[6]。

日本の公共事業は、政府が事業予算を用意し、計画的に整備することが基本であるが、景気変動や税収の伸び悩みなどで後回しにされる事業も多かった。民間企業の資金や経営能力を用いて公共事業や施設が整備できるイギリスの

PFIは、財政難に苦しむ日本には魅力的な政策手法であった。

そこで、わが国のPFIの導入経緯を概観すると、1996年10月に、財政制度審議会財政構造改革特別部会海外調査報告の中で、財政再建の取組みのひとつとしてイギリスのPFIが紹介され、その後、政府や自民党内で活発な議論が行われた。その結果、わが国では、1999年7月に「民間資金等の活用による公共施設等の整備等の促進に関する法律」（平成11年法律第117号、「PFI法」）が策定され、1999年9月に施行された。同年8月には、「民間資金等の活用による公共施設等の整備等の促進に関する関係省庁連絡会議」（「関係省庁連絡会議」）第1回会合が開催されるとともに、総理府内政審議室に民間資金等活用事業推進室（「PFI推進室」、2001年の中央省庁再編で内閣府）が設置され、同年10月には同法に基づき民間資金等活用事業推進委員会（「PFI推進委員会」）が設置された。さらに、民間資金等の活用による公共施設等の整備等に関する事業の実施に関する基本方針（「基本方針」）、5つのガイドライン（①プロセス、②リスク分担等、③VFM、④契約、⑤モニタリング）の策定[7]、その後の大小含めて概ね10回程度のPFI法の改正[8]を経て、今日に至っている。

2．国家戦略・成長戦略としてのPFI事業の推進

2012年12月に発足した第2次安倍内閣では、経済再生を「最大かつ喫緊の課題」と位置づけ、経済活性化策に優先的に取り組む考えを示している。2013年1月には、「日本経済再生に向けた緊急経済対策」を閣議決定し、「日本経済再生に向けて大胆な金融政策、機動的な財政政策、民間投資を喚起する成長戦略の「三本の矢」で、長引く円高・デフレ不況から脱却し、雇用や所得の拡大を目指す」こととしている。

すでにPFI事業については、菅内閣の「新成長戦略～「元気な日本」復活シナリオ～」（平成22年6月）において、国や地方自治体の財政状況が逼迫する中、多くの社会資本ストックの更新時期が到来することを踏まえ、維持管理や新設を効果的・効率的に進めるため、PFI、PPPの積極的な活用を図ることが盛り込まれている。その新成長戦略の中で、「PFI事業規模について、2020年までの11年間で、少なくとも約10兆円以上（従来の事業規模の2倍以上）の拡大を目

指す」とされたことを受け、2011年6月に「PFI法」が改正されており、その後日本再生の基本戦略（2011年12月24日）において「民間の資金・ノウハウを十分にいかしつつ、官民で連携して……成長マネーの供給を拡大するため、……PFI事業推進の官民連携インフラファンド（仮称）の創設を進める」とされていたものである。

第2次安倍内閣発足後の「日本経済再生に向けた緊急経済対策」においても、民間投資の喚起による成長力強化のひとつとして、「PFIの推進（略）により、民間資金を活用したインフラ整備等を推進する」とされ、官民連携によるインフラファンドの機能を担う㈱民間資金等活用事業推進機構の設立を内容としたPFI法が第183回通常国会に提出されているところである[9]。2013年6月、政府の産業競争力会議では、安倍政権の経済政策「アベノミクス」の「三本目の矢」となる成長戦略の素案をまとめ発表しており、その中で、「空港、上下水道、高速道路など、PPP（官民連携）や（公共事業に民間の資金を生かす）PFIを推進」し、「今後10年間で、過去10年間の3倍にあたる12兆円規模のPPPやPFI事業を推進」することが目指されている[10]。

3．PFI事業の種類

わが国のPFIには、(1)事業費の回収方法による分類（事業類型）、(2)施設の所有形態による分類（事業方式）がある[11]。

(1) **事業類型**　民間事業者の事業費の回収方法としては、①サービス購入型、②独立採算型、③両者の混合型の3つに分類される。

①サービス購入型とは、民間事業者が提供する公共サービスの対価として公的主体から支払われる料金で、PFI事業の事業費を回収して賄っていくものである。具体例としては、小中学校、庁舎、一般廃棄物処理場などが挙げられる。公的主体から予め定められたサービス購入料が支払われるため、民間事業者は安定的に事業を行うことができる。

②独立採算型とは、民間事業者が、施設等の利用者から徴収する料金でPFI事業のすべての事業費を賄っていく類型である。具体例としては、駐車場、空港ターミナル、ケアハウスなどが挙げられる。独立採算型のPFI事業は、利

用者の増減によりPFI事業者の収入が影響を受ける等、PFI事業者がリスクを負担することになる。

　③混合型とは、公共サービスの対価として公共から支払われる料金（サービス購入型）および施設等の利用者から徴収する料金（独立採算型）でPFI事業の事業費を回収して賄っていくものである。具体例としては、温泉、プール、市民会館などが挙げられる。

(2) 事業方式　　施設の所有形態としては、主に①BTO、②BOT、③BOO、④RO、⑤BLTの5つの方式に分類される。

　①BTO（Build-Transfer-Operate）は、民間事業者が自ら資金調達を行い、施設を建設（Build）した後、施設の所有権を公的主体に移転（Transfer）し、民間事業者が施設の維持管理および運営（Operate）を事業終了時点まで行っていく方式である。

　②BOT（Build-Operate-Transfer）は、民間事業者が自ら資金調達を行い、施設を建設（Build）し、事業期間にわたり維持管理および運営（Operate）を行った後、事業終了時点で公的主体に施設の所有権を移転（Transfer）する方式である。

　③BOO（Build-Operate-Own）は、民間事業者が自ら資金調達を行い、施設を建設（Build）し、事業期間にわたり維持管理および運営（Operate）を行うが、事業終了後に公的主体への所有権移転は行わず（Own）、民間事業者が施設を解体・撤去する等の方式である。

　④RO（Rehabilitate-Operate）は、民間事業者が自ら資金調達を行い、既存の施設を改修・補修（Rehabilitate）した後、その施設の維持管理および運営（Operate）を行う方式である。

　⑤BLT（Build-Lease-Transfer）は、民間事業者が、施設を建設（Build）、行政に施設をリース（Lease）したうえで運営し、リース代を受けとって投下資金を回収した後、施設の所有権を行政に移転（Transfer）する方式である。

　2011年5月の衆議院本会議において、PFI法の改正案が可決され、公共施設等運営権（コンセッション）制度が導入され、これにより独立採算型等を行う際に活用できるスキームの選択肢が広がった。「コンセッション方式」とは、空港や港湾、病院などの公共施設の所有権を国や自治体等の公的主体に残した

まま、一定期間の運営権を民間企業に売却することである[12]。そして、その施設の利用料金を自らの収入として収受する権利を民間事業者に設定することにより、コンセッションの対価を民間事業者から徴収することを可能とするものである。コンセッション制度は、施設の運営・維持管理の段階におけるPFIであり、既存の施設においても新設の施設においても設定が可能である[13]。

このように、PFIは民間のイノベーティブ・効率的な提案を採用し、社会インフラ等の整備、運営等をライフサイクルで民間に委ね、この間、公的主体はモニタリングを行う等により関与するもの[14]である。しかし、最近ではPPPへの移行に伴い、指定管理者制度でNPOや地域住民組織で行われるアウトソーシングなどを、組み込んで検討すべきだという意見も出てきている[15]。

4．PFI事業の実施状況

内閣府民間資金等活用事業推進室の集計によれば、平成24年7月現在、わが国のPFI事業の実施状況としては、1999年に成立したPFI法を契機に、平成11年度から24年度7月末現在で、国と地方自治体等で方針が策定・公表されたのは合計403件である。その事業規模は、3兆8958億円[16]とされており、PFIの導入が増えてきている（図5-1参照）。その内訳は、国の事業は64件、地方自治体の事業は302件、その他公共法人の事業は37件となっており、地方自治体によるPFI事業が、わが国で実施されているPFI事業の大半を占めていることがわかる（表5-1参照）。

最近では、2013年3月にみずほフィナンシャルグループなど3メガ銀行と日本政策投資銀行が、防衛省が使う通信衛星向けに総額775億円をPFI方式で融資することになっており、総事業費は、1220億円と国内のPFI案件では最大級の事例も見られ[17]、具体的な成長戦略のイメージのひとつとして見ることができるかもしれない。

2　PFIの課題・問題点

PFI市場およびプレイヤーの拡大は重要であるが、近年、PFI事業の1件あ

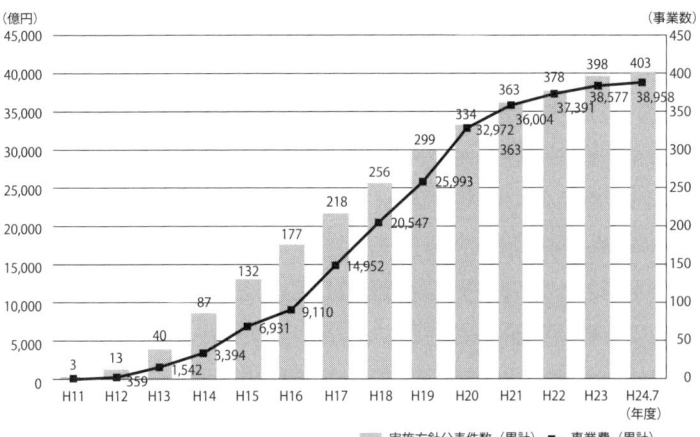

出典：内閣府 民間資金等活用事業推進室「インフラ市場関係」p.4 より作成
注1) 事業数は、内閣府調査により実施方針の公表を把握している事業の数であり、サービス提供期間中に契約解除又は廃止した事業および実施方針公表以降に事業を断念しサービスの提供に及んでいない事業は含んでいない。
注2) 事業費は、実施方針を公表した事業のうち、事業者選定により公共負担額が決定した事業の当初契約金額であり、内閣府調査において把握しているものの合計額である。

図 5-1　PFI 事業数（実施方針公表件数）及び事業費の推移（累計）

表 5-1　PFI の分野別実施方針公表件数

分野	事業主体別 国	事業主体別 地方	事業主体別 その他	合計
教育と文化（文教施設、文化施設等）	1	98	34	133
生活と福祉（福祉施設等）	0	18	0	18
健康と環境（医療施設、廃棄物処理施設、斎場等）	0	72	2	74
農業（商業振興施設、農業振興施設等）	0	13	0	13
まちづくり（道路、公園、下水道施設、港湾施設等）	7	39	0	46
安心（警察施設、消防施設、行刑施設等）	7	14	0	21
庁舎と宿舎（事務庁舎、公務員庁舎等）	44	10	1	55
その他（複合施設等）	5	38	0	43
合計	64	302	37	403

出典：内閣府 民間資金等活用事業推進室「インフラ市場関係」p.6 より作成
注1) サービス提供中に契約解除又は廃止した事業および実施方針公表以降に事業を断念しサービスの提供に及んでいない事業は含んでいない。

たりの応募者数も減少傾向にあり、民間事業者のPFI市場に参入する意欲が低下している傾向が指摘[18]されている（図5-2参照）。民間事業者がPFI事業に躊躇しているのは、民間事業者のニーズに対し、管理者等が応えられていないなどの課題がある。具体的には、①事業の内容、性質が事業者にとって魅力的でない、②適切なリスク分担がなされていない、③PFI事業参画に係るコスト負担が過大、ということである。また、PFI事業への応募者数が減少傾向にある要因のひとつとして、PFI事業参画に関する費用・労力の負担があると推察される。この民間事業者が負担するコストのひとつとして、SPC（Specific Purpose Company：特定目的会社）の設立とその管理費用が挙げられる。SPCを設立しないで事業を実施し、かつPFI事業部門の区分経理が行われていないため、経営の独立性が確保できない事例もある。SPCを設立しない場合、資金調達の工夫、リスク管理の明確化等、SPCがない状況下においても経営の独立性確保や透明性確保のための工夫が必要である[19]。

さらに、PFIへの投融資を進める上では、リスクに関する情報が十分公開されているかという点も課題となっている[20]。リスクの高いPFIでは、事業者のみならず、リスクにチャレンジできる出資者の幅をいかに広げられるかが重要であり、そのため、公的部門が民間とともに出資する官民連携インフラファンド等の形態が考えられている。行政側におけるPFIに関する正しい理解の不足、行政と民間事業者の間での連携不足、行政が当該事業や運営事業者を十分にガバナンスできていないといった制度設計の不備等の理由により、期間の途中でPFI契約を解除したという改善事例もある。

平成23年12月、総務省が地方自治体等の実施するPFI事業を対象として、実施形態や実施規模等についてアンケート調査を行い、その結果を報告書としてとりまとめている（図5-3参照）[21]。調査項目の「PFIの問題点は何だと考えますか」という問いに対して、最も多く指摘されているのは「準備に係る事務量が多い」ことで87.9％を占めている。次に多い回答は、「施設整備までに費用がかかる」60.0％、「民間の破綻リスクが心配」47.0％と続いている。「その他」の回答内容を見ると「地元企業が参画しづらい」、「リスク分担が難しい」、「行政側の意図が伝わりにくい」などが挙げられている。なかには「民間の事

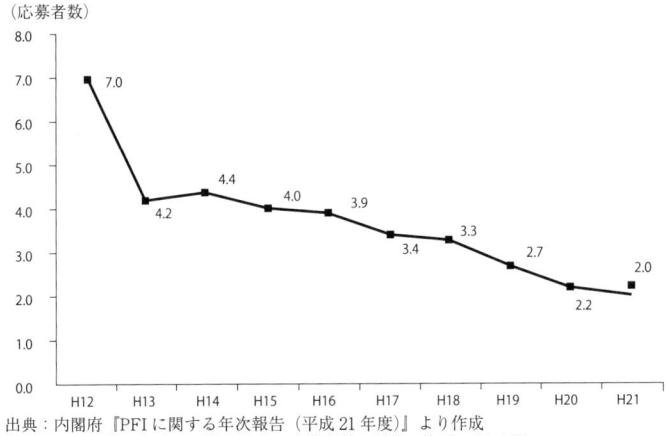

(応募者数)

図 5-2 PFI事業応募者の推移

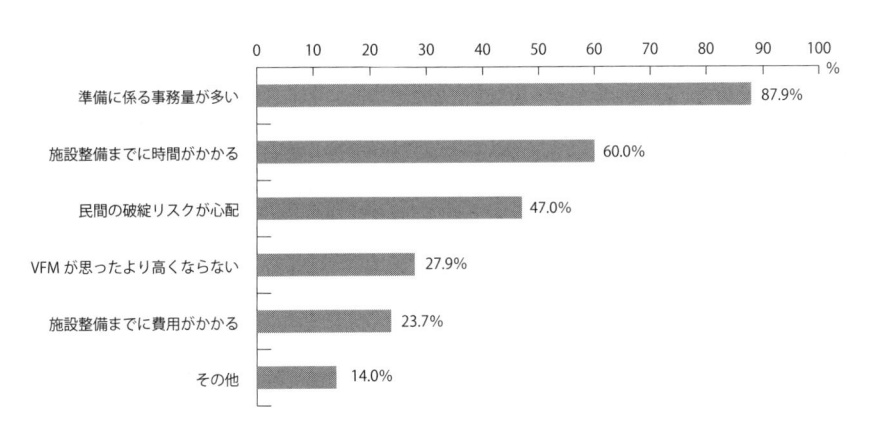

出典：内閣府『PFIに関する年次報告（平成21年度）』より作成
注1）PFI事業における1件あたりの応募者数の平均　注2）N=168

項目	割合
準備に係る事務量が多い	87.9%
施設整備までに時間がかかる	60.0%
民間の破綻リスクが心配	47.0%
VFMが思ったより高くならない	27.9%
施設整備までに費用がかかる	23.7%
その他	14.0%

出典：総務省地域力創造グループ地域振興室，2011，p.58より作成
注1）N=222　注2）無回答20件　注3）複数回答

図 5-3 PFIの問題点

務処理やサービスのレベルが思ったほど高くない」という回答も見られる。PFI市場およびプレイヤーの拡大に向けてこうした課題を改善する必要があると考えられる。

第5章　日本のPFI、PPPの特徴と課題　83

3 PFIの成功事例・改善事例

1．PFIの成功事例

　PFI事業では、民間事業者のノウハウが活用され、施設利用者の利便性の向上やサービス水準の向上等が実現されている。内閣府の『PFIに関する年次報告（平成21年度）』において、PFIの特色ある事例としては、①長崎市立図書館整備運営事業（長崎県）、②大阪大学吹田研究棟改修事業（大阪府）、③長野市温湯地区温泉利用施設整備・運営PFI事業（長野県）、④岡崎げんき館整備運営事業（愛知県）が挙げられている[22]。

　①長崎市立図書館整備運営事業（長崎県）は、事業者提案により、民間ノウハウを活かした最先端システムの導入事例である。事業類型としては、サービス購入型であり、施設の所有形態は、BTO方式である。この事例では、日本で初の採用となった図書自動仕分機等高度なシステムの導入や、開放的で親しまれる図書館整備により、周辺地域の賑わいを創出することに成功したとされている。また、統合された小学校に配慮し、原爆被害者の救護施設を再現した「救護所メモリアル」や、小学校の一部施設を再現し展示した地域交流施設「新興寺メモリアル」を整備しており、地域貢献施設としても注目されている。さらに、地元企業の参画を事業者応募の要件としており、事業実施にあたっては、図書館スタッフの地元雇用、提案事業による付帯事業（休憩・軽食コーナー）の地元業者の採用等、地元雇用の機会拡大が実現されている。そして、PFI手法の導入により、従来方式における公共支出に比べ、落札価格ベースで約28％のVFM（コスト削減効果）が発揮された。

　②大阪大学吹田研究棟改修事業（大阪府）は、運営ニーズへの柔軟な対応がなされた事例である。施設の所有形態としては、RT方式（既存棟）とBOT（新設等）であり、事業類型としては、サービス購入型である。この事例では、長期にわたる維持管理運営期間のニーズの変化への対応につき、運営ニーズの変化について事業者との調整を行い、より実効性の高い事業内容とすべく運営内容についての「努力目標」を設定し、柔軟な対応を行っている。改修中の移転先として新設棟を先行して整備し、事業者・利用者との調整により研究や授業

を止めることなく改修が実施できている事例である。そして、PFI 手法の導入によって、従来方式と比べ、15.2％という VFM（コスト削減効果）が発揮された。

③長野市温湯地区温泉利用施設整備・運営 PFI 事業（長野県）は、予定を大幅に上回る利用者、PFI 倒産隔離機能（PFI 事業以外のリスクから隔離する工夫）の有効な発揮事例である。事業類型は、混合型であり、施設の所有形態は、BTO 方式である。この事例では、立地条件の悪さにもかかわらず、高齢者福祉センターにおける高齢者向け講座の充実や健康増進施設プール水温の工夫などにより、当初の想定を大幅に上回る利用者を維持している。また、供用開始後に SPC の代表企業が倒産したが、代表企業の交替により事業に影響は及ばず、好調な業績を維持し、PFI 手法の倒産隔離機能を有効に発揮させた。そして、PFI 手法の導入によって、従来方式と比べ、7.3％（事業者選定時）という VFM（コスト削減効果）が発揮された。

④岡崎げんき館整備運営事業（愛知県）は、産学官連携、市民参加型による運営の成功事例である。市民会議による運営への積極的な参画や産官学の連携による健康増進プログラム作成に取り組んでいる。

こうした PFI 事業の特色ある事例では、民間事業者のノウハウ活用による施設利用者の利便性の向上や地域活性化への貢献に加え、倒産隔離機能等 PFI 事業の独自の効果等も実現されている。

2．PFI の改善事例

2008 年 12 月、滋賀県近江八幡市は、総合医療センターの PFI 方式での運営契約を解除し、近江八幡市直営にすることで、運営主体の特定目的会社（SPC）の「PFI 近江八幡」と正式合意した。PFI を導入した病院で契約解除は初めての事例である。また、2010 年 3 月、全国で初めての民間資金を使って公共施設を建設、運営する「PFI 方式」を採用した高知県高知市の高知医療センターが経営難となり、運営を委託していた SPC と運営主体である高知県・高知市病院企業団が PFI の契約を解除した事例も出てきており、民間の破綻リスクやリスク分担の難しさが指摘できる。

4　日本版 PPP の実施状況と具体的な動き

1．日本版 PPP の展開

　イギリスの PPP 概念は、行政改革とその見直しから形成されてきた。保守党のサッチャー政権下では、破綻した福祉国家を小さな政府へと変換するため「国有企業の民営化」、「行政サービスのアウトソーシング」、「行政のエージェンシー化」が推進され、1992 年のメージャー首相の下で PFI が導入された。1997 年 5 月に保守党のメージャー首相から労働党のブレア首相に政権交代すると、それまでの PFI を見直し、PFI を含めたより広い概念として、民間企業に限らず NPO、コミュニティ、ボランティアセクターなどの市民セクターとのパートナーシップも含め、多様なアクターが協力して公共サービスを提供する手法である PPP が打ち出された。もともとサッチャー時代においても、地域課題の解決などにおいてボランティアセクターとの連携協力を申し入れていたが、その政策姿勢のため実現せず、ブレア政権での 1998 年の連携協力協定「コンパクト (Compact)」まで待たざるを得なかった。つまり、PPP には NPO やコミュニティなども含めたマルチアクター間の連携協力が底流に流れていることになる。

　わが国では、2001 年 6 月に小泉内閣 (当時) が閣議決定した、いわゆる「骨太の方針」において、「公共サービスの提供について、市場メカニズムをできるだけ活用していくため、「民間でできることは、できるだけ民間に委ねる」という原則の下に、公共サービスの属性に応じて、民営化、民間委託、PFI、独立行政法人化等の方策の活用に関する検討を進める」との改革案が盛り込まれた。こうした施策を推進し、公的部門直営で提供してきた公共サービスを民間に開放することを、わが国では「日本版 PPP」と呼称してきた[23]。2002 年 5 月には、経済産業省が「日本版 PPP (官民パートナーシップ) 研究会」を設け、上下水道、港湾、河川、道路の管理・運営などの公共サービスを民間に委託し、経済活性化に役立てるべきだという報告書をまとめた。公共サービスを民間に開放すればサービス産業の分野が広がり、雇用創出が見込めるうえ、行政コストの削減といった効果も期待できると分析している。2002 年 11 月、シンクタ

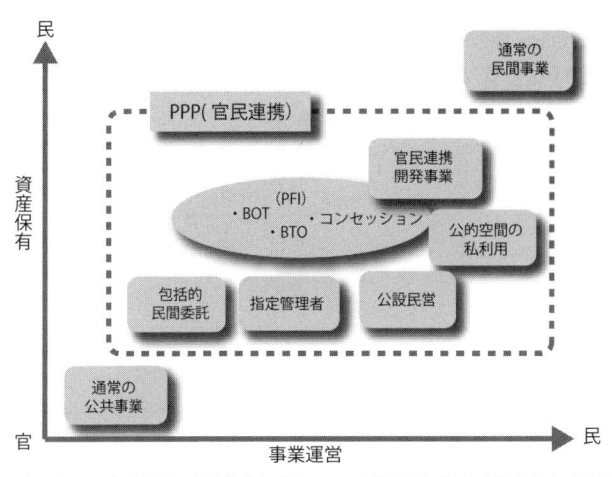

出典：内閣府 民間資金等活用事業推進室「インフラ市場関係」(国土交通省総合政策局資料) p.30
より作成

図5-4　PPP（官民連携）の類型（イメージ）

ンクの富士通総研がPPPに関するフォーラムを開催し、インターネットを通じて自治体、企業、大学などに情報を提供するサービスを始めた。また、PFIの民間推進組織である「日本PFI・PPP協会」(NPO法人) には、会員やオブザーバーとして福島県や山形県などの地方自治体、大成建設や大和ハウス工業などの建設業者、三菱東京UFJ銀行、双日などが参加している。

　従来の行政改革を支えてきた基本的な考え方はNPMにあり、財政難に陥った国や自治体が業務効率化を図り、コストの削減を図るために活用されてきた。PPPは、単に民間委託を行うのではなく、公的部門も運営に関わることで行政によるチェック機能を働かせてサービスの質向上を狙っている。また、公共サービスの運営に住民が参加して地域住民の望むサービスを実現するという意図もあり、これは従来のNPMでは弱かった面を補強することとなる。PPPは、PFIのほか、まちづくり、福祉などソフト事業にも幅広く応用できる可能性があると考えられている（図5-4参照）。

　日本版PPPの具体的な動きとして、ここでは、上下水道事業でのPPPの具体的動きを見てみたい。まずは先進諸国の動向であるが、海外では、1990年代ころから、上下水道事業でのPPPによる取組みが進んでいる。なかでも欧

州は、早くから多様な事業主体がさまざまな方法で運営してきた。

　イギリスでは、80年代のサッチャー政権下で公共事業の民営化が進み、その一環としてイングランド、ウェールズ地方の上下水道事業が完全民営化された。現在では、テムズウオーターなど24社が上下水道事業を運営している。監督機関のひとつである水道局は、契約内容を満たさない企業に対して、他社への事業移管や罰金の賦課などの権限を持ち、適正な料金での良質なサービスを保証している。フランスでは、19世紀後半に都市開発への需要が高まり、富裕層の資金を活用すべく、利用者からの料金収入を伴う上下道やガスなどのインフラ分野で民活導入が本格化し、さまざまな方式が利用される背景となった。ナポレオン3世時代の1853年に設立されたジェネラルデソー（現ヴェオリアの前身）以来、150年以上のPPPの歴史を持つのがフランスである。上下水道は自治体の業務だが、設備投資を含む事業の実施を民間企業に任せることも可能である。現在、人口カバー率で約70％の上水道、約60％の下水道が、設備投資を含む包括的な事業権の譲渡であるコンセッション方式などで民間企業により運営されている[24]。

　日本では、水事業に適用できる官民連携の制度的枠組みは徐々に整備されてきた。まず、1999年にPFIが導入され、2002年には、厚生労働省が、水道の維持管理等に関する技術上の業務を民間に委託する「第三者委託制度」、2003年には、総務省が公の施設を民間事業者などに管理委託できる「指定管理者制度」をそれぞれ導入した。また、内閣府に設置されたPFI推進委員会では事業の運営権を民間に付与する「コンセッション方式」の導入が検討され、2011年PFI法の改正によりこの方式が可能となった[25]。

2．地方自治体におけるPPPの先駆的な取組み

(1) **都道府県の事例：大阪府**　大阪府では、PPPを「官民協働による事業運営」と定義しており、便宜上、官民協働について、①民間開放、②協働、③民間活力（ノウハウ・資金）活用、と3つに類型化しており、庁内における認識の統一を図っている（表5-2参照）[26]。

　大阪府は1997年に策定した「行政改革推進計画（1998年度版）」において

表 5-2　大阪府の PPP の類型

	民間開放	協働	民間活力（ノウハウ・資金）活用
定義	大阪府が担うべき事業について、その業務の全部又は一部を民間に委ねる取組み。大阪府民に対する最終責任は大阪府が負う。	大阪府が独自の行政サービスとして実施してきた事業、あるいは今後実施しようとする事業で、民間企業やNPO団体、府民等と共に協同・連携する取組み。事業の責任は関係者間で協議し、明確にしておく必要がある。（必ずしも府が最終責任を負うものではない。）	大阪府の施策及び組織運営に、民間のノウハウや資金、人材を活用する取組み。
効果	・公共サービスに競争原理を導入することによる質の向上と効率化 ・民間ビジネスチャンスの拡大	・民間の社会貢献の拡大 ・大阪府政への民間・府民の参加意識の醸成 ・地域のニーズに応じたサービスの実現（地域主権の確立）	・民間ノウハウを活かした職員の意識改革、府政改革 ・府政運営の効率化（歳出予算の削減） なお、民間に単に資金を出資してもらうのではなく、民間ノウハウを活用したり、資金提供者と WIN—WIN の関係を構築
事業例	・指定管理者制度 ・PFI事業 ・業務の民間開放（総合サービス・センター、パスポートセンター等） ・大阪版市場化テスト	・住民・地域との協働（アドプト・プログラム、食品表示ウォッチャー） ・NPO との協働（大阪 NPO プラザの管理・運営） ・企業等との協働（野菜たっぷりコンビニ弁当などの食育事業の推進） ・新たな市場の開拓（健康サービス産業の基盤づくり、ロボット産業の拠点形成）	・民間手法の導入（民間人財の登用、民間派遣研修、外部アドバイザー） ・広告の掲載（パスポートセンター、ホームページなどへの広告掲載） ・ESCO（Energy Service Company：エスコ）事業 ・企業等との協働による歩道橋リフレッシュ ・民間 PET 診療所の誘致 ・独立行政法人 ・ネット公売

出典：大阪府財務部行政改革課業務改革グループ「大阪府における官民協働の類型」より作成

「公民の役割分担に関する基本指針」を定め、民間への委託により業務の効率性の向上や高度で専門的なサービスの提供が期待できるものについては積極的に民間委託を進める方針を打ち出した。翌年には、アウトソーシングも視野において「外部委託に係る指針」を策定し、委託化を推進したとされる。

1999 年 9 月には、「民間資金等の活用による公共施設等の整備等の促進に関する法律（PFI 法）」施行を踏まえ、2002 年 2 月、大阪府としての「PFI 検討指針」を作成し PFI 導入の取組みを開始した。2000 年以降は、府有建築物の設備について、民間の資金・ノウハウを活用して省エネルギー化の改修をしたうえで、それによる光熱水費の削減分で改修工事にかかる経費を償還し、残余を府と事業者の利益とする、民間資金活用型の ESCO（Energy Service Company：エスコ）事業の取組みも進めてきた。また、2004 年 4 月には、総務事務の手続を IT 化し、加えてシェアードサービスの手法（これまでの総務事務に情報技術（IT）を導入し、IT 化・集約化を図り、個々の組織から総務事務の処理を切り離すこと）を取り入れて総務事務の抜本的な改革を行った「総務サービスセンター」を稼動

した。そのほか、2000年から始められている、道路や河川の地域の団体による清掃美化活動であるアドプト（里親）活動、2004年からは「野菜たっぷりコンビニ弁当」の監修をはじめ、「食育」の取組みを企業とともに進めている。

こうした取組みを進める過程において、2004年9月に、「大阪版PPP改革」の推進を打ち出した。「公共サービスは行政だけが担うもの」という思い込みから脱却し、今求められる公益とは何かを見極め、それを満たすために、行政は企画・調整、監視・評価などコーディネーターの役割を果たし、最適主体により最適サービスを提供することが、豊かで持続可能な地域社会を実現させるという理念のもとに、企業を公益実現の新たなパートナーとしてとらえ、「民のまち」大阪がこれまで取り組んできた先駆的事例を踏まえながら、新たな官民協働モデルの確立を目指している。2005年4月からは、広告事業の展開や指定管理者制度の導入、市場化テストの検討など官民協働による取組みを進めている。PPPは官業の民間開放という側面が強調され、市場化テストやPFIを指す概念として使われることが多い。しかしながら、大阪府では民間との協働という幅広い視点で捉え、民間開放だけでなく、アドプト活動などの府民との協働や、民間のノウハウの導入など、官民の協働により行政サービスの質的向上や効率化を推進する取組みを「大阪版PPP改革」と銘打って推進している。

(2) 市町村の事例：千葉県木更津市　木更津市では、厳しい財政状況の中で、多様化・高度化する市民ニーズに的確に対応し、市民から、より満足の得られる公共サービスの提供を目指す新たなシステムとして、PPP（官民連携手法）導入指針を策定した[27]。この指針に基づき、地域に根ざした民力（市民・自治会・NPO・企業など）と行政が相互に連携し、木更津市に必要な公共サービスを効率的・効果的に提供することにより、本市の個性を活かした豊かで活力あるまちづくりを進めている（表5-3参照）。

PPPとは、これまでの行政主体による公共サービスを、誰が最も有効的で効率的なサービスの担い手になり得るのかという観点から、行政（官）と多様な構成主体（市民・自治会・各種団体・NPO・企業・大学など＝「民」）との連携により提供していく新たな考え方であるとしている。PPPの基本概念は、効率化を重視する行政経営の観点に、地域における「人材」・「モノ」・「資金」・「情報」

表 5-3　木更津市における PPP の主な事業類型

形態			手法	手法の概要
直営型			多様な雇用形態の活用	臨時職員では、一定の事務効率を得るようになった人材を長期雇用できないため、長期雇用が可能な非常勤一般職員や嘱託職員等、新たな職を制度化し活用の拡大を図る。また、同様のスキル（技能・技量）を持つ人材を有する民間主体からの人材派遣により、事務効率の改善を図る。
アウトソーシング型	施設管理を対象に含まない場合		業務委託	行政が直営で行う業務について、その一部の専門的技術を要する業務や事務量の集中する業務を民間主体に委託する。民間の資源や能力を活用し、事務効率の改善やコスト削減などを図る。
			包括委託	事務事業に係る一連の業務を包括して民間主体に委託する。包括して委託することにより、人材やスペースの有効活用、運用・維持コストの削減、高度な民間ノウハウの活用を図る。
	施設管理を対象に含む場合	既設	指定管理者制度	公の施設において、法人その他の団体の中から行政が指定する者（指定管理者）に管理運営を委ねる。制度の導入により運用・維持コストの削減、サービスの質の向上、高度な民間ノウハウの活用を図る。また指定管理者には使用申請に対する許可権限を与えることもできる。
			貸与	行政の所有する施設（普通財産）等を、有償または無償で民間主体に貸与し、その民間主体が当該施設を活用した事業運営、サービスの提供を行うことで、財政負担を軽減しつつサービスの確保及び質の向上を図る。
		新設・更新	民設公営	民間主体が施設の建設などを行い、行政が管理運営を行う。民間主体から行政に施設などを譲渡する方式、行政が民間主体から施設等を借用する方式などがある。
			PFI	公共施設などの整備について、行政と民間主体が契約を結び、適切なリスク負担のもと、設計・建設から維持管理・運営等に至るまでの全部または一部に民間の資金、経営能力及び技術的能力を活用して、より効率的・効果的なサービスの提供を図る。
地域協働・連携型			事業提携	行政と民間主体が互いの立場や特性を十分に認識して尊重し合い、各々が持つ資源やノウハウを生かした役割・経費・責任の分担のもとサービス提供・施設管理を行う。
			補助・助成	行政が直接的にはサービスの提供を担わないが、民間主体の行う公共サービスの提供に対して、一定の要件・期間等を設定し、活動に必要な情報提供・財政的支援・場や資機材の提供・共催後援等の支援を行う。
民設民営				民間主体が施設の建設・所有・管理運営を行う、行政と民間の共同出資による第三セクターが施設等の建設・所有・管理運営を行う方式、施設を管理運営する民間主体に対し一定の要件のもとに行政が支援する方式などがある。
民営化			民間譲渡	行政が所有する施設などを民間主体に譲渡し、それに伴い事業運営も民間主体に移管する。譲渡した対価は無償または金銭・株式により取得する。法令等の改正や市民ニーズの変化により提供主体となる必要性がなくなっている又は薄れているもの、地域における民間市場が成熟し行政が撤退しても市民に対する十分なサービスが維持確保されるものなどが対象となる。

出典：木更津市総務部総務行政課「PPP（官民連携手法）」より作成

などの経営資源を有効に活用し、地域全体の効用を高める「地域経営」の観点を取り入れ、官と民との経営資源を最も適切にネットワーク化し、公共サービスを提供することである。PPP の導入により、これまでサービスの受け手であった多様な主体がサービスを提供する側へ参画することから、より満足度の

高い市民サービスの提供やトータルコストの縮減が期待されるとともに、民の活力の発揮や地域協働の推進により公共サービスの領域を活発化させることで、豊かな活力ある地域づくりを目指すものであるとしている。

木更津市におけるPPPの取組みとして、平成18年6月、木更津市はPPP導入に向けた基本的な考え方を示す「木更津市PPP（官民連携手法）導入指針」を策定したことが挙げられる。同市では、この指針に基づき、これまでの行政主導による公共サービスのあり方を不断に見直し、地域に根ざした民間等の知恵や創意工夫が発揮できる環境づくりを積極的に進めるとともに、市民サービスの向上、トータルコストの縮減、民間の事業機会の創出による地域活性化、地域協働の推進、スリムな行政システムの推進という5つの視点を重視し、強力にPPPを推進している。また、平成20年7月1日、同市と東洋大学は、「PPP基本方針の評価および今後の木更津PPPの方向性（アイデア）」をテーマに、「地域再生支援プログラムにかかる協定書」を締結している。

5 PPP概念の再整理と今後の課題

このように日本版PPPの連携領域は、純粋な公共事業と純粋な民間事業の間のすべての領域であり、非常に広い概念である。公共事業で民間部門との連携が不要な事業はほとんどなく、住民生活に役立つ民間事業でも行政との適切な連携により事業が安定化できる分野も多い。

PFI・PPPは、公共事務を公的セクターだけの基準ではなく、民間セクターと比較が可能な基準へと変更し、市場やボランタリー組織などに委ねる形に整える作業を行う意味を含んでいる。そこには、合意形成、リスクと利益の適切な配分、住民や利用者に問題が生じないようなバックアップ体制をどう準備できるかなど、多くの知識および制度開発の必要性と課題が残されている。

イギリスにおいても民間企業が参加しやすい制度開発を継続的に行い、近年では投資しやすい環境を整備するPF2へと改善している。

こうした課題をひとつひとつ克服しながら、今後わが国において、PFI・PPPの政策と行政運営によって、公的部門の効率化を図りながら、民間企業

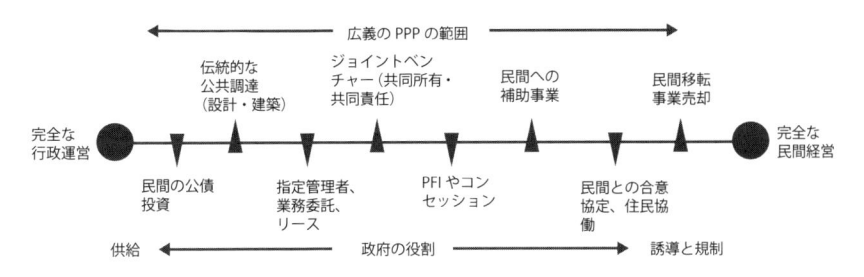

注）Gidman, Philip, Ian Blore, Jens Lorentzen, and Paul Schuttenbelt. 1995. Public Private Partnerships in Urban Infrastructure Services, Urban Management and Infrastructure. Working Paper no. 4, United Nations Development Programme. United Nations Centre for Human Settlement/World Bank. などを参照に筆者作成。

図 5-5　PPP の概念範囲

の活力を生かし、公的セクターと民間セクター、市民セクターとの多様な形態のパートナーシップにより公共サービスを提供し、地域資源を活用して雇用の創出を図っていくことは、より一層必要になると考えられる。

1）内閣府政策統括官，2012。
2）E・サバスは、今まで純粋公共財であったサービスでも、多様なサービス供給主体が現れてきているので、より多元的な組み合わせやパートナーシップを考えていかなければならないと指摘している（Savas, 2000）。
3）石井春男・金井昭典・石田直美『公民連携の経営学』中央経済社、2008 年、pp.9-10。
4）VFM（value for money）とは、「金銭に見合った価値ある公共サービスかどうか」というものであり、公共資金を効果的に活用し、最も価値あるサービスを提供するという考え方である。VFM の達成は、①同一水準の公共サービスをより低いコストで提供する場合、②同一コストでより水準の高いサービスを提供できる場合がある。
5）平石，2009，pp.154-155。これは、民間財における企業と消費者の関係を、公共サービス分野にも導入し、住民をサービスの消費者・利用者として位置づけたものである。そのため、住民は公共サービスを消費したり、利用する権利を行使することが可能となり、行政は住民が望むサービスを提供しなければならないこととなる。
6）内閣府「PFI とは」（http://www8.cao.go.jp/pfi/aboutpfi.html）。
7）内閣府『PFI に関する年次報告（平成 21 年度版）（資料編）』pp.2-3。
8）プライスウォーターハウスクーパース株式会社，2012，pp.90-91。PFI 法の大きな改正としては 2 回あるとされている。その初回は、2001（平成 13）年に実施された行政財産の貸付に関する法改正であり、これにより、PFI 事業に伴って余剰となる行政財産についても当該 PFI 事業者に有償で貸し付けることが可能となった。2 回目の大きな改正は、2011（平成 23）年に実施された法改正であり、これにより、賃貸住宅や船舶・航空機等が PFI の対象施設に追加されるとともに、民間事業者による実施方針策定の提案制度の導入、公共施設等運営権（コンセッション）制度が創設されることになった。
9）加藤，2013，p.72。

10) 読売新聞朝刊「2013 年 6 月 6 日」p.10。
11) 内閣府民間資金等活用事業推進室，2008，p.6。
12) 日経新聞朝刊「2012 年 1 月 9 日」p.3。
13) 加藤，2013，p.74。
14) 町田裕彦「PFI について」日経新聞朝刊「2013 年 3 月 29 日」。
15) 平石，2009，p.160。
16) 内閣府民間資金等活用事業推進室，2008，p.14。
17) 日経新聞朝刊「2013 年 3 月 29 日」。
18) 内閣府『PFI に関する年次報告（平成 21 年度）』2011 年。
19) 同上，p.83。
20) 日経新聞朝刊「2013 年 3 月 29 日」。
21) 総務省地域力創造グループ地域振興室，2011。
22) 内閣府『PFI に関する年次報告（平成 21 年度）』。
23) （株）三重銀総研調査部『わが国における PPP の動向～公共サービスの民間開放の現状と課題』2004 年。
24) 日本政策投資銀行「2010 年 6 月 24 日日経新聞朝刊」p.29。
25) 日本政策投資銀行「2010 年 6 月 9 日日経新聞朝刊」p.25。
26) 大阪府財務部行政改革課「官民協働による事業運営」(http://www.pref.osaka.jp/gyokaku/pp.p/kanminkyoudousouron.html)。
27) 木更津市「官民連携手法」総務部総務行革課 (http://www.city.kisarazu.lg.jp/14,149,45,356.html)。

参考文献

加藤恵美「地方公営企業における PFI 事業」地方財務協会編『公営企業 4 月号』（第 45 巻第 1 号）（通巻 529 号）2013 年、pp.72-91

静岡県総務部財産管理室『PFI の活用に向けて（抜粋）』2002 年、(http://www.pref.shizuoka.jp/soumu/so-120/documents/katsuyonimukete.pdf)

総務省地域力創造グループ地域振興室『地方公共団体における PFI 実施状況調査報告書』2011 年

平石正美「PFI と PPP」土岐寛・平石正美・斎藤友之・石見豊『現代日本の地方自治』北樹出版、2009 年

プライスウォーターハウスクーパース株式会社『行政改革の処方箋―行政機関の組織・業務・IT の課題とそのあるべき姿とは―』生産性出版、2012 年、pp.83-119

内閣府政策統括官『地域の経済 2012：集積を活かした地域づくり』2012 年

内閣府民間資金等活用事業推進室「PFI の現状と課題について」2008 年

西村清彦監修、御園慎一郎・大前孝太郎・服部敦編『地域再生システム論―「現場からの政策決定」時代へ』東京大学出版会、2007 年、pp.142-143

Savas, E.S., *Privatization and Public-Private Partnerships*, 2d eds., Chatham House Publishers, 2000.

第6章
市場化テスト
公共サービス改革法のインパクト

1 市場化テストとは

1．市場化テスト導入の経緯

　市場化テストは、1996年に行政改革委員会（1996年11月21日設置）が策定した「行政関与の在り方に関する基準」（1996年12月16日）の中に「市場テスト」という言葉で盛り込まれている。次いで、2001年の中央省庁改革において内閣府が新設され、その下に経済財政諮問会議（2001年1月設置）が設置されたとき、同会議の中で市場化テストに該当する内容の議論がなされたという。しかし本格的な市場化テスト導入の検討は、総合規制改革会議（2001年設置）から始まったと言われている。

　総合規制改革会議は、第3次答申（2003年12月22日）において、「追加重点検討事項」のひとつに「公共施設・サービスの民間開放の促進」の枠を設け、「市場化テスト導入についての調査・研究を行うべき」との提言を行った。これを受けて政府は、「規制改革・民間開放推進3か年計画」（2004年3月19日）を閣議決定し、同計画の中に「市場化テスト」の調査・研究を盛り込んだ。

　続いて、市場化テスト導入を主要課題とする民間人主体の「規制改革・民間開放推進会議（議長：宮内義彦オリックス会長）」が設置（2004年4月1日）された[1]。同会議は、「官製市場の民間開放」に検討事項を絞り、宮内議長を委員長とする「官製市場民間開放委員会」の下、「横断的手法」、「官業民営化等」、「主要官製市場改革」の3つのワーキンググループを立ち上げ、シンポジウムの開催、各府省からのヒアリング、公開討論等を含め、精力的に検討を重ねていった。

　同会議は、2004年8月3日に「中間とりまとめ」を公表する。その中で、市場化テストの実施プロセスとスケジュールなどの具体的な内容が提言された。

同会議では「官製市場改革」「民間開放」という用語が使用され、この議論の流れの中で、「市場化テスト」の法律の制定が進められることとなった。

また、小泉総理大臣も、2004年10月に召集された第161回国会臨時会の所信表明演説の中で、「官でなければできない業務の範囲を明確化し、官業の民間開放を進めるため、官民対等な立場で競争入札を行い、価格と質の両面で優れた公共サービスを提供する「市場化テスト」の導入に向けた作業を行う」と意欲を示した。しかし、規制改革・民間開放推進会議の「第1次答申」(2004年12月24日) においては、権限・予算・人員などの削減につながるとの懸念から省庁側の強い反対に合い、整備の時期について明記されるには至らなかった。

結局、小泉内閣は、省庁との調整に時間を要したが、「規制改革・民間開放推進3か年計画（改定）」(2005年3月25日閣議決定) で、2005年度にハローワーク関連、社会保険庁関連および行刑施設関連の3分野8事業でモデル事業を実施すること、市場化テストの本格的導入に向けた基本方針、その法的枠組みの整備を検討することを決定するに至った。同年3月31日に、内閣府に「市場化テスト推進室」が設置される。また、「経済財政運営と構造改革に関する基本方針2005」(平成2005年6月21日) では、関連法案を2005年度中に国会に提出するべく速やかに準備することとされた。

2005年9月27日には、規制改革・民間開放推進会議が「「小さくて効率的な政府」の実現に向けて——公共サービス効率化法（市場化テスト法）（仮称）の骨子案等」を公表した。実際に市場化テストの対象とする公共サービスの選定等をめぐって、同会議と各省等との間で調整が進められた結果、2005年12月21日の「規制改革・民間開放の推進に関する第2次答申——経済活性化のために重点的に推進すべき規制改革」において、地方公共団体の窓口業務等が新たに盛り込まれ、2006年2月10日、「競争の導入による公共サービスの改革に関する法律案」が閣議決定され、国会に提出された。同法案は、2006年5月26日、衆議院で一部修正が加えられたうえで、「競争の導入による公共サービスの改革に関する法律」(通称：市場化テスト法・公共サービス改革法) として成立した (同年7月7日施行)。

2．市場化テストの考え方

これまで行政が行ってきた外部への業務委託は、官を主体とした発想（経費・人員の削減、事務事業の見直し、組織・機構の統廃合等の行政整理）に基づくものであった。そのため、従来型の外部委託では、公共サービスの受託側（民間事業者）は発注者（行政）と独立・対等の立場というより、行政の側から指揮監督を受ける「下請け」（単純業務委託等）という扱われ方が一般的であった。

これに対して、市場化テストは、「行政が提供しているサービスと同種のサービスを提供する民間事業が存在する場合に、公平な競争条件の下、行政と民間で競争入札を行い、価格と質の両面でより優れた方が落札する」[2]という制度であり、従来型の外部委託とは大きく異なる。したがって、この「市場化テスト」という考え方には、「規制緩和・規制改革」や、官の業務を「行政から民間へ」「官から民へ」という「官民の関係を見直すこと（官製市場の民間開放）」よりも、むしろ「公共サービスに競争原理を導入すること」という発想に力点が置かれているといえる。

ところで、わが国で一般的に用いられている「市場化テスト」という用語の語源は英国に求められると言う。英国では、1980年代に「強制競争入札（CCT：Compulsory Competitive Tendering）」を採用することで、自治体の現業から内部事務に至るまで幅広い業務が入札の対象となった。また1990年代には英国の中央政府もこのしくみを採用する。このしくみの呼称であった「Market Testing」「Market Test」の邦訳が語源であると言われている。

米国では、また、ある公共サービスと類似のサービスを提供している民間企業が存在した場合、そのサービスの実施について、必ず官民で競争入札を行うというしくみもある（たとえば連邦政府業務棚卸法や米国行政管理予算局の通達A-76等）。いずれも、公共サービスの提供を官民の競争下に置くことで、よりよいサービスの提供を目指すという共通点を有している[3]。わが国における市場化テストの導入は、海外での行政の実務から形成され、一定の成果を上げたNPMによる行財政改革の理念（考え方）、いくつかの外部委託（アウトソーシング）の手法を、わが国においても採用しようとする試みの中のひとつであったと言える。

以上見てきたように、市場化テストは、これまでの公共サービスに関する調査研究――行政の事務・業務量、コストの計算、行政の役割と守備範囲、官と民との役割分担（協働）などの視点からの議論――とは異なっていると言える。市場化テストは、行政の事務事業全般についての既成概念を根底から見直すことにより、利用者・消費者である国民に対して、付加価値の高いサービス等を提供するための最適な経済社会システムの実現を目指すものであるからである。市場化テストは、新しい制度であり、これまで導入されてきたアウトソーシングの手法（単純業務委託、独立行政法人制度、PFI、指定管理者制度）とは異なる手続きを経るため、以下で説明をしていくこととする。

2　市場化テストのしくみ

1．競争の導入による公共サービス改革の目的

　「競争の導入による公共サービスの改革に関する法律」（以下「公共サービス改革法」という）の目的（第1条）は、国の行政機関等または地方公共団体が自ら実施する公共サービスに関し、その実施を民間が担うことができるものは民間に委ねるという観点から見直しを行い、民間事業者の創意と工夫が反映できるように業務を選定し、官民競争入札または民間競争入札（以下「官民競争入札等」という）に付すことで、公共サービスの質の維持向上と経費の削減を図るものである（図6-1参照）。

2．対象となり得る公共サービス

　国の行政機関等（人事院および会計検査院を除く国の行政機関、独立行政法人、国立大学法人等および特殊会社を除く特殊法人）のすべての業務が公共サービス改革の対象となる（平成17年度はモデル事業として、ハローワーク業務の一部、国民年金収納事業、刑務所管理業務の3分野8事業で市場化テストが導入された）。地方公共団体については、本法に定める法律の特例が適用される業務（以下「特定公共サービス」という）のみを本法による規律の対象とする。実際に官民競争入札等の対象とする公共サービス（以下「対象公共サービス」）は、公共サービス改革基本方針で決定される。

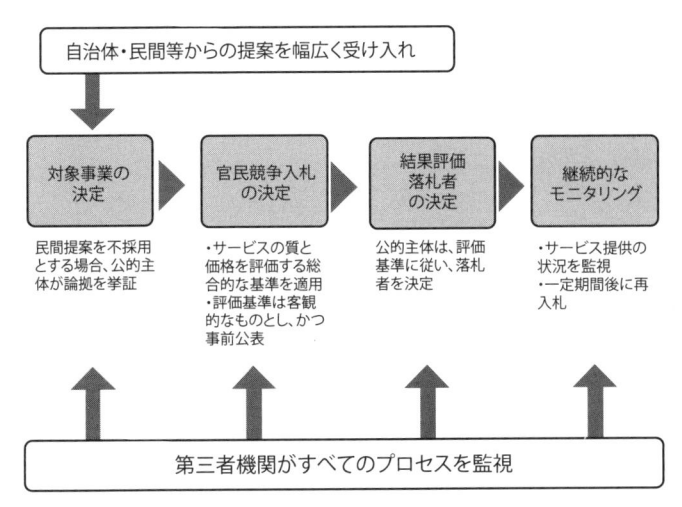

図6-1 市場化テストのしくみ
出典：内閣府公共サービス推進室 HP より作成

3．官民競争入札および民間競争入札

　公共サービス改革のための入札制度として、官民競争入札および民間競争入札の2種類の手続が設けられている。官民競争入札は、対象公共サービスの実施主体を決める入札に国の行政機関等と民間事業者とが参加するものである（市場化テスト導入先進諸国と同様のしくみ）。一方、民間競争入札は、民間事業者のみが入札に参加して公共サービスを実施する者を決定する手続である。本法は、地方公共団体が特定公共サービスに関して行う官民競争入札等についても国の行政機関等に準じた枠組みを設けている。以下では、先ず国の行政機関等の市場化テスト（公共サービス改革）の枠組みを紹介する。

3　国レベルの市場化テスト

1．官民競争入札等監理委員会

　市場化テストの実施過程における透明性、中立性および公正性の確保のため、内閣府に審議会等（いわゆる「8条機関」）として官民競争入札等監理委員会（以

下「委員会」という）を設置する。同委員会は内閣総理大臣が公共サービスに関する有識者から任命する非常勤委員 13 人以内で組織される。公共サービス改革の過程の節目ごとに委員会の議を経る等とされているほか、委員会には内閣総理大臣等への勧告権も付与されている。

2．法令の特例

　構造改革特別区域法に、特区に適用される法律の特例規定が置かれているのと同様に、本法には、民間事業者が対象公共サービスを実施する際に適用される法律の特例規定が置かれている（下位法令で規定する事項に関する特例は、構造改革特区制度と同様に当該下位法令で定める）。本法に規定する法律の特例のうち、①対象公共サービスに係る国庫債務負担行為の支出年限を 10 箇年度以内とする財政法の特例、②落札した民間事業者に雇用されるため退職した国家公務員が対象公共サービスに従事後再び国家公務員となった場合の退職手当算定に係る国家公務員退職手当法の特例については、対象公共サービスのいかんにかかわらず適用される。その他個別の特定公共サービスに関する特例として、③民間事業者による職業紹介事業の取扱い範囲を制限する職業安定法の規定を適用除外する特例、④国民年金保険料の納付請求業務を弁護士以外の者も実施できるようにする国民年金法等の特例、⑤地方公共団体による戸籍謄本等の交付請求の受付等の窓口業務を官民競争入札等の対象にできるものとする戸籍法等の特例が設けられている（特定公共サービスに関する特例は、公共サービス改革基本方針の見直しおよび本法の改正等を通じて追加される予定とされ、この点も構造改革特区制度に類似する）。

3．市場化テストの枠組み

　市場化テストの枠組みは次のとおりである。内閣総理大臣は、国の行政機関等の長等と協議し、委員会の議を経て、政府が公共サービス改革を実施する上での共通指針や対象公共サービスの内容等を示す「公共サービス改革基本方針」（以下「基本方針」という）の案を作成し、閣議決定する。基本方針は、毎年度見直し、必要があれば、策定の際と同様の手続を経て変更する。

国の行政機関等の長等は、基本方針で選定された対象公共サービスごとに、委員会の議を経て、「入札実施要項」を定める。同要項には、対象公共サービスの詳細内容および確保されるべき質、実施期間、落札者決定の評価基準、従来要した経費・人員等、適用される法令の特例、民間事業者が第三者に損害を加えた場合に負うべき責任等（官民競争入札の場合は、これに加えて、入札実施事務と入札参加事務の担当職員間での情報交換遮断措置等）を定める。

　入札に参加する民間事業者は、対象公共サービスの実施体制等と入札金額を記した書類を国の行政機関等の長等に提出する。官民競争入札の場合は、国の行政機関等の長等も対象公共サービスの実施体制等と実施に要する経費を記した書類を作成し、その写しと民間事業者の書類の写しを委員会に送付する。国の行政機関等の長等は、実施要項に定める評価基準に従って上記の書類を評価し（官民競争入札の場合は委員会の議を経る）、対象公共サービスの質の維持向上と経費の削減を実現する上で最も有利な提案をした者を落札者として決定する。

　国の行政機関等が自ら落札した場合は、実施要項と自ら作成した書類に従って対象公共サービスを実施する。民間事業者が落札した場合は、実施要項と申込み書類に従って民間事業者と契約を締結し、対象公共サービスの実施を委託する。対象公共サービスの適正かつ確実な実施の確保のため、民間事業者やその職員、下請業者等の公共サービスに従事する者またはこれらの者であった者には、秘密保持義務が課せられ、みなし公務員規定により刑罰法規の適用について公務員と同様の扱いがなされるほか、国の行政機関等の長等は、民間事業者に対し必要な監督を行うことができる。

　また、民間事業者が契約に従って対象公共サービスを実施できなかった場合等には、契約を解除することができ、委員会の議を経て、対象公共サービスの適正かつ確実な実施を確保するために必要な措置を講ずるものとしている。

4　地方自治体レベルの市場化テスト

　自治体で市場化テストを実施するかどうかは任意（自主的な判断）である。また、自治体は競争入札に参加しなくても良い。つまり、官民競争入札ではなく、

民間同士の競争入札（民間競争入札）でも構わない。実際に市場化テストを実施する際の事務の流れは、下図のようになる（図6-2参照）。

先ず自治体では、民間事業者などから意見を聴取し、基本方針を作成する。基本方針では、市場化テストを実施する意義や目標などに加え、対象となる事業を記載する。次に、市場化テストの対象とした事業ごとに実施要項を作成する。実施要項では、対象事業の詳細な内容や確保すべきサービスの質、実施期間、参加資格、評価基準などを記載する。

入札の実施では、価格のみの入札もあるが、市場化テストでは、企業のノウハウを活用する観点から、価格と事業提案による総合評価方式による入札が望ましいとされる。その後、手続きの透明性、公正性を確保するために設けられた合議制の機関により、コスト、サービスの質の両面において最も優れた担い手が選定される。

市場化テストの対象となる事業は、①地方公共団体が実施主体であることが法律上明確になっている事業のうち特定公共サービスとして閣議決定を受けたものである。地方自治体の業務のうち、法律で公務員が直接行うこととされている業務について、特例として民間事業者も業務に携われるというものである（特定公共サービス）。当初、窓口6業務（特定公共サービス：戸籍謄本等の交付の請求

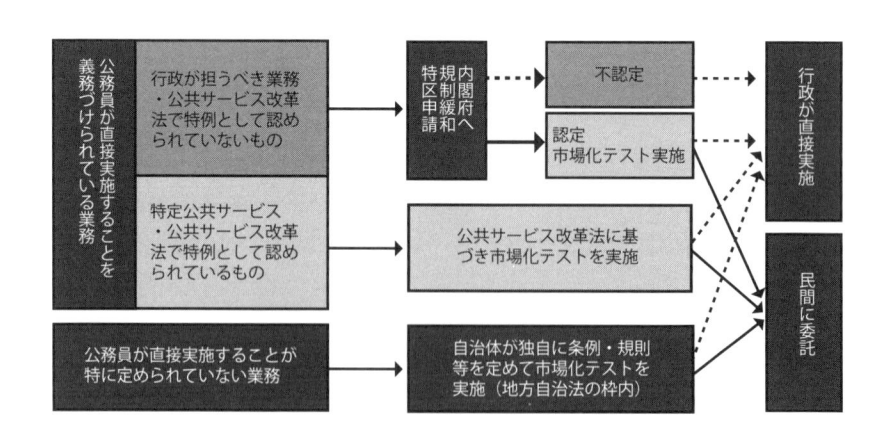

図6-2　自治体における市場化テストの枠組み

受付と引渡し、地方税の納税証明書の交付請求受付と引渡し、外国人登録原票の写し等の交付請求受付と引渡し、住民票の交付請求受付と引渡し、戸籍の附票の交付請求受付と引渡し、印鑑登録証明書の交付請求受付と引渡し）が対象となっていた。また、公務員が直接行うことが義務付けられている事業について市場化テストを実施したい場合は、国（内閣府）に特区申請や規制緩和の要望をし、認められなければならない。但し、公務員が直接実施することが法律で定められていない業務については同法に基づく手続を行う義務はなく、自治体が地方自治法の枠内で条例や規則などを定めることにより市場化テストを実施することができる。なお、特定公共サービスの範囲は、自治体、民間企業の要望により、順次拡大していく予定である（2013年4月現在は窓口6業務、窓口業務24事項、徴収関連業務、公物管理業務、統計調査関連業務となっている）。

　市場化テストの対象事業となり、民間企業が落札した事業では、その事業に従事していた職員の処遇が問題となる。国においては、職員の雇用問題に対して、基本的に省庁間での異動も含めた配置転換と新規採用の抑制により対応することとしている。但し、本人の希望により落札企業に転職することも想定して、転職後に公務員への復帰も任命権者の判断により可能としている。また、その場合、退職手当の特例が適用されるなど制度的な整備も行われている。自治体の場合は、転職後に再度公務員に採用するのか、その場合の退職手当などの取り扱いをどのようにするのかなどは、自治体それぞれで判断して制度の整備を行う必要がある。

5　市場化テストの現況

　2006年7月から公共サービス改革法が実施され、同法に基づき、国（省庁）や独立行政法人などの公務員等が担ってきた業務のいくつかが、官民競争入札、あるいは民間競争入札によって民間委託が実施されるようになった。また、地方自治体においても、公共サービス改革法によって、窓口業務（戸籍謄本、納税証明書、住民票の写し、戸籍の附票の写し、印鑑登録証明書等の業務）が公務員を配置しない場合でも民間事業者による業務の実施が可能となった。以下では市場化

テストの現況について、検討をしていくことにする。

1. 国の省庁等

　国において、当初、4分野7事業であった市場化テストは、現在（2013年4月）12分野263事業までになっている。2012年度は過去最多の合計93事業、320億円が選定されている（表6-1参照）。

　263事業の主な内容は、次のようなものである。①登記（登記事項証明書、印鑑証明書等の公布：全国427カ所の登記所）、②年金保険機構（国民年金保険料の納付奨励：全国312カ所の年金事務所）、③ハローワーク関連業務（4事業：キャリア交流プラザ事業等）、④独立行政法人（55事業：東京国立近代美術館・東京国立博物館の管理運営、大学入試センター試験、国立病院機構の物品調達業務、中小企業大学校の研修事業およ

表6-1　公共サービス改革法対象事業の選定状況

閣議決定年月	2006.9	2006.12	2007.10	2007.12	2008.12	2009.7	2010.7	2011.7	2012 夏	※
登記	1	1	1	1	1	1	1	1	1	
日本年金機構	1	1	1	1	1	1	1	1	1	
ハローワーク	3	3	4	4	4	4	4	4	4	
独立行政法人	2	7	7	37	38	38	38	44	55	11
統計調査		1	8	8	15	15	15	15	17	2
施設管理・研修			19	19	20	20	32	35	42	7
公物管理			1	1	2	4	33	39	67	28
刑事施設					1	1	1	1	1	
地方出先・試験						12	13	14	14	
米の売買管理							1	1	1	
防衛省・調達							1	1	1	
行政情報ネットワーク								14	59	45
選定数	7	6	28	30	11	14	44	30	93	93
計	7	13	41	71	81	96	140	170	263	

　　　　　　　　規制改革・　独立行政　　　　　行政刷新　政府系公
　　　　　　　　民間開放推進　法人の整　　　　　担当大臣　益法人改
　　　　　　　　3ヵ年計画　　理合理化　　　　　の範囲拡　革
　　　　　　　　　　　　　　計画　　　　　　　大

※政府系公益法人が一者応札等で受注していた事実
出典：内閣府公共サービス改革推進室HPより作成

び施設管理、JICA ボランティア事業支援 4 事業等）、⑤統計調査（17 事業：消費動向調査、科学技術研究調査、サービス産業動向調査等）、⑥施設管理・研修（42 事業：霞ヶ関一般庁舎、防衛省・自衛隊、財務局監理庁舎、国交省・関東地方整備局管理の合同庁舎等）、⑦公物管理（67 事業：警察通信、国有林の間伐、道路・河川・ダム・港湾・空港・都市公園の発注者支援業務等、空港施設・国民公園・国立公園・都市公園の維持管理業務、住宅防音事業の事務手続補助業務等）、⑧刑事施設（刑事施設における総務・警備・職業訓練・教育等）、⑨地方出先機関・試験（14 事業：地方入国管理局等の在留手続の窓口業務、財務局の未利用国有地の管理業務、公認会計士試験事業等）、⑩政府米の販売等業務（政府米の販売および販売等に必要な保管・運送等）、⑪政府調達業務（防衛省：航空自衛隊の事務用品調達業務）、⑫行政情報ネットワーク関連業務（59 事業：16 省府 18 事業の運用管理業務、独立行政法人の行政情報ネットワークシステムの運用管理業務）などである。

　市場化テストの効果について見てみると、先ず、コストについては、たとえば国民年金保険料の収納事業では 1 年あたりのコスト削減額が 126 億円（削減率 70％）、登記簿等の公開に関する事務では 1 年あたりコスト削減額が 48 億円（削減率 44％）となっており、法に基づく入札を実施した事業では実施前と実施後において 1 年あたり総額 204 億円（削減率 36％）とコスト削減効果を上げている。次に、人員削減について見てみると、市場化テスト実施中の事業の従前の担当職員数の状況調査（40 事業を対象に官民競争入札等監理委員会が行った調査）では、97.1％が定員削減されていた（同調査では 36 事業の内、定員削減率の大きい「国民年金保険料の収納事務」と「登記簿等の公開に関する事務（乙号事務）」を除くと、定員削減が 84.4％、配置転換が 6.9％、残存が 8.7％であった）。サービスの質の面では、対象公共サービスの従来の質と同水準・同程度の達成目標を設定しているが、これまでのところ民間事業者は概ね当該目標を達成している[4]。

2．地方公共団体（自治体）

　総務省（市場化テストの取組状況）によると、2010 年 4 月現在で、単純業務（定形的業務等：庁舎の清掃、総務関係事務、公用車運転、ホームページ作成・運営、電話交換等）の民間委託は、都道府県で 86％、政令指定都市が 91％、市区町村が 67％

となっているという。市場化テストを導入済・導入・検討中の団体は131団体であるという。その内、実際に市場化テストをすでに実施した団体は、都道府県8団体、市町村6団体で、計14団体であるという。また、導入済・検討中の自治体は、都道府県17団体、政令指定都市4団体、市町村96団体の計117団体であるという（平成21年4月時点では、実施済が、都道府県7団体、市町村5団体の計12団体、導入済・検討中が、都道府県15団体、政令指定都市4団体、市区町村が109団体で、計128団体、総計140団体となっている）。この結果を見ると、全般的に見て、市場化テストの地方自治体における普及率は決して高くはないといえよう。

　以下では、①公共サービス改革法に基づく特定公共サービスの市場化テストの現況、②公共サービス改革法の特例を講じる必要のない業務の市場化テストの現況、③提案型市場化テストの現況について見ていきたい。

(1)　**公共サービス改革法に基づく市場化テストの現況**　　地方自治体が窓口関連業務を対象とする公共サービス改革法に基づく市場化テストを実施した事例として、北海道由仁町、宮城県丸森町、茨城県守谷市、長野県南牧村、兵庫県神河町の5団体の事例がある（2012年現在）。これらの事例は、公共サービス改革法第34条に示される「法律の特例」の適用を受ける地方自治体関連の業務（特定公共サービス）の業務または業務の一部（①戸籍謄本、②納税証明書、③外国人登録の原票の写し、④住民票の写し、⑤戸籍の附票の写し、⑥印鑑登録証明書等に係る請求の受付・引き渡し）を対象としており、秘密保持義務規定、みなし公務員規定、監督規定の適用を受ける。以下では、由仁町の事例を見る。

＜事例　由仁町の官民競争入札＞

　職員定数と歳出の削減を目的として市場化テストを導入。市場化テスト導入に先立ち、川端出張所において郵便局に窓口業務（各種申請の受付と引渡し）を委託し[5]、効果が上がったと判断したため、市場化テストを導入した。そのまま郵便局に委託する案もあったが、郵便局への委託では、支所業務の大半ができなくなってしまうことと、当該地区の住民数が多いことから、支所を存続させることが適切との判断から、市場化テストを実施した。

(2)　**公共サービス改革法の特例を講じる必要のない業務（自治体版市場化テスト）**
　公共サービス改革法に規定されていない法律の特例を講じる必要のない業務

表6-2 由仁町の官民競争入札

項目	内容
関連条例	由仁町官民競争入札等管理委員会設置条例
対象業務	三河支所窓口業務 ・特定公共サービス窓口6業務（受付・引渡し） ・高額医療費の申請受付、乳幼児医療費助成申請の受付 ・子供手当現況届の受付などの窓口業務
契約期間	平成23（2011）年4月1日〜平成26（2014）年3月31日
入札方法	官民競争入札（総合評価一般競争）
落札者	日盛ビル管理（株）

の事例（自治体版市場化テスト）としては、東京都の「都立技術専門校における求職者向け公共職業訓練業務」、和歌山県の「県庁南別館の管理運営業務」、愛知県の「県自治研修所職員研修業務」「県旅券センター旅券申請窓口」、岡山県の「職員公舎・寮の管理業務」、岩手県の「法人二税関連業務（各種申告書用紙の発送等業務）」などがある。このタイプは特定公共サービスが含まれないため、都道府県の事例が多い。

市町村レベルでは、内閣府官民競争入札等監理委員会事務局によると、岡山県倉敷市の行った「車両維持管理業務」が市町村初の市場化テスト（官民競争入札）であるという。結果は市が落札した（月刊ガバナンス2008年6月号）という。また、市場化テスト（官民競争入札）で市町村初の民の落札は岩手県奥州市で実施された「水道止水栓開閉栓業務」であるという。以下では東京都の事例を見る。

＜事例　東京都の官民競争入札＞

東京都は、「行財政改革実行プログラム」の一環として、「東京都版市場化テスト」を導入した。2006年度は、都立職業能力開発センター（旧都立技術専門校）の公共職業訓練業務がモデル事業として選ばれ、2007年4月から、落札した民間の業者が業務の運営をスタートすることとなった。総合評価一般競争入札方式により、東京都と民間事業者が競争した結果、7教科のうち6教科を民間事業者が落札した。次の表はその一部例である。なお、総合評価点については、技術点600点〔審査項目により採点〕、価格点400点〔満点の価格点－（入札価格／予定基準価格）×満点の価格点〕の計1000点満点で評価される。

(3) **提案型市場化テスト**　このタイプの「市場化テスト」は、基本的には行政が全事業を公表し、民間事業者、NPO等から提案を受け、自治体（自治体

表 6-3　東京都の官民競争入札

科目	ネットワーク構築科	貿易実務科	医療事務科
	飯田橋技術専門校有明分校	飯田橋技術専門校有明分校	八王子技術専門校
落札者	ヒートウェーブ（株）	㈱東京リーガルマインド	産業労働局雇用就業部 八王子技術専門校
落札金額	23,730,000 円	17,745,000 円	24,055,200 円
東京都提案金額	51,610,710 円	35,035,320 円	24,055,200 円
落札者総合評価点	463.4 点	501.6 点	374.9 点
東京都総合評価点	109.1 点	177.8 点	374.9 点

自らか、第三者機関かの違いがある）が対象事業を選択し、民間に開放する（委託、アウトソーシング等、表現は自治体によって異なる）ものである。この場合も、条例を策定しているところはない。事業者の選定は総合評価一般競争入札が多い。大阪府「大阪版市場化テスト」、佐賀県「協働化テスト」、熊本県、北海道などの取組事例があるが、以下では北海道の事例を見る。

＜事例　北海道＞

　北海道では、民間開放を進める際に、道のすべての事務事業を、コア業務と民間市場の形成度という視点から、「直営領域」「民間ノウハウ活用領域」「協働推進・民間育成領域」「民営化推進領域」の４区分を設け、「直営領域」以外のすべての事務の民間開放を図っていくこととしている。但し、自ら定めた「直営領域」の硬直化を避けるため、道の業務の内、民間事業者や個人から民間開放すべきと考える業務を提案してもらい、監理委員会でその案件を審議したうえで、民間開放すべきか否かを判断し、民間開放すべしとなった場合には「北海道市場化テスト実施方針」に「事業リスト」として登載し、所管課が民間開放に向けて範囲や留意点の検討を行うとしている。北海道市場化テストの対象業務の内、民間開放を実施した業務は表6-4のようになっている。また、2012年度から、庁内の重点的な検討と積極的な情報提供等を必要に応じて行うとともに、積極的な情報提供や道の業務に関する質問を受け付ける集中期間を設定するなど、民間事業者が提案をしやすい環境整備も行っている。（上記事例は、内閣府・総務省・自治体のHP等の情報から作成した。）

表 6-4　北海道　市場化テスト

項目	内容
関連条例等	北海道市場化テスト実施方針（2009年度～2014年度） 提案募集要項
対象業務	＜2007年度＞ ・特定疾患等医療受給者証の申請に係る審査等業務 ・農業試験場における農業技能業務 ＜2008年度＞ ・別館庁舎の受付案内業務 ・法人二税に係る業務 ・旅券発給申請受付等業務 ・道路パトロール業務 ＜2009年度＞ ・本庁舎の受付案内業務 ・中小企業高度化資金等の未収金の回収業務 ＜2010年度＞ ・道営住宅家賃等の未収金の回収業務 ＜2011年度＞ ・母子寡婦福祉資金貸付金の未収金の回収業務 ・遺児福祉修学資金貸付金の未収金の回収業務 ＜2012年度＞ ・車両運行管理業務（保険・事故処理対応業務） ・河川パトロール業務
第三者機関	市場化テスト監理委員会
入札方式	一般競争入札、総合評価一般競争入札
実施状況	2007年度はモデル事業 2008年度以降は上記業務を実施 継続検討業務（庁舎施設管理等―職員住宅も合わせて検討、統計調査業務、高等技術専門学院の業務）

6　市場化テストの課題

　市場化テスト（官民競争入札）は、国や自治体の公共政策の実施機関にとって、当該事業に係る予算、人事配置、組織の定員に大きく係ってくるため、また事業実施に係る判断も民間事業者との競争入札の結果に基づくことになるため、その導入に慎重にならざるをえない傾向がある（所管省庁や自治体の消極姿勢）。このことが、市場化テストがなかなか浸透しない理由となっているといえる。また、対象公共サービスの規模も小規模であり、規模の大きい事業が少ない。規模の大きい事業は、多数の余剰人員を生じさせる可能性が高いため、対象事

業にすることを困難にしている（公務員の処遇の問題）。このことから、省庁や自治体が、市場化テストに消極的になっているといえる（民間競争入札の方が官民競争入札よりも事例が多い理由）。

　また、市場化テストを実施する際の事務手続き・運用上の問題もある[6]。例えば、国や自治体の担当者が公共サービスの業務フロー、コスト等の情報を十分に整理・把握できていない場合も多く、実施方針や実施要綱、事業評価の基準を作成する負担が大きいことが上げられる。さらに自治体の場合には法第47条で規定されている合議機関の設置やその運用等の面でも負担が大きいケースも見られる。このことが新規に参入しようとする民間事業者に必要な情報を十分に提供できない理由にもなっている（情報開示ための事務負担と民間のニーズを満たせない情報開示）。さらに、民間事業提案者へのインセンティブ（提案に懸かるコスト負担の軽減など）の必要性、価格偏重の入札制度の改善、長期の複数年契約、特例業務が限定的なため包括的に民間委託を進められないことなども今後の取り組むべき課題として上がっている。

1）この会議とは別に、規制改革・民間開放の一層の推進を図るため、内閣に全閣僚をメンバーとする「規制改革・民間開放推進本部」（本部長：小泉内閣総理大臣）が設けられている。
2）市場化テストに関する詳細は、内閣府のHP（「公共サービス改革（市場化テスト）」）を参照。
3）海外の事例については、日本政策投資銀行ニューヨーク駐在員事務所（2002）、自治体国際化協会ロンドン事務所（1993）、自治体国際化協会（2004）「平成15年度海外比較調査 自治体業務の民間委託」（平成16年4月30日）、自治体国際化協会（2005）、三菱UFJリサーチ＆コンサルティング（2007）を参照のこと。
4）官民競争入札等監理委員会（2012）を参照のこと。
5）「地方公共団体の特定の事務の郵便局における取扱いに関する法律」に基づき、窓口業務の内、証明書等の受付・引渡しが郵便局へ委託可能となっている。
6）新日本有限責任監査法人（2011）、あずさ監査法人（2012）、新日本監査法人（2008）、プライスウォーターハウスクーパース（2010）を参照のこと。

参考文献

稲沢克祐『自治体の市場化テスト』学陽書房、2006年
八代尚宏編『「官製市場」改革』日本経済新聞社、2005年
〈答申・報告書・調査研究報告書等〉
あずさ監査法人「国及び独立行政法人における業務フロー・コスト分析に関する調査報告書」（平成24年3月23日）、2012年
官民競争入札等管理委員会「「お役所仕事」から「国民本位の公共サービス」へ―公共サー

ビス改革報告書（2006-2009 年）」2009 年
官民競争入札等管理委員会「公共サービス改革報告書（2010-2012 年）」2012 年
規制改革・民間開放推進会議「中間とりまとめ―官製市場の民間開放による「民主導の経済社会の実現」」（平成 16 年 8 月 3 日）、2004 年
新日本監査法人「公共サービスの質の設定と市場化テストの対象事業の選定に関する調査」（平成 20 年 3 月）、2008 年
新日本有限責任監査法人「法令の特例等を活用した公共サービス改革に関する調査 調査報告書」（平成 23 年 3 月 25 日）、2011 年
自治体国際化協会「平成 15 年度海外比較調査 自治体業務の民間委託」（平成 16 年 4 月 30 日）、2004 年
プライスウォーターハウスクーパース「市場化テストの事業評価等に関する調査 報告書」（平成 22 年 3 月 24 日）、2010 年

〈雑誌特集〉

『月刊ガバナンス』「特集『市場化』のインパクト」No.56、2005 年 12 月号
『月刊自治研』「特集 自治体「市場化テスト」の実際」Vol.49 No.573、2007 年 6 月号、pp.21-81
『日経グローカル』「特集 動き出した自治体版市場化テスト」第 67 号 2007 年 1 月 8 日号、pp.28-37
『法律文化』「特集 構造改革・官製市場改革の切り札、市場化テストが動き出す！―公共サービスの民間開放、新たなステージへ」2005 年 2 月号
内閣府 公共サービス改革推進室「公共サービス改革（市場化テスト）」［http://www5.cao.go.jp/koukyo/index.html］

第7章
指定管理者制度の背景・現状・課題

1 指定管理者制度導入の経緯と背景

1．制度導入の経緯

　指定管理者制度とは、公の施設、すなわち住民の利用に供するためのコミュニティセンター・公民館・図書館・博物館などの文化施設や体育館・運動場・プールなどのスポーツ施設、保育所・老人福祉などの社会福祉施設、道の駅などの観光施設、さらには公営企業（公立病院など）や公営住宅・公園・道路などについて、それらの管理・運営を民間事業会社や財団やNPOなどの法人、市民グループなどその他の団体に委託することができる制度のことである。なお、地方自治体の事務所に該当する本庁舎支所や国の施設は公の施設には含まれない。その意味で公の施設は公共施設よりもやや狭い概念であると言える。

　もともと公の施設という用語は、1968年の地方自治法改正における「第10章　公の施設」で初めて登場する（改正以前は第9章の「財務」に営造物として規定されていた）。この改正により、公の施設の管理を公共団体または公共的団体に委託することができるとされたのである。その後、1989年12月の第2次臨時行政改革推進審議会において、「公の施設の管理委託等に関し必要な地方自治制度上の改革を図るなど制度的な条件整備を進める」とし、1991年3月には公の施設の管理の委託ができる相手方（管理受託主体）を、地方自治体が出資している法人で政令で定めるもの（一定の条件を満たす第三セクター）まで拡大する地方自治法の改正案が成立した。これにより、地方自治体が2分の1以上の出資を行う事業団や文化振興財団などの法人や、農業協同組合や自治会などの公共的団体が受託することが可能となった。

　そして、2002年7月には内閣府の総合規制改革会議の「中間とりまとめ」

において、「より広範囲に民間への委託を実現するため、当該外形要件の考えを廃止し広く管理委託の考えを認めるべきであり、一定の条件での料金の決定権等を含めた管理委託を地方公共団体及び地方公共団体出資の法人（第三セクター）等のみならず、民間事業者等に対して許容できるように地方自治法の改正について検討を行うべきである」（第2章2「(1)『公の施設』の受託管理者の拡大」）とされ、ここに指定管理制度の骨格が鮮明となった（指定管理者協会，2012，pp.2-4）。

　このような経緯を経て、指定管理者制度は2003年6月の地方自治法の一部改正、同年9月の施行となり今日に至っている。従来よりも幅広い団体（指定管理者）が、当該地方議会の議決を経て、公の施設の管理運営を担えるようになった。「普通地方公共団体は、公の施設の設置の目的を効果的に達成するため必要があると認めるときは、条例の定めるところにより、法人その他の団体であって当該普通地方公共団体が指定するもの（以下本条及び第244条の4において「指定管理者」という。）に、当該公の施設の管理を行わせることができる」（地方自治法第244条2項の3）とあり、法律上はこれが指定管理者制度の根拠となる条文である。

2．制度導入の背景

　民間活力の導入、民営化、官から民へ、規制緩和、エージェンシー化などの時代的趨勢において、地方自治体における財源難と相俟って、行政のスリム化が公の施設の管理運営にあたっても強力に要請されるようになった。高度経済成長期に代表される右肩上がりの時代には、地方自治体は国の後押しによる借金（地方債の発行）を通じて、公共施設の設置（いわゆる「ハコモノ」行政）が積極的に進められた。ところが、日本はバブル期（1980年代後半から1990年代初頭）以降、経済不況に伴う市場の停滞や少子高齢化の加速、さらには2008年9月のリーマンショック（世界同時不況）などいわゆる「失われた20年」を経験し、国も地方自治体も歳入不足と歳出抑制という難題に直面するようになった。同時に公の施設の管理運営をめぐる非効率が、ますます批判されるようになった。

　こうした地方自治体を取り巻くいわば閉そくした状況への対応のひとつが、

指定管理者制度の導入である。民間事業者などに公の施設の管理運営を担わせることで、人件費など財源のスリム化を行い、可能な限り安価な行政コストを維持しつつ、市場メカニズム（規制緩和による顧客志向のサービス提供）の力を働かせることを目指す。そうすれば、新たな雇用の創出、受益者負担の理解、住民が満足する公共サービスの活性化にもつながるというねらいがあったのである。指定管理者制度の導入の背景には、地方自治体が直面する行財政改革への対応と打開策模索という両側面があったと言えよう。

指定管理者制度の導入以前の1999年に、PFI法（Private Finance Initiative. 民間資金等の活用による公共施設等の整備等の促進に関する法律）が制定されたことも大きい。PFIは民間事業者の資金・ノウハウを活用する形で、施設の建設と運営を一体・包括的に担わせるもので、もともとはイギリスにおいて「小さな政府」を標榜したサッチャー政権以降の1992年に生まれ、VFM（Value for Money. 金銭に見合った価値のサービス）がPFIの基本原則になっている。指定管理者制度の導入には、建設・整備だけでなく、当該施設の運営を任せる対象に民間事業者を含ませるPFI事業と平仄を合わせる政府の意図があったことは間違いない。

このように指定管理者制度は公の施設の管理運営の担い手について、民間事業者等を含めるという意味で、従来の行政によるコントロールの枠組みを緩やかに拡大したものである。そして施設の運営面で行政が見失いがちな顧客志向・顧客満足を根底に置きつつ、経費節減・コスト効率を伴ったサービスの提供に道を開くものと位置づけられたのである。

2　指定管理者制度の現状

1．指定管理者制度導入の現況

それでは、施行から10年以上を経過した指定管理者制度の導入状況について見ていこう。

表7-1は、公の施設に該当するものを5つの項目に分けて例示したものである。指定管理者となる団体は以下の7つに分類される。すなわち、①株式会社

表 7-1 公の施設の具体例

項　　目	公の施設の内容
①レクリエーション・スポーツ施設	競技場、野球場、体育館、テニスコート、プール、スキー場、ゴルフ場、海水浴場、国民宿舎、宿泊休養施設など
②産業振興施設	産業情報提供施設、展示場施設、見本市施設、開放型研究施設など
③基盤施設	駐車場、大規模公園、水道施設、下水道終末処理場、ケーブルテレビ施設、河川、道路など
④文教施設	県・市民会館、文化会館、博物館、美術館、自然の家、海・山の家、学校など
⑤社会福祉施設	病院、特別養護老人ホーム、介護支援センター、福祉・保健センターなど

出典：総務省自治行政経営支援室，2012a から調査対象外の学校、河川、道路を加えて作成

表 7-2 全国における指定管理者制度の導入状況の内訳（2012 年 4 月 1 日現在）

項　　目	内訳の状況
①導入施設数	7万 3,476 施設（都道府県 7,123 施設、指定都市 7,641 施設、市区町村 5 万 8,712 施設）。増加傾向（2009 年 4 月以降の 3 年間で 3,454 施設が増加）
②民間企業等の割合	2 万 4,384 施設で全体の 33.2%。指定都市の場合 40.3% とやや高い割合。民間企業等とは株式会社、NPO 法人、学校法人、医療法人等のこと
③指定期間	3 年が 22.3%、4 年が 10.1%、5 年が 56.0%。とくに 5 年の割合は 3 年間で 8.7% 増加。指定期間の長期化傾向
④公募の割合	43.8%。内訳は都道府県 63.8%、指定都市 63.3%、市区町村 38.9% で、相対的に市区町村の割合が低い
⑤選定基準	サービス向上、業務遂行能力、管理経費節減、平等な利用確保など
⑥評価の実施率	指定管理者制度に対する評価の実施率は 72.5%。3 年間で 11.1 ポイント増加。内訳は都道府県 99.9%、指定都市 96.7%、市区町村 66.1% で、相対的に市区町村の割合が低い
⑦リスク分担提示の割合	必要な体制の整備 84.9%、地方公共団体への損害賠償 90.7%、利用者への損害賠償 91.2%、修繕関連 94.9%、備品関連 88.7%、緊急時の対応 87.1%。3 年前の調査では必要な体制の整備 76.2%、損害賠償責任 82.2%
⑧労働法令の遵守や雇用・労働条件への配慮についての提示の割合	61.2%。内訳は都道府県 84.9%、指定都市 84.3%、市区町村 55.4% で、相対的に市区町村の割合が低い
⑨個人情報保護への配慮規定の割合	95.4%。内訳は都道府県 100.0%、指定都市 100.0%、市区町村 94.2%
⑩指定の取り消し等	指定の取り消し 831 施設（都道府県 153 施設、指定都市 43 施設、市区町村 635 施設）、業務の停止 51 施設（都道府県 7 施設、指定都市 0 施設、市区町村 44 施設）、指定管理の取りやめ 1,533 施設（都道府県 447 施設、指定都市 41 施設、市区町村 1,045 施設）。期間は 2009 年 4 月 2 日～2012 年 4 月 1 日。

出典：総務省自治行政経営支援室，2012b から作成

（特例有限会社を含む。）、②特例民法法人（従来の公益法人）、一般社団・財団法人、公益社団・財団法人、地方三公社（住宅供給公社、道路公社、土地開発公社）、③地方公共団体（一部事務組合等を含む。）、④公共的団体（例：農業協同組合、社会福祉法人、森林組合、赤十字社等）、⑤地縁による団体（例：自治会、町内会等）、⑥特定非営利活動法人（NPO法人）、⑦その他の団体（例：学校法人、医療法人、共同企業体等）、である（総務省自治行政局行政経営支援室, 2012a）。

表7-2は、全国地方自治体（都道府県・政令指定都市・市区町村）における指定管理者制度の導入状況の内訳を示したものである（総務省自治行政局行政経営支援室, 2012b）。導入施設数は年々増加し、民間企業等が指定管理者になっている割合が3割を超え、指定期間も長期化傾向にあることがわかる。公募や評価の実施割合、労働法令の遵守等の提示割合については都道府県・指定都市と市区町村の間で違いが見られるものの、全体としては高い割合となっている。一方で相当数の指定の取消しや指定管理の取りやめがある。

2．都道府県、指定都市、市区町村で異なる指定管理者の状況

公の施設数（学校、道路、河川を除く。以下同）を導入数で除した導入率を都道府県別に見ると、最高は大阪府の96.9％、最低は島根県の13.1％で、大きな開きがある。公の施設数は、最も多い東京の場合は1931、最も少ない岐阜県では81となっている。

まず、団体区分を考慮しない場合、表7-3に示したように、都道府県、指定都市、市区町村を区別しない地方自治体全体では、特例民法法人、一般社団・財団法人、公益社団・財団法人等（以下、社団・財団法人等と略）が26.4％と最も

表7-3　指定管理者制度導入における施設数の団体別状況（2012年4月1日現在）

自治体区分＼団体区分	①株式会社	②社団・財団法人等	③地方自治体	④公共的団体	⑤地縁による団体	⑥特定非営利活動法人	⑦①〜⑥以外の団体	合計
都道府県	1,226 (17.2%)	4,143 (58.2%)	253 (3.6%)	412 (5.8%)	11 (0.2%)	149 (2.1%)	929 (13.0%)	7,123 (100%)
指定都市	1,623 (21.2%)	2,268 (29.7%)	1 (0.0%)	1,593 (20.8%)	702 (9.2%)	180 (2.4%)	1,274 (16.7%)	7,641 (100%)
市区町村	9,950 (16.9%)	12,974 (22.1%)	21 (0.0%)	10,993 (18.7%)	15,721 (26.8%)	2,507 (4.3%)	6,546 (11.1%)	58,712 (100%)
合計	12,799 (17.4%)	19,385 (26.4%)	275 (0.4%)	12,998 (17.7%)	16,434 (22.4%)	2,836 (3.9%)	8,749 (11.9%)	73,476 (100.0%)

出典：総務省自治行政経営支援室, 2012a, pp.3-4 から作成

高く、続いて地縁による団体（22.4％）、公共的団体（17.7％）、株式会社（17.4％）となっている。全体として見れば、指定管理者は特定の種別団体に偏っていないことがわかる。

次に都道府県、指定都市、市区町村を区別して見た場合、都道府県では社団・財団法人が指定管理者となる割合（58.2％）が最も高く、それに続くのが株式会社（17.2％）であり、社団・財団法人方式が圧倒的に多い。対照的に指定都市の場合、社団・財団法人（29.7％）、株式会社（21.2％）、公共的団体（20.8％）は各々横並び傾向にある。市区町村の場合、地縁による団体（26.8％）、社団・財団法人等（22.1％）、公共的団体（18.7％）、株式会社（16.9％）といったように分散化傾向にある。

都道府県では公共サービス対象範囲の規模や広域自治体という特性から、社団・財団法人が指定管理者になりやすい状況にあると推察される。指定都市の場合も社団・財団法人の割合が最も高いものの、都市自治体や基礎自治体という特性から、都道府県と比べて株式会社や公共的団体が積極的に参入しやすい状況にあると考えられる。市区町村では地域社会・住民と行政との距離が近く、地域コミュニティの維持といった面から地縁による団体の割合が最も高くなっているものと思われる。

さらに都道府県、指定都市、市区町村における指定管理者の区分別の割合についても見てみよう。最も高い割合に注目した場合、都道府県では、社団・財団法人等がレクリエーション・スポーツ施設（32.4％）、産業振興施設（51.1％）、基盤施設（63.5％）、文教施設（50.6％）のいずれにおいても指定管理者となっている。ところが、社会福祉施設については公共的団体が70.3％と圧倒的に高い割合である。

同様に指定都市については、他の団体と比べて社団・財団法人等はレクリエーション・スポーツ施設（35.5％）、産業振興施設（47.1％）、文教施設（39.2％）となっており、基盤施設については株式会社の割合が41.2％と高い。一方、社会福祉施設については公共的団体が58.4％となっている。

このように都道府県と指定都市では、基盤施設をめぐり、前者では社団・財団法人方式が、後者では株式会社方式が最も高い割合で指定管理者になってい

る。しかし、都道府県と指定都市とは、社団・財団法人の割合がレクリエーション・スポーツ施設、産業振興施設、文教施設で最も高く、公共的団体が社会福祉施設で最も高くなっており、総じて言えば類似の傾向にある。

　ところが、市区町村レベルになると、社団・財団法人の割合が最も高いのはレクリエーション・スポーツ施設（31.9％）と基盤施設（39.3％）のみで、産業振興施設は公共の団体が25.7％、文教施設は地縁による団体が65.9％、社会福祉施設は公共的団体が61.5％といった具合にばらつきがある（総務省自治行政局行政経営支援室, 2012a, pp.2-5）。

　もっとも指定管理者による運営施設を割合ではなく数から見れば、7万3000超の施設数の8割は市区町村で、個々の市区町村の規模や立地施設をとりまく社会的・経済的環境は千差万別である点を加味して考えると、指定管理者制度をめぐる状況を包括的に特徴づけることは困難であろう。

3　指定管理者制度をめぐる課題とは何か

1．総務省による課題提示

　総務省は、2010年12月に指定管理者制度の運用をめぐり「留意すべき点も明らかになってきた」として、以下のような8項目を挙げた。すなわち、①個々の施設をめぐる指定管理者制度導入の判断についてはあくまでも当該地方自治体に委ねたものであること、②単なる価格競争による入札とは異なるものであること、③指定期間についての法令上の具体的な定めはなく、各地方自治体が施設の設置目的や実情等を踏まえて指定期間を定めること、④指定の申請では、複数の申請者に事業計画書を提出させることが望ましいものの、利用者や住民からの評価等を踏まえ同一事業者を再び指名する例もあることから、各地方自治体が施設の態様等に応じて適切に選定を行うこと、⑤住民の安全確保に配慮するとともに、指定管理者との協定等には、施設の種別に応じた必要な体制、リスク分担、損害賠償責任保険等の加入に関する事項などを盛り込むこと、⑥選定にあたって指定管理者において労働法令の遵守や雇用・労働条件への適切な配慮がなされること、⑦個人情報が適切に保護されること、⑧指定期

間が複数年度で、地方自治体から指定管理者への委託料支出が見込まれる場合には債務負担行為を設定すること、である（総務省自治行政局長, 2010）。

裏を返せば、指定管理者制度の施行7年が経過した時点で、国は特に上記8項目をめぐる運用上の課題が顕在化したと認識し、多くの地方自治体に是正を求めたのである。上記①と②は制度運用の大前提の再確認であり、③から⑦は選定も含め実際の運用のあり方にまで踏み込んでいる。特に⑤と⑥は指定管理者と地方自治体との責任の役割分担について、そして⑦は個人情報漏洩の防止を求め、危機管理の色合いも濃い。⑧では次年度以降の予算の一部を前倒しする債務負担行為に言及し、確実な委託料支出を地方自治体に求めている。

さらに、指定管理者の指定を取り消した理由について、総務省は以下の5項目を挙げる。すなわち、①運用上の問題（費用対効果・サービス水準の検証の結果、指定管理者の経営困難等による撤退（指定返上）、指定管理者の業務不履行や不正事件）、②団体自身の理由（指定管理者の合併・解散）、③施設の見直し（施設の休止・廃止・再編・統合、施設の民間等への譲渡・貸与）、④手続き上の理由（応募要件不備・不選定）、⑤その他（東日本大震災による影響のため、障害者自立支援法改正に伴うもの、指定管理者の法人格取得に伴うもの）、がそれである（総務省自治行政局行政経営支援室, 2012b, pp.2-5)[1]。

2．指定管理者制度をめぐる一般論的課題

次に、指定管理者制度をめぐるこれまでの識者による指摘をまとめておこう。

第一は、制度導入によって、地方自治体と施設管理者の関係が変化してしまったという指摘である。たとえば公の施設が外郭団体などの公共的団体に管理委託された場合には、その施設と地方自治体が密接に協力・連携することで政策が展開されてきた。ところが、制度導入によって指定期間が設定され、指定管理者の交代が予定されるようになり、加えて担当課の職員が施設の実状を十分に把握できるとは限らなくなってしまった。施設の管理・運営に対する地方自治体の関与は弱まってしまい、結果として公の施設の管理・運営のノウハウなどが地方自治体内部に蓄積されなくなってしまった、というものである。

第二は、施設ごとに指定管理者の自律的な管理・運営を基本とするために、

公の施設間の連携が損なわれ、個々の施設が孤立してしまうというものである。関係者間の連携やネットワークによる政策の「面的・量的広がり」が損なわれ、担当課―指定管理者、指定管理者―利用者という「線」の関係に変質してしまうという。

　第三は、現場を熟知する地方自治体の職員が減少し、施設の管理・運営に特段の支障が生じていないことを確認するモニタリングや、事業報告書などの書類上の確認やコスト面での評価に止まってしまい、結果として政策形成に負の影響を及ぼすというものである。そのことは専門的能力を有する外部機関への依存増加やモニタリングコストの増大につながってしまうとする。

　第四は、管理・運営業務の効率化に伴うコスト削減は、その影響が住民サービスの質や指定管理団体の職員の人件費にも及び、労働条件の悪化や非正規労働者の増加、ひいては地域全体に負の影響を及ぼす懸念があるという指摘である（地方自治総合研究所，2008，pp.29-32）。

３．指定管理者制度をめぐる建設的見解

　一方で、指定管理者制度に対する懸念・批判を払拭し、制度の浸透・拡充を図ろうとする論調もあり、以下の７つに集約される。すなわち、①指定管理者制度の目的は、公の施設における行政サービスの向上と地方自治体の経費縮減の両立を実現することであり、後者のみを追求するものではない、②指定管理者の指定は行政処分でできるが、協定には契約としての法的効力が認められるので、指定管理者は地方自治体の処分に対して協定に基づいてその権利の保全や行使を主張することができるし、地方自治体に対して法的に訴えることも可能である、③利益の創出は指定管理者のサービス向上や経費節約の強いインセンティブになっており、地方自治体が特に協定書で定めてない余剰金の還付を求めたり、指定管理料の減額を要求することは指定管理者のモチベーションを損なうことにつながりかねない、というものである。

　①は経費縮減を問題にすることへの再認識を促すもので、②は協定に基づく指定管理者側の権利行使・主張の正当性を強調したもので、③は利益確保が不当ではないことをあらためて確認したものである。

続けて、④指定管理者は、新規の施設における施設利用の需要リスク、建設から相当の年数が経った施設の維持管理リスク（大規模修繕を含む）、燃料費の変動リスク、大規模な天災等の発生リスクなどについては、多くの場合、指定管理者が負担することはできない、⑤指定管理者制度が地方自治体や外郭団体等の雇用を奪うというのは誤解であり、地方自治体の厳しい財政状況の中では、指定管理者制度導入の是非にかかわらず、職員の適正なポスト数の見直しは行財政改革の一環として進めていかなければならない、という。④ではリスク分担の重要性を、そして⑤では職員削減はあくまでも行財政改革の一環であることを指摘しているのである。

　さらに、⑥指定管理者制度の導入により経費が削減されることと、官製ワーキングプアが発生することに相関関係はなく、施設における業務の環境や条件は、基本的には他の民間の業務を実施するものと差はない、⑦指定管理者制度の背景には、公の施設に関する地方自治体の裁量をより広く認めようという国のスタンスは明確であり、地方自治体には、その運用に関する制度設計を、自らの経験に基づいて構築していくことが求められているのであり、国に詳細な運営の指導を仰ぐことはできないと理解すべきである、といったことを挙げる。

　⑥では、指定管理施設の業務の環境・条件の整備は他の民間部門のそれと違わないこと、⑦では、指定管理者制度が分権型社会における典型的なひとつの政策であると指摘される（指定管理者協会，2012，pp.127-152）。

　表7-4は、特に上記④の危機管理に関して、地方自治体と指定管理者とのリスク分担の雛形を示したものである。

　さらに、指定管理者制度が事業計画書の作成やコンサルティングに携わる民間事業者を生み出している点も付け加えておきたい。落札率の高いある事業者によれば、発注者側、すなわち地方自治体の評価のポイントは、①安定的な経営姿勢や運営体制、②平等利用の確保、③コンプライアンス（法令遵守）、④施設の効用の最大発揮、⑤管理経費の縮減、⑥安全管理・リスク管理、⑦地域との連携・協働や地域交流、⑧モニタリング、⑨地域社会への貢献、だという（岡崎，2011）[2]。

表 7-4　指定管理者制度における地方自治体と指定管理者の責任・リスク分担のあり方

（○は主分担、△は従分担）

責任・リスク	地方自治体	指定管理者	内　　容
①施設の設置・目的	○		施設の設置や目的を定めるのは地方自治体の責任
②事業計画・内容	○	○	地方自治体、指定管理者の各々がリスクを負う
③施設の維持管理	△	○	基本的には指定管理者がリスクを負う。ただし、一定金額以上のものは地方自治体による負担
④大規模修繕等	○	△	新規施設を除き、地方自治体による負担
⑤利用者需要・収入	○	○	利用料金施設の場合は指定管理者の負担、非利用料金施設の場合は地方自治体の負担
⑥事故	△	○	基本的には指定管理者の負担
⑦燃料費変動	○	○	一定範囲内の変動については指定管理者による負担、一定範囲以上の変動については地方自治体による負担
⑧法令・政策変更	○	○	指定管理者の負担だが、指定管理者が対応不可能な部分については地方自治体が負担
⑨不可抗力	○	○	一定範囲内のリスクについては指定管理者による負担、一定範囲以上のリスクについては地方自治体による負担

出典：指定管理者協会編，2012，p.139 より作成

4　指定管理者制度運用の実際──宇都宮市・栃木県

1．宇都宮市における指定管理者選定の実際

　一般に、まず地方自治体は保有する公の施設について、指定管理者制度を導入するかどうかを決定する。導入を決定したら、指定管理者に行わせる業務の範囲を決めたうえで、当該公の施設の設置条例を改正する。その後、指定管理者の募集、申請受付、審査、候補者の決定、指定について議会の議決を経たうえで、管理者を決定する手続となっている（小林，2004，p.19）。

　それでは、指定管理者制度をめぐる都道府県および市町村レベルにおける実際の運用状況を見てみよう。北関東の中核市である栃木県宇都宮市（人口約50万人）を事例に、指定管理者制度の実際の運用状況を見る。宇都宮市では107の制度導入施設のうち、公募施設が24施設、非公募施設が83施設である。指定期間については5年間のものが多い。

　非公募施設のうち5施設が指定管理料0円の自主管理施設で、9施設（公募施設5、非公募施設4）が利用料金制度を導入している。非公募型の特徴として、

27のコミュニティセンターについて各地区の協議会が指定管理者となっている。一方で、たとえば非公募型については、市の出資法人である社会福祉法人（宇都宮市社会福祉協議会など）、公益財団法人（宇都宮市医療保健事業団）、公益社団法人（宇都宮市シルバー人材センター、うつのみや文化創造財団、宇都宮市スポーツ振興財団）が、合計で16施設（市内21カ所の体育施設は1施設としてカウント）の指定管理者となっている。5施設がNPO法人が指定管理者となっている（宇都宮市，2013）。

表7-5は、公募型の施設の指定管理者についてまとめたものである。

次に指定管理者の実際の選定状況について、「宮サイクルステーション」を

表7-5　宇都宮市における公募型の指定管理者制度導入施設（2013年4月1日現在）

施設の名称	指定管理者	所管課	指定期間
まちづくりセンター	特定非営利活動法人　宇都宮まちづくり市民工房	みんなでまちづくり課	3年3カ月 (2012.1.4-2015.3.31)
北山霊園	栃木県造園建設業協同組合	生活安心課	5年間 (2009.4.1-2014.3.31)
悠久の丘（斎場）	宇都宮郷の森斎場　株式会社	同上	20年間 (2009.3.15-2029.3.31)
老人福祉センター （4カ所）	社会福祉法人　宇都宮市社会福祉協議会	高齢福祉課	5年間 (2009.4.4-2014.3.31)
茂原健康交流センター	同上	同上	同上
サン・アビリティーズ	企業組合 労協センター事業団	障がい福祉課	同上
青少年活動センター	公益財団法人　とちぎYMCA	こども未来課	5年間 (2013.4.1-2018.3.31)
宇都宮児童遊園	同上	同上	同上
市営駐車場（6カ所）	北関東綜合警備保障　株式会社	商工振興課	5年間 (2009.4.1-2014.3.31)
オリオン市民広場	株式会社 五光宇都宮店	同上	5年間 (2010.4.1-2015.3.31)
農林公園ろまんちっく村	株式会社 ファーマーズ・フォレスト	観光交流課	10年間 (2008.4.1-2018.3.31)
上河内地域交流館	株式会社かみかわち温泉振興会	同上	5年間 (2013.4.1-2018.3.31)
森林公園	宇都宮森林組合	公園管理課	3年間 (2011.4.1-2014.3.31)
自然休養村管理センター	同上	同上	同上
宇都宮市立南図書館	紀伊國屋書店・藤井産業・大商商事・シダックス大新東ヒューマンサービス共同事業体	生涯学習課	4年9カ月 (2011.7.12-2016.3.31)
サイクリングターミナル	シダックス大新東ヒューマンサービス　株式会社	スポーツ振興課	5年間 (2009.4.1-2014.3.31)

出典：宇都宮市，2013より作成

例にさらに踏み込んで見ていこう。宇都宮市では 2010 年 10 月に自転車利用者のためのモデル施設として、JR 宇都宮駅西口に宮サイクルステーション（以下、宮サイクルと略）を設置した。休憩スペース、レンタサイクル、シャワー、ロッカー、トイレを備え、その他にも自転車修理工具や指定管理者の観光・サイクルスポーツ情報誌や関連の映像などがあり、NPO 法人の宇都宮まちづくり推進機構が事業受託者として施設の運営を行ってきた。

2012 年に市は宮サイクルの運営者を公募型で募集するために宇都宮サイクルステーション条例を制定し、これに基づく「宮サイクルステーション指定管理者募集要項」において、対象施設の概要から問い合わせ先まで 22 項目にわたる情報を提供した（宇都宮市交通政策課, 2012）[3]。

地域密着型プロサイクルロードレースチーム「宇都宮ブリッツェン」を運営し、サイクルイベントや自転車安全教室など地域貢献活動にも従事する「サイクルスポーツマネージメント株式会社」が公募申請し、この会社への指定が 2013 年 6 月の市議会での原案可決によって確定した（宇都宮まちづくり推進機構からの移行開始 2013 年 9 月）[4]。選定は、表 7-6 に示したように大きく資格審査と提案審査に分けられる。後者については書類審査とプレゼン審査が 2013 年 3 月に同時に行われた。各審査項目ごとに 10 点ないしは 20 点の配点が割り当てられ（ただし「経費の縮減」は 70 点）、たとえば 10 点満点の項目であれば、特に優れている（10 点）、優れている（8 点）、普通（6 点）、やや劣る（4 点）、非常に劣る（0 点）の中から審査従事者が選択する形式であった。また各審査項目にはコメントを記述する欄も設けられた（宇都宮市指定管理者選定委員会, 2013）[5]。

申請事業者が審査項目毎に作成する書類やそこに添付する証明書の類は相当なボリュームになる。少なくとも公募型の場合には、指定管理を得るための書類作成に組織として多くのエネルギーを注がなければならない点は間違いない。実務作業の質量の程度が、指定管理料の多寡に応じたものかどうかについてはわからないものの、こうした一連の手続上の労力が後の指定管理者の施設運営をめぐる説明責任や応答責任の遂行を後押しするものとなるのか、裁量や創意工夫のめぐる一定の足かせとなってしまうのかは、判断が分かれるところであろう[6]。

表7-6 宇都宮市の「宮サイクルステーション」の指定管理者選定における審査項目

<資格審査>

審査項目	審査内容
(1) 応募の動機	応募した動機、意欲
(2) 労働条件	職員の労働条件（労働時間、雇用保険の加入等）
(3) 組織能力	組織体制（管理運営体制、職員の育成・研修体制等）
(4) 運営実績	類似施設、類似業務を運営した実績の有無
(5) 財務能力	団体の財務状況の健全性

<提案審査>（経費の縮減は除く）

審査項目	審査内容
(6) 基本方針	当該施設の基本的な方針
(7) 利用者サービスの向上①	利用者ニーズの把握とその反映の方法
利用者サービスの向上②	サービスの向上のための取組内容
利用者サービスの向上③	広報計画の内容
利用者サービスの向上④	利用促進、利用拡大の取組内容
利用者サービスの向上⑤	自主事業、新規事業の内容
(8) 危機管理対策	危機管理、安全管理、緊急時対策、防犯・防災対策
(9) 地域等との協働、連携①	地域、関係機関、ボランティア等との連携
地域等との協働、連携②	地域振興・活性化への配慮

出典：宇都宮市指定管理者選定委員会，2013 より作成

2．栃木県における指定管理施設の運営評価の実際

栃木県における指定管理施設は44施設（うち非公募は11施設。2013年4月1日現在）あり、所管課は20課に及ぶ[7]。これまで指定の手続の共通化を図るため、条例、施行規則、施行規程、要綱を制定しており、制度の運用についてもいわば「運用指針」という形で、所管課間で共通事項を定めている。①事業報告書（実施・利用状況、使用利用料金の収入実績、管理経費の収支状況など）、②自己評価（利用者意見の把握と当該施設の特性に応じたもの）、③所管部局による現地調査、④所管部局による評価、を毎年度作成・実施する、というのが運用指針の柱である（栃木県，2013）。

管理運営状況の報告書を見ると、1施設につき数ページ程度で、①施設の概要、②収支の状況、③利用状況、④サービス向上に向けた取組み、⑤利用者意見への対応、⑥指定管理者による自己評価、⑦所管課による評価、が記されている。⑥については、「成果のあった取組・積極的に取り組んだ事項」と「今後改善・工夫したい事項」の2項目への自由記述となっている。

特に評価に注目するならば、ここで課題となるのは⑦の所管課による評価である。いずれの所管課でも「住民の平等利用の確保」「施設の効用の最大限発

揮」「管理を安定的に行う物的人的基礎」「個人情報保護」「その他」といった共通事項以外は、評価の様式に統一性が見られない（栃木県, 2012, pp.1-160）。

この点については、そもそも評価の様式や書き方も含めて、所管課の評価に

表 7-7　栃木県における所管課による指定管理施設に対する評価項目・評価結果・確認事項の一例
(2011 年度)

評価項目	評価	確認内容
①住民の平等利用が確保されているか	B	事業報告書、自己評価、業務状況の現地確認
②資料館の設定目的を踏まえた事業計画が実行されているか	A	事業報告書、自己評価、業務状況の現地確認
③観覧者へのサービス向上が図られているか	B	事業報告書、自己評価、業務状況の現地確認
④県民の要望等が把握されているか。また、その要望等を施設の管理運営に反映させているか	A	事業報告書、自己評価、アンケート回答及び集計結果、業務状況の現地確認
⑤観覧者の苦情等トラブルが未然に防止されているか。トラブルに適切に対応できているか	B	事業報告書、自己評価、業務状況の現地確認
⑥常設展示が事業計画どおり適正に実施されているか	B	事業報告書、自己評価、業務状況の現地確認、
⑦企画展が事業計画どおり適正に実施されているか	A	事業報告書、自己評価、業務状況の現地確認、図録等成果品
⑧調査研究が事業計画どおり適正に実施されているか	B	事業報告書、自己評価、調査成果書類・写真
⑨普及啓発事業が、事業計画どおり適正に実施されているか	A	事業報告書、自己評価、参加者名簿、広報用印刷物、業務状況の現地確認
⑩学校教育・生涯学習との連携が図られているか	A	事業報告書、自己評価、学校・生涯学習団体の来館状況、学習成果等資料
⑪風土記の丘に関わる文化財の情報を県民へ発信しているか	A	事業報告書、自己評価、ホームページ、広報用印刷物、新聞記事
⑫施設の維持管理が適切になされているか	B	事業報告書、自己評価、業務状況の現地確認、修繕関係書類、支出明細書
⑬第三者へ業務委託は適切に実施されているか	B	事業報告書、自己評価、見積書、入札関係書類、契約書、検査関係書類、支出明細書
⑭安全を確保するための取組みがなされているか	B	事業報告書、自己評価、危機管理マニュアル、消防計画
⑮組織体制は、配置された職員の人数、雇用関係、勤務体制、職種、資格、技能、研修等の面で適正か	A	事業報告書、自己評価、職務分掌書類、出勤簿
⑯収支が適正でバランスがとれ、経費の縮減が取り組まれているか	B	事業報告書、自己評価、支出明細書、業務状況の現地確認
⑰指定管理者の長所を業務に生かすことができているか	A	事業報告書、自己評価、業務状況の現地確認
⑱個人情報の保護が事業計画どおり実施されているか	B	事業報告書、自己評価、個人情報保護事務処理要領、情報管理状況の現地確認
⑲指定管理者は施設の特性にふさわしい自己評価を適正に実施できているか	B	自己評価、アンケート回答及び集計結果

出典：栃木県, 2012, p.16 より作成
注1)　栃木県教育委員会文化財課による栃木県立しもつけ風土記の丘資料館指定管理業務に対する評価結果
注2)　評価基準について、A：事業等が<u>仕様書を上回る水準</u>で適正に実施されている場合、あるいは仕様書に定めのない事項について公募時に提出された<u>事業計画を上回る水準</u>で適正に実施されている場合。B：事業等が<u>仕様書と同程度の水準</u>で適正に実施されている場合、あるいは仕様書に定めのない事項について公募時に提出された<u>事業計画の水準</u>で適正に実施されている場合。C：事業等が<u>仕様書の水準以下</u>で実施されている場合、あるいは仕様書に定めのない事項について公募時に提出された<u>事業計画の水準以下</u>で実施されている場合。D：実施されていない場合。
（下線は中村）

対する広範な裁量を発揮させるのが妥当であり、ことさらに問題視すべきものではないという考え方もできよう。しかし、今後の指定管理施設のあり方を考慮するならば、また、指定管理者に対する評価の価値を行政組織外へと説き広げるならば、県内の住民から見てもわかりやすく、また、説明可能な評価基準を明らかにした上で、いわば、所管課が住民意思の代行者としての役割を果たさなければならないという考え方も成り立つ。

　栃木県行政改革推進委員会では、後者の考え方に立って、有志の委員数名からなる指定管理施設評価専門部会を立ち上げ、2013年7月に活動を開始した。県内数カ所の指定管理施設の現地調査・聞き取りを行った上で、評価する際のポイントや客観的な評価基準の設定に向けた取組みを行った。

　表7-7は、県の所管課による指定管理施設に対する評価結果の一事例である。

5　指定管理者制度にどう向き合うべきか

　以上のように、本章では制度導入の背景を把握した上で、全国における指定管理施設の状況とその特徴を、全国と都道府県・指定都市・市区町村別に把握した。そして、指定管理者制度をめぐる国側（総務省）からの課題の提示と、一般論としての課題、制度を後押ししようとする積極的見解を紹介した。公の施設の管理運営そのものが制度導入以前にはなかったところの、新たな民間セクターの市場（ビジネスチャンス）への参入の機会を与えている点についても言及した。

　また、指定管理者制度導入の事例として、中核市レベルの都市自治体をひとつ取り上げ、選定がどのようになされているのか、その際の選定基準は何かといった実際の制度運用に注目して、その特徴を明らかにした。広域自治体（都道府県）レベルにおいても、指定管理施設に対する行政所管課による評価のあり方に注目して、実際にこれを見直す新たな取組みを紹介した。

　最後に、これまでの一連の検討から指定管理者制度をめぐる以下の3つの論点を指摘したい。

　第一に、本章では、あくまでも指定管理者制度の全般的な概況の把握とその

面から指摘できる大まかな輪郭や特徴を示したのであって、現実には全国津々浦々の指定管理施設の各々が固有事情を抱え、当該施設はその行政・社会・経済・コミュニティといった特有の環境に置かれているという点に留意しなければならない。たとえば、行政が公募による指定管理の対象としたいと望んだ施設であっても現実には申請がなかったり、非公募により行政が施設の管理運営をお願いする形で指定管理者となったというケースが現実には多いと言われている。したがって、指定管理者制度論は、一枚岩的あるいは画一的に論じれば事足りるというものではない。

第二に、指定管理施設の運営の良否についても一概には論じられない点に注意したい。たとえば制度の導入に何を求めているかは、各セクターによって異なる。行政は財源のスリム化圧力に常にさらされているし、地方議会は監視的役割に特化することで、施設運営の中身よりも安上がりの、その意味でコストパフォーマンスを発揮した成功例として当該地方自治体を誇るかもしれない。行政は、たとえ公募型であっても、制度導入以前に施設の運営実績がある気心の知れた社団・財団法人等を実質的に優先して選定する傾向にあることは否定できない。住民からすれば、そもそも当該施設が指定管理施設であるかどうかといったことや、施設スタッフの労働環境などには無関心で、もっぱら開館時間、品揃え、要望に対する対応といった各種サービスにのみ目が向くかもしれない。

一方、指定管理者からすれば、公募の場合など協定の中身をめぐる調整過程には関われないため、あくまでも行政からの一方的な協定の提示を受けるか受けないかの判断に迫られる。制度導入以前に施設管理運営の受託をしていた場合には、協定の内容よりも運営や目的の継続性を優先して申請するケースも多いであろう。その結果、コストパフォーマンスどころか、実際の仕事量の多さに比してあまりにも少額の指定管理料で施設を運営していかなければならない苦境（施設スタッフの労働環境への厳しいしわ寄せなど）に直面する。このように、指定管理施設運営の成否は安易に判断できるものではない。

第三に、それでも制度導入後10年以上を経過し、従前の直営施設や委託施設とは異なる次元での新たな運用実績が顕在化してきている[8]。それらに共通して言えるのは、財源削減を実現しつつ、同時に施設利用者の支持を集めてい

るという点と、市場や民間の発想を前面に出して、いわゆるお役所仕事とは対極的な手法を打ち出している点である。

　指定管理者制度は確かに、財源やコストの削減のつけを行政以外の組織に転嫁し、いったん協定が締結されるとその性格上、いわば書類チェック中心主義に陥ってしまい、施設運営をめぐる担当行政職員の専門性や現場感覚に基づく理解・認識さらには課題解決力がどうしても脆弱になり、議会によるチェック機能も直営施設と比べて希薄化してしまう傾向にある。指定管理者制度には、行政責任の実質的放棄につながる危惧が常に持たれるゆえんである。これを防ぐための、指定管理者の選定や評価にかかる行政担当者の実質的労力は並大抵なものではない。しかしその一方で、指定管理者からすれば、民間委託と比べて、協定の枠内のもとで自らによる創意工夫を発揮できる余地は格段に広がった。また、協定をめぐる行政との解釈の相違が生じる余地はあるものの、それ以上に協定そのものが、行政による介在なしで自らの知恵を発揮できる格好の機会を提供しているとも言える。

　指定管理者制度は、一方では公の施設の管理運営という公共サービスの担い手の多元化を促す原動力となっているのである。その意味で、「民」（住民、民間企業、NPO法人など）が公共を支える、あるいは支えなければ従来の公共空間・環境の維持・拡充はできないという時代的趨勢の中から生み出されたところの苦肉の策であると同時に、行政とそれ以外のセクター、さらには各セクター間の協働を実践する格好の契機ともなっている。指定管理者制度の今後は、単に行政と指定管理者との間ではなく、施設の利用・活用者も含め、関係者が各々の持ち味を生かす形で、なおかつ当該地域における諸条件や諸事情に沿った形で、施設を拠点にした相互の関係性をいかに構築していくかに掛かっているのではないだろうか。これからは指定管理者制度を一般論ではなく、諸事例の類型化・体系化を実証論の積み重ねを通じて考察していくことこそが重要である。

1）不服申立て等には、①地方自治法第244の4第3項の規定に基づく、公の施設を利用する権利に関する処分についての不服申立て、②行政事件訴訟法第11条第1項の規定に基づく、公の施設を利用する権利に関する処分についての取消訴訟、③不服申立てを経ての取消訴訟、の3種類がある。2009年4月2日から2012年4月1日までの間、市区町村における2件（利用決定の解除処分に対する不服申立てと施設使用の不承認処分に対する不服申立て）の不服申立てがあったのみ

である（総務省自治行政局行政経営支援室, 2012a, p.15）。
2）たとえば「高得点の取れる事業計画書」に定評のあるベックス株式会社の場合、指定管理者はもとより、PFI、市場化テスト、総合評価方式などの公民連携事業において、スポーツ施設、公園、病院、学校、科学館、図書館、上下水道施設、廃棄物処理施設など150件以上の公募案件に携わり、落札率は50％を超えているという（岡崎, 2011, p.140）。
3）「募集要項」には、指定期間は2年7カ月（2013年9月から2016年3月まで）で、指定管理料は約2400万円であることや、選定の大まかなスケジュールについて、2012年12月の募集要項の発表以後の応募予定者説明会（同月）、申請書の受付開始と締切（2013年1月）、資格審査（同年2月）、提案審査（同年3月）、指定管理者の選定（同年4月）といった具合に、申請者にとって必要な情報が網羅されている。その項目は以下の24項目に及ぶ。①対象施設の概要、②指定管理者が行う業務、③管理の基準、④指定期間、⑤指定管理料、⑥業務実施条件、⑦業務実施に係る確認事項、⑧リスクへの対応、⑨損害賠償及び不可抗力、⑩指定期間満了以前の指定の取消し、⑪指定管理選定のスケジュール、⑫募集要項等の配布、⑬応募予定者説明会（現地説明会）、⑭質疑応答、⑮申請書受付期間及び時間、⑯提出書類、⑰内容確認、⑱指定管理者の選定及び指定等、⑲協定の締結、⑳協定書の解釈に疑義が生じた場合の措置等、㉑協定保証金、㉒業務引継ぎ、㉓留意事項、㉔問い合わせ先。
4）サイクルスポーツマネジメントは、「ブリッツェンを前面に押し出して自転車に関するイベントや物販部門を強化する。スポーツバイクのメンテナンスや栄養補給に関する講座や、街なかを走るサイクリングイベントなど、より自転車を楽しむための企画を積極的に開催。補給食やチームグッズの販売も行う」としている（2013年8月31日付下野新聞「宮サイクルステーション指定管理者　あすからブリッツェンに　催し強化、利用増目指す」）。
5）宇都宮市では、個々の指定管理者の選定事業によって審査項目や配点に変更を加えている。実際の選定における審査では、統一的な「選定基準表（公募）」の審査項目の柔軟な適用が可能である。「宮サイクルステーション」の選定にあたっては、内容上他の項目に代替できるとして、提案審査における「苦情解決の方法」「障がい者、高齢者等の雇用の有無」「地元での雇用確保」「環境配慮の取組み」「第三者に業務委託する場合の業者選定、指導・監督体制」の5項目については適用されなかった。これは、画一的な項目の使用ではなく、当該選定事業に柔軟に対応した運用であると思われる。
6）申請者の提出書類における添付の証明書等には、定款、登記事項証明書、時間外労働等の協定届、確定申告書、法人事業概況説明書（控用）、国税納税証明書、市税完納証明書などがある。
7）44施設の所管課（カッコ内は施設数）は、①県民生活部県民文化課（1）、②県民生活部消防防災課（1）、③県民生活部青少年男女共同参画課（2）、④環境森林部自然環境課（2）、⑤保健福祉部保健福祉課（1）、⑥保健福祉部高齢対策課（1）、⑦保健福祉部医事厚生課（1）、⑧保健福祉部障害福祉課（1）、⑨保健福祉部こども政策課、⑩産業労働観光部産業政策課（1）、⑪産業労働観光部観光交流課（1）、⑫農政部生産振興課（5）、⑬県土整備部道路保全課（1）、⑭県土整備部都市整備課（9）、⑮県土整備部住宅課（1）、⑯企業局経営企画課（1）、⑰教育委員会生涯学習課（2）、⑱教育委員会スポーツ振興課（7）、⑲教育委員会文化財課（2）、⑳警察本部運転免許管理課（1）、の20課である。
8）たとえば、鹿児島県指宿（いぶすき）市では、図書館ボランティア組織を出発点とするNPO法人の「本と人をつなぐ『そらまめの会』」が、2007年4月に指宿図書館・山川図書館の指定管理者となり、子どもたち向けの「ミニミニ自由研究講座」や図書館フェスティバルの開催など、創意工夫のあふれる数々の事業を積み重ねている。「そらまめの会」の副理事長であり指宿・山川図書館の館長（2011年5月現在）は、「市や市議会が決めたこの制度導入を受ける覚悟を決めた時から、私たちの生き方も変わった。公務員でなければ働けなかった公共図書館が、民間人が正職員として働くフィールドになったのである。司書として生きたいと願ってきた人たちにとって、

新しい人生の選択肢にもなった」と記述している（NPO法人　本と人とをつなぐ「そらまめの会」編、『私たち　図書館をやってます！　指定管理者制度の波を越えて』南方新社、2011年5月、p.147）。

　また、佐賀県の武雄市図書館は、レンタル大手のTSUTAYAを運営するカルチュア・コンビニエンス・クラブ（CCC）を指定管理者として、2013年4月にオープンした（指定期間は5年間。市が約4億5000万円、CCCが約3億円を負担して建物を改修）。「司書13人はCCCが継続雇用し、レンタル店などの利益で人件費を賄う。市は年間1億1000万円の委託料を支払い、直接運営と比べ年1000万延のコスト削減を担う」という。年中無休、9時から21時までの開館、館内でのDVDレンタル店、スターバックスコーヒー開店などが話題を呼び、来館者は大幅に増加している。なお、指定管理者制度で運営を企業などに任せる公共図書館は年々増え、2011年度時点で全体の約9％、298館に上るという（2013年5月20日付日本経済新聞「公立図書館　改革の行方は」）。

　一方で、宇都宮市では2014年4月から3年間、市北部の河内図書館に制度を導入する準備を進めているが、図書館ボランティアでつくる市民団体「図書館の全面指定管理導入の再検討を求める・かえる合唱団」が、2013年8月に市議会議長宛に制度導入の再検討を求める陳情書を提出した。同団体の主張は、制度は営利目的であり、職員の専門性の確保ができないことや図書館の理念や目的を達成できない、といったものであり、署名活動も行うという（2013年8月27日付下野新聞「指定管理者導入見直しで陳情」）。

参考文献

宇都宮市「指定管理者制度導入施設一覧（107施設）」2013年
宇都宮市交通政策課「宮サイクルステーション指定管理者募集要項」2012年
宇都宮市指定管理者選定委員会「宮サイクルステーション指定管理者審査票」2013年
岡崎明晃「2巡目に入った指定管理者制度の課題と事業計画書」（『Fitness Business 54』2011年5-6月号）
小林真理「制度の概要と導入の問題点」文化政策提言ネットワーク編『指定管理者制度で何が変わるか』水曜社、2004年
指定管理者協会『指定管理者制度運用のツボ』ぎょうせい、2012年4月
総務省自治行政局行政経営支援室「公の施設の指定管理者制度の導入状況等に関する調査結果」2012年11月a
総務省自治行政局行政経営支援室「公の施設の指定管理者制度の導入状況等に関する調査結果　概要」2012年11月b
総務省自治行政局長「指定管理者制度の運用について」2010年12月
地方自治総合研究所・全国地方自治研究センター「指定管理者制度の現状と今後の課題」2008年4月
栃木県「公の施設の指定管理者制度に関する運用指針2013年6月改定」2013年
栃木県「平成23年度　指定管理者による公の施設の管理運営状況」2012年

第Ⅲ部　行革と民営化の動き

第8章
独立行政法人制度の現状と課題

1 わが国の独立行政法人制度

　わが国で現在実施されている独立行政法人制度の起源は、1996年に当時の橋本首相の直属機関として設置された行政改革会議において、行政の減量化・効率化を検討した際に提案されたことによるとされている。

　周知のごとく、この行政改革会議は、当時の総理府に国家行政組織法第8条に基づき政令により設置された合議制の機関であり、内閣総理大臣を会長、行政改革担当大臣を副会長とし、13名の有識者を構成員とした合議制の機関であった。同会議は国家行政機関の再編および統合に関する事項を調査審議することを所掌事務としており、独立行政法人制度設立のほか、わが国の中央省庁再編などに大きな功績を残している（田中, 2006, p.20、岡本義朗, 2008, pp.2-3）。独立行政法人制度導入の検討に際して、行政改革会議では、民間の経営手法を公共部門に導入し、成果志向の管理を目標とするNPM（New Public Management）改革の考え方を活用し、特にイギリスのエージェンシー制度を参考にしたと言われている。しかしながら、確かに両制度は表面上類似性を有していると思われるが、イギリスのエージェンシーは、政府の執行的機能を、個々の分離された政府機関に移譲してしまおうという趣旨で設置されたものである。したがって、比較的まとまりのある公務部門が対象になっているとともに、必ずしも非権力的行政活動に限定されているわけではない。エージェンシー設置の主要目的は、行政活動の効率化にあって、なおも行政組織の一環として考えられているので、職員は非公務員になるわけではなく、制度設計の目的や運用面で重要な相違点があると言えよう（福家, 1999, p.30）。

　現在、わが国における広義の独立行政法人制度には、①独立行政法人通則法

に基づく狭義の独立行政法人、②地方公共団体版である地方独立行政法人、③国立大学法人や大学共同利用機関法人などのその他の法人が含まれると考えられる。本章では、3つの独立行政法人について現状と課題について考察していく。

2　独立行政法人

1．わが国の独立行政法人の導入

　行政改革会議での議論を踏まえて、1998年の中央省庁等改革基本法により、その導入の方針が正式に決定されたわが国の独立行政法人制度は、翌年にはその制度の骨格および89の事業・事務の独立行政法人化の方針を定めた「中央省庁等改革の推進に関する方針」が決定され、加えて独立行政法人の運営の基本と共通的な事項を規定した「独立行政法人通則法」の成立等によって、その大枠が定められることとなった。さらに、2000年12月に「行政改革大綱」が閣議決定され、独立行政法人への移行についての具体的な方針が定められたのであった。

　行政改革会議の最終報告（1997年12月）においては、「政策の企画立案機能と実施機能とを分離し、実施部門のうち一定の事務・事業について、事務・事業の垂直的減量を推進しつつ、効率性の向上、質の向上及び透明性の確保をはかるため、独立の法人格を有する「独立行政法人」を設立する」ことが明記されている。また、同法人の目的・任務については「それぞれの設置法令において明確に定めるとともに各法人が自らの判断・裁量により国民のニーズとは無関係に自己増殖的に業務を拡張することは禁止される」としている。加えて、主務大臣の監督・関与については「法人の業務及び組織運営に関する基本的な枠組みにかぎられるもの」とし、「主務大臣による法人運営の細部にわたる事前関与・統制を極力排し、組織運営上の裁量・自律性（インセンティブ制度）を可能なかぎり拡大する」こととされ、「業務の結果について評価し改善する仕組みを導入するとともに、事業継続の必要性、民営化の可否等について、定期的な見直しを実施する」としている。さらに、独立行政法人職員の身分に関しては「国家公務員型と非国家公務員型の2つの類型を設ける」とし、その区分

基準として「当該業務が停滞等を生じた場合、国民生活・社会経済の安定に直接、著しい支障」をきたすか否かによるものとしている。同時に、職員の身分が国家公務員である否かによって、「労働基本権、給与等勤務条件、服務、刑罰、定員管理等について差異が生じるが、それ以外の制度設計（中期的目標管理、財務運営、情報の公開、定期的見通し等）については、職員の身分の相違は、影響を及ぼさない」としている（独立行政法人制度研究会，2001，p.40）。

この最終報告を踏まえて、翌年の第142通常国会に「中央省庁等改革基本法」（法律第103号）が可決成立した。同法では「行政改革会議の最終報告の趣旨にのっとって行われる内閣機能の強化、国の行政機関の再編成並びに国の行政組織並びに事務及び事業の減量、効率化等の改革（以下「中央省庁等改革」という。）について、その基本的な理念及び方針その他の基本となる事項を定めるとともに、中央省庁等改革推進本部を設置すること等により、これを推進することを目的とする」（同法第1条）と明示されている。同法は「第4章　国の行政組織等の減量、効率化等」に「第3節　独立行政法人制度の創設等」を設け、以下のように規定している。

中央省庁等改革基本法
第四章　国の行政組織等の減量、効率化等
　第三節　独立行政法人制度の創設等
（独立行政法人）
第三十六条　政府は、国民生活及び社会経済の安定等の公共上の見地から確実に実施されることが必要な事務及び事業であって、国が自ら主体となって直接に実施する必要はないが、民間の主体にゆだねた場合には必ずしも実施されないおそれがあるか、又は一の主体に独占して行わせることが必要であるものについて、これを効率的かつ効果的に行わせるにふさわしい自律性、自発性及び透明性を備えた法人（以下「独立行政法人」という。）の制度を設けるものとする。
（法令による規律）
第三十七条　政府は、独立行政法人について、その運営の基本、監督、職員の身分その他の制度の基本となる共通の事項を定める法令を整備するものとする。
2　それぞれの独立行政法人の目的及び業務の範囲は、当該独立行政法人を設立する法令において明確に定めるものとする。
3　それぞれの独立行政法人を所管する大臣（次条において「所管大臣」という。）が独立行政法人に対し監督その他の関与を行うことができる事項は、法令において定めるものに

限るものとする。
（運営の基本）
第三十八条　独立行政法人の運営に係る制度の基本は、次に掲げるものとする。
　一　所管大臣は、三年以上五年以下の期間を定め、当該期間において当該独立行政法人が達成すべき業務運営の効率化、国民に対して提供するサービス等の質の向上、財務内容の改善その他の業務運営に関する目標（次号において「中期目標」という。）を設定するものとすること。
　二　独立行政法人は、中期目標を達成するための計画（以下「中期計画」という。）及び中期計画の期間中の各事業年度の業務運営に関する計画（第七号において「年度計画」という。）を策定し、実施するものとすること。
　三　独立行政法人の会計は、原則として企業会計原則によるものとするとともに、各事業年度において生じた損益計算上の利益は、これを積み立て、法令の定めるところにより、中期計画に定められた使途の範囲内において使用することができるものとする等弾力的かつ効率的な財務運営を行うことができる仕組みとすること。
　四　国は、独立行政法人に対し、運営費の交付その他の所要の財源措置を行うものとすること。
　五　独立行政法人の業務については、その実績に関する評価の結果に基づき、業務運営の改善等所要の措置を講ずるものとすること。
　六　独立行政法人の職員の給与その他の処遇について、当該職員の業績及び当該独立行政法人の業務の実績が反映されるものとすること。
　七　独立行政法人は、各事業年度において、業務の概要、財務内容、中期計画及び年度計画、業務の実績及びこれについての評価の結果、人員及び人件費の効率化に関する目標その他その組織及び業務に関する所要の事項を公表するものとすること。
　八　所管大臣は、中期計画の期間の終了時において、当該独立行政法人の業務を継続させる必要性、組織の在り方その他その組織及び業務の全般にわたる検討を行い、その結果に基づき、所要の措置を講ずるものとすること。
（評価委員会）
第三十九条　独立行政法人の業務の実績に関する評価が、専門性及び実践的な知見を踏まえ、客観的かつ中立公正に行われるようにするため、府省に、当該評価の基準の作成及びこれに基づく評価等を行うための委員会を置くとともに、総務省に、府省に置かれる委員会の実施した評価の結果に関する意見の表明、独立行政法人の主要な事務及び事業の改廃の勧告等を行う委員会を置くものとする。
（職員の身分等）
第四十条　独立行政法人のうち、その業務の停滞が国民生活又は社会経済の安定に直接かつ著しい支障を及ぼすと認められるものその他当該独立行政法人の目的、業務の性質等を総合的に勘案して必要と認められるものについては、法令により、その職員に国家公務員の身分を与えるものとし、その地位等については、次に掲げるところを基本とするものとする。
　一　団結する権利及び団体交渉を行う権利（労働協約を締結する権利を含む。）を有する

ものとし、争議行為をしてはならないものとすること。
　二　法令に定める事由による場合でなければ、その意に反して、降任され、休職され、又は免職されることがないものとすること。
　三　給与、勤務時間その他の勤務条件に関する事項は、独立行政法人が中期計画に照らして適正に決定するものとし、団体交渉並びに中央労働委員会のあっせん、調停及び仲裁の対象とするものとすること。
　四　定員については、行政機関の職員の定員に関する法律その他の法令に基づく管理の対象としないものとするとともに、職員の数については、毎年、政府が国会に対して報告するものとすること。

（労働関係への配慮）
第四十一条　政府は、それぞれの独立行政法人に行わせる業務及びその職員の身分等を決定するに当たっては、これまで維持されてきた良好な労働関係に配慮するものとする。

（特殊法人の整理及び合理化）
第四十二条　政府は、特別の法律により特別の設立行為をもって設立すべきものとされる法人（総務庁設置法（昭和五十八年法律第七十九号）第四条第十一号の規定の適用を受けない法人を除く。第五十九条第一項において「特殊法人」という。）について、中央省庁等改革の趣旨を踏まえ、その整理及び合理化を進めるものとする。

　成立した中央省庁等改革基本法第52条の定めにより「中央省庁等改革による新たな体制への移行の推進に必要な中核的事務を集中的かつ一体的に処理するため」、内閣に中央省庁等改革推進本部が設置されることとなった。同法には「政府は、中央省庁等改革の緊要性にかんがみ、遅くともこの法律の施行後5年以内」具体的には2001年1月1日を目標として、中央省庁等改革による新たな体制への移行を開始するといういわば日程上の努力目標も規定されていた（同法第5条）。同本部の所掌事務は同法第53条に列挙されているが、その事務には、内閣機能の強化、国の行政機関の再編成と並んで、「独立行政法人の制度の創設に関し必要な法律案及び政令案の立案に関すること」（同条第2号）が含まれており、以後、行政改革会議の「最終報告」および中央省庁等改革基本法において提言された独立行政法人制度の創設に向けての詳細設計の作業は、小渕内閣下に設置された同本部において所管されることとなった。同本部は有識者を構成員とする顧問会議などの意見等も踏まえて、1999年1月に「中央省庁等改革に係る大綱」を決定した。この大綱は、①内閣法改正法案関係大綱、②内閣府設置法案関係大綱、③国家行政組織法改正法案関係大綱、④各省等設

置法案等関係大綱、⑤独立行政法人制度に関する大綱、⑥国の行政組織等の減量、効率化等に関する大綱、⑦その他（政策評価に関する大綱、国家公務員制度の改革等に関する大綱、その他）により構成されているが、その性格は、中央省庁等改革による新たな体制へ移行するにあたって必要な事項が列挙されたものであった。このうち独立行政法人制度に関する大綱に定められた事項は、すべての独立行政法人に適用される共通事項として詳細に設計されたものであり、その後のわが国の独立行政法人制度の指標となった。

その後、この大綱に定められた事項を法律事項と運用事項に分類する作業が進められ、その成果として、法律事項は通則法と個別法に、運用事項は「中央省庁等改革の推進に関する方針」（1999年4月27中央省庁等改革推進本部決定）にとりまとめられた。

法律事項については、第145通常国会に提出され、1999年7月に「独立行政法人通則法」（法律第103号）として可決成立した。

同通則法に基づき、個別法の制定を経て、2001年4月森内閣において57の独立行政法人が設立され、わが国の独立行政法人制度はスタートを切ることとなった。

2．わが国の独立行政法人の現状

わが国における独立行政法人制度の創設の趣旨は、研究機関、美術館、病院など、現在、国が直接行っている事務・事業のうち一定のものについて、国とは別の法人格を持つ法人たる独立行政法人を設立し、この法人に当該事務・事業を担わせることにより、より良い行政サービスの提供を目指すところにある。そのため、制度の基本として、国から法人への事前関与・統制を極力排し、事後チェックへの移行を図り、弾力的・効率的で透明性の高い運営を確保することに力点が置かれた制度である（岡本，2001，p.32）。

独立行政法人通則法は、「独立行政法人の運営の基本その他の制度の基本となる共通の事項を定め、各独立行政法人の名称、目的、業務の範囲等に関する事項を定める法律（以下「個別法」という）と相まって、独立行政法人制度の確立並びに独立行政法人が公共上の見地から行う事務及び事業の確実な実施を図

り、もって国民生活の安定及び社会経済の健全な発展に資することを目的」（同通則法第1条）とし、「この法律において「独立行政法人」とは、国民生活及び社会経済の安定等の公共上の見地から確実に実施されることが必要な事務及び事業であって、国が自ら主体となって直接に実施する必要のないもののうち、民間の主体にゆだねた場合には必ずしも実施されないおそれがあるもの又は一の主体に独占して行わせることが必要であるものを効率的かつ効果的に行わせることを目的として、この法律及び個別法の定めるところにより設立される法人をいう」（同通則法第2条第1項）と規定している。また、この独立行政法人には、役職員に国家公務員の身分を与えるもの（特定独立行政法人）と国家公務員の身分を与えないもの（非特定独立行政法人）の2類型が規定されており、個別の独立行政法人を特定独立行政法人にするか否かについては、①その業務の停滞が国民生活または社会経済の安定に直接かつ著しい支障を及ぼすと認められるもの、②その他当該独立行政法人の目的、業務の性質等を総合的に勘案して、その役員および職員に国家公務員の身分を与えることが必要と認められるものが判断の際の基準とされている（同通則法第2条第2項）。

独立行政法人業務の公共性、透明性および自主性については①実施する事務および事業が国民生活および社会経済の安定等の公共上の見地から確実に実施されることが必要なものであることにかんがみ、適正かつ効率的にその業務を運営するよう努めなければならないこと、②業務の内容を公表すること等を通じて、その組織および運営の状況を国民に明らかにするよう努めなければならないこと、③関連法規の運用にあたっては、独立行政法人の業務運営における自主性は、十分配慮されなければならないこととされている（同通則法第3条）。

また、独立行政法人の評価については、主務省に、「その所管に係る独立行政法人に関する事務を処理させるため、独立行政法人評価委員会を置く」こととし、この評価委員会は、①独立行政法人の業務の実績に関する評価に関すること、②その他この法律または個別法によりその権限に属させられた事項を処理することに関する事務をつかさどることとなっている（同通則法第12条）。なお、独立行政法人の評価は、この第三者機関である各府省の独立行政法人評価委員会の他に総務省の政策評価・独立行政法人評価委員会（事務局：総務省行政

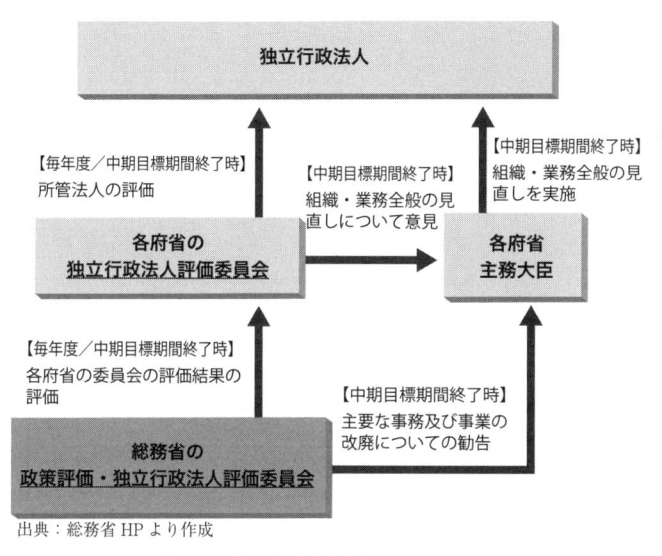

図8-1 独立行政法人評価のしくみ

出典：総務省HPより作成

評価局）においても実施されている。この政策評価・独立行政法人評価委員会は、①各法人の業務実績に関する2次評価を行い、②中期目標期間の終了時には法人の事務・事業の見直しについて指摘を行っている（図8-1参照）。

　独立行政法人と所管の主務省との関係については、①独立行政法人の長は、主務大臣によって、業務上の知識や経験を基準として任命される（同通則法第20条）、②3年～5年で達成すべき「中期目標」を主務大臣が独立行政法人に提示し、それを達成するために「中期計画」を独立行政法人が策定し、主務大臣の許可を得た上で実施する（同通則法第29・30条）、③独立行政法人は、中期目標の期間における業務の実績について評価を受け、その評価結果に基づいて、主務大臣は、業務の継続の必要性や民営化の可能性などを検討する（同通則法第32条）、④独立行政法人は、政府から財源措置（出資）を受けられるが、企業会計原則をとり、予算の繰越などを行い得るとされている（同通則法第45条）（予算については図8-2参照）。

　わが国における独立行政法人は、2001年4月に57法人が発足して以来、2003年10月以降、「特殊法人等整理合理化計画」に基づき、特殊法人等が独

立行政法人に移行したこと等により、2005年10月に113法人を数えるまでに達した。その後の統廃合等を経て、2013年4月1日に平和祈念事業特別基金

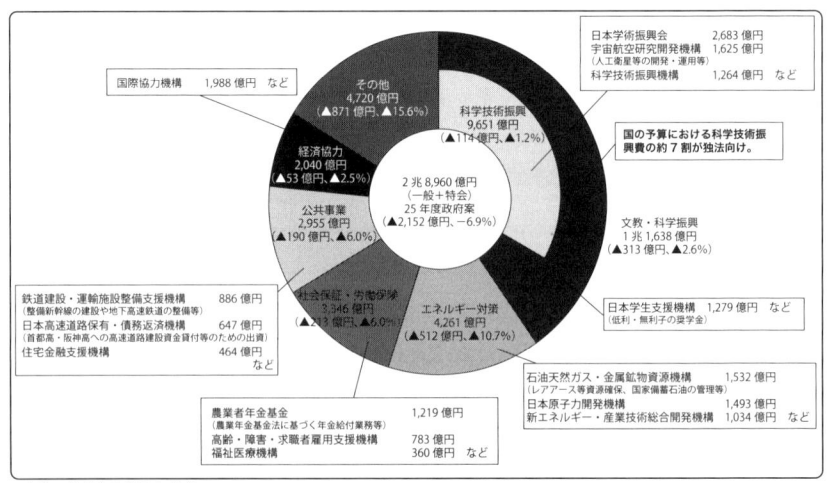

図8-2 独立行政法人向け財政支出の全体像 （2013年度政府案）

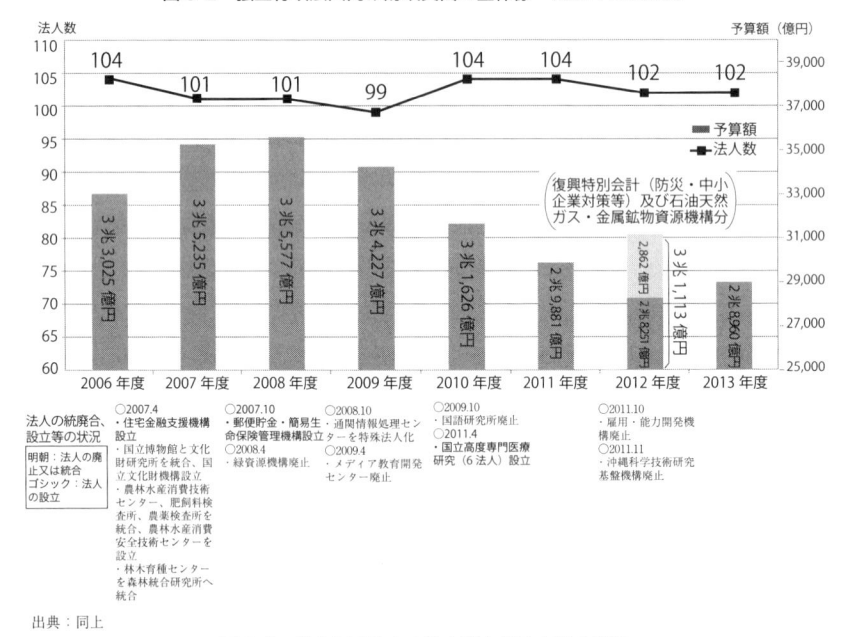

図8-3 独立行政法人の法人数と財政支出の推移

140　第Ⅲ部　行革と民営化の動き

が同 10 月 1 日に海上災害防止センターが解散となり、同日現在、100 法人となっている（図 8-3、図 8-4 参照）。

内閣府所管 2
○国立公文書館
北方領土問題対策協会

消費者庁所管 1
国民生活センター

総務省所管 3
情報通信研究機構
○統計センター
郵便貯金・簡易生命保険管理機構

外務省所管 2
国際協力機構
国際交流基金

財務省所管 4
酒類総合研究所
○造幣局
○国立印刷局
日本万国博覧会記念機構

文部科学省所管 23
国立特別支援教育総合研究所
大学入試センター
国立青少年教育振興機構
国立女性教育会館
国立科学博物館
物質・材料研究機構
防災科学技術研究所
放射線医学総合研究所
国立美術館
国立文化財機構
教員研修センター
科学技術振興機構
日本学術振興会
理化学研究所
宇宙航空研究開発機構
日本スポーツ振興センター
日本芸術文化振興会
日本学生支援機構
海洋研究開発機構
国立高等専門学校機構
大学評価・学位授与機構
国立大学財務・経営センター
日本原子力研究開発機構

厚生労働省所管 19
国立健康・栄養研究所
労働安全衛生総合研究所
勤労者退職金共済機構
高齢・障害・求職者雇用支援機構
福祉医療機構
国立重度知的障害者総合施設のぞみの園
労働政策研究・研修機構
労働者健康福祉機構
○国立病院機構
医薬品医療機器総合機構
医薬基盤研究所
年金・健康保険福祉施設整理機構
年金積立金管理運用独立行政法人
国立がん研究センター
国立循環器病研究センター
国立精神・神経医療研究センター
国立国際医療研究センター
国立成育医療研究センター
国立長寿医療研究センター

農林水産省所管 13
○農林水産消費安全技術センター
種苗管理センター
家畜改良センター
水産大学校
農業食品産業技術総合研究機構
農業生物資源研究所
農業環境技術研究所
国際農林水産業研究センター
森林総合研究所
水産総合研究センター
農畜産業振興機構
農業者年金基金
農林漁業信用基金

経済産業省所管 10
経済産業研究所
工業所有権情報・研修館
日本貿易保険
産業技術総合研究所
○製品評価技術基盤機構
新エネルギー・産業技術総合開発機構
日本貿易振興機構
情報処理推進機構
石油天然ガス・金属鉱物資源機構
中小企業基盤整備機構

国土交通省所管 19
土木研究所
建築研究所
交通安全環境研究所
海上技術安全研究所
港湾空港技術研究所
電子航法研究所
航海訓練所
海技教育機構
航空大学校
自動車検査独立行政法人
鉄道建設・運輸施設整備支援機構
国際観光振興機構
水資源機構
自動車事故対策機構
空港周辺整備機構
都市再生機構
奄美群島振興開発基金
日本高速道路保有・債務返済機構
住宅金融支援機構

環境省所管 2
国立環境研究所
環境再生保全機構

原子力規制委員会所管 1
原子力安全基盤機構

防衛省所管 1
○駐留軍等労働者労務管理機構

注1）○印の法人は、特定独立行政法人（役職員が国家公務員の身分を有するもの）（8法人）

合計 100 法人

出典：同前

図 8-4　独立行政法人一覧　（2013 年 10 月 1 日現在）

３．わが国における独立行政法人の特質

　わが国の独立行政法人のメリットとしては、まず、弾力性のある財務運営が可能となることが挙げられる。すなわち、国の行政組織の予算管理においては、毎年度事前に予算査定を受け、原則として、他の費目への移用・流用や次年度への繰越ができない等のしくみとなっているのに対し、独立行政法人制度においては、たとえば、国から交付される運営費交付金については、予定された使途以外の使途に充てることも可能であり、また、経営努力により生じた剰余金については、主務大臣の承認を受けて中期計画の使途の範囲内で取り崩して使用することができるなど、効率的かつ効果的な財政運営が可能となっている。また、機動的かつ弾力的な組織および人事管理が可能であり、法人自らの判断により、業務の繁閑や行政ニーズの動向に応じて効率的かつ効果的な組織編成・人員配置を行うことが可能となっている。法人の役職員の給与等についても、法人の業績や役職員個人の業績等が反映されるしくみを導入している。さらに、透明性の確保が可能となる。すなわち、法人の組織・業務運営等の透明性を高めるため、中期目標、中期計画、年度計画、事業報告書、財務諸表、監事および会計監査人の監査結果、府省評価委員会の評価結果等について、積極的に公表することとされている。

　他方、独立行政法人のデメリットとしては、まず、所管大臣や評価委員の独立行政法人への影響力の存在が挙げられる。同法人の所管大臣は、長の任免や中期目標の設定、中期計画・予算の認可等、さまざまな独立行政法人への関与があり、評価委員会も独立行政法人の細部にわたり審査をするため、独立行政法人の自主性や自発性を損なう可能性がある。また、法人化前には存在しなかった業務が義務づけられ、事務作業の負担が多くなることが挙げられる。さらに、企業会計原則の導入上における問題点も存在する。独立行政法人には実施事務・事業の経済的効率性の向上が期待されていて、その手法として、企業会計原則が導入されている。ところが、主務大臣による目標設定と厳しい業務評価が行われるため、民営化された場合のような自主性・独立性を欠きつつ、民営化された場合と同じような経済的効率性の向上を図ることが強要されることになる可能性が高いといえる。

3 地方独立行政法人制度

1．わが国における地方独立行政法人制度の導入

　国の独立行政法人導入の動きと呼応するように省庁再編前の2000年12月には、政府の「行政改革大綱」の中で「国における独立行政法人化の実施状況等を踏まえて、独立行政法人制度についての地方へも導入する」ことが閣議決定された。このような動向を踏まえて、国における独立行政法人制度の創設を受け、地方公共団体においても、効率性の向上、質の向上、透明性の確保の観点から、2003年に地方独立行政法人法が成立し、翌年4月から同制度が創設されている。この制度は、地方公共団体が直接行っている事務事業を、地方公共団体とは別の法人格を持つ法人を設立し、そこに業務を担わせるしくみである。

2．わが国における地方独立行政法人の現状

　対象業務は、①住民生活、地域社会・経済の安定等の公共上の見地から実施されることが必要なもの、②自治体自ら主体となって直接に実施する必要のないもの、③民間の主体に委ねた場合には必ずしも実施されない恐れがあるものの3つの要件をすべて満たしていることが条件とされている。具体的には、試験研究機関、公立大学、地方公営企業、社会福祉事業などである。

　わが国の地方独立行政法人においては①その長および監事は地方公共団体の長が任命する、②3年～5年で達成すべき「中期目標」を地方公共団体の長が議会の議決を経て定め、それを達成するために「中期計画」を独立行政法人が作成し、地方公共団体の長が認可を得た上で実施する、③第三者機関として地方独立行政法人評価委員会を設置し、厳格な業績評価を実施するとされている。

　また、地方独立行政法人は、①一般地方独立行政法人、②特定地方独立行政法人、③公立学校法人の3つに分類され、①と③が非公務員型で、②が公務員型である。公務員型か否かは、①その業務の停滞が住民の生活、地域社会もしくは地域経済の安定に直接かつ著しい支障を及ぼす、②その業務運営における中立性および公正性を特に確保する必要があるという2条件のいずれかに該当すれば公務員型、該当しなければ非公務員型となる。

地方公共団体と地方独立行政法人との関係は、両者の間に明確なミッション（使命）を媒介とした契約を結び、それに必要な分の交付金を出すことによって成り立つ。法人側はその交付金を使い、ミッションを達成させることになるが、その達成度合いは相互に検証（モニタリング）される（土岐他, 2009, pp.171-173）。

3．わが国における地方独立行政法人の課題

　地方独立行政法人は地方公共団体から完全分離するわけではなく、あくまでも行政執行の一部として組織上分離されているにすぎないが、その最大の特徴のひとつは、切り出された事業は、法人の判断と責任で執行されることから、法人の自律的・弾力的な運営をすることが可能となる。しかし、その実態は、経営の隅々まで命令に近い強い意向が反映されている。もうひとつは、同法人に担わせるにあたっては、財産や人員も自治体からこの法人に移管され、地方公共団体のスリム化に貢献するものの、結果的には、財政面での債務隠し、経営面での職員定数隠しにとどまっているとも指摘されている。実施状況を見ても公立大学は独立行政法人化が進展しているものの、その他の分野はあまり進んでいない。

　このような地方独立行政法人制度への関心の低さについては、①地方独立行政法人が公権力の行使に関与しない組織・事業のうち一部に適用可能な、限定的ツールであること（質的基準）、②国の独立行政法人対象機関選定の際に用いられた独立の組織とするだけの業務量のまとまりという基準をクリアする地方独立行政法人対象機関が限定されること（量的基準）の２つに起因するという見解もある（原田, 2006, pp.28-34）。

4　国立大学法人等

　独立行政法人通則法には直接基づかないものの、国立大学法人法に基づく国立大学法人および大学共同利用機関法人や、総合法律支援法に基づく日本司法支援センターなどが、広義の独立行政法人と位置づけられよう。

1．国立大学法人・大学共同利用機関法人

　このうち国立大学法人は、1999年4月の閣議決定により「国立大学の独立行政法人化については、大学独自の自主性を尊重しつつ大学改革の一環として検討」することとし、2003年までに結論を得ることとなった。これを踏まえて翌年7月には国立大学関係者を含む有識者で構成された調査検討会議が検討を開始している。同会議は、総務省行政管理局の独立行政法人審査の対象とされている。2006年3月に同会議は最終報告として「新しい「国立大学法人」像について」を取りまとめている。これを反映して同年11月には「競争的環境の中で世界最高水準の大学を育成するために「国立大学法人」化などの施策を通して大学の構造改革を進める」ことが閣議決定された。2007年2月には「国立大学法人法案等関係6法案」が国会に提出され、同年7月に可決成立し、同年10月に施行されている。この法律に基づき、2008年4月に国立大学は「国立大学法人」に移行されることとなった。

　国立大学法人法は、「大学の教育研究に対する国民の要請にこたえるとともに、我が国の高等教育及び学術研究の水準の向上と均衡ある発展を図るため、国立大学を設置して教育研究を行う国立大学法人の組織及び運営並びに大学共同利用機関を設置して大学の共同利用に供する大学共同利用機関法人の組織及び運営について定めることを目的」（同法第1条）として制定されたものである。国立大学法人は、①国立大学を設置し、これを運営すること、②学生に対し、修学、進路選択および心身の健康等に関する相談その他の援助を行うこと、③当該国立大学法人以外の者から委託を受け、またはこれと共同して行う研究の実施その他の当該国立大学法人以外の者との連携による教育研究活動を行うこと、④公開講座の開設その他の学生以外の者に対する学習の機会を提供すること、⑤当該国立大学における研究の成果を普及し、およびその活用を促進すること、⑥当該国立大学における技術に関する研究の成果の活用を促進する事業であって政令で定めるものを実施する者に出資すること、⑦①～⑥の業務に附帯する業務を行うことを業務とする（同法第22条）。

　国立大学の法人化は、国の内部機関として位置づけられてきた国立大学に、独立した法人格を付与して、自律的な環境下で裁量の大幅な拡大を図り、大学

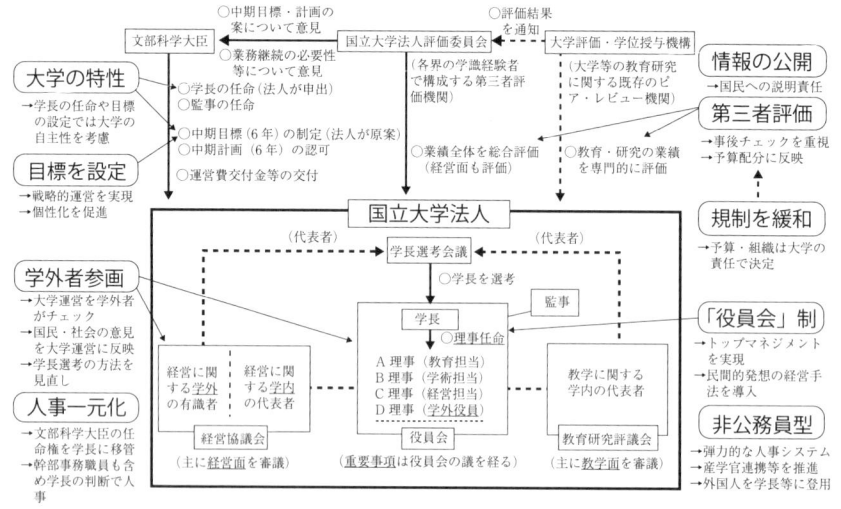

図8-5 国立大学法人のしくみの概要

出典：文部科学省資料より作成

をより活性化し、優れた教育や特色ある研究へ向けた積極的な取組みを促し、より個性豊かな魅力ある大学の実現を目指して行われたものである。そのため、国の内部機関であったときと比較して、教育研究組織、人事、財務会計面等に大幅な裁量を与えるとともに、法人として社会に対する責任を適切に果たすことができるよう、適切な管理運営組織の整備、中期目標・計画の策定や第三者評価といった制度が導入されている。また、憲法で保障されている学問の自由や大学の自治の理念を踏まえ、国立大学の教育研究の特性に配慮する観点から、独立行政法人とは異なる法体系とされ、たとえば、①制度の運用にあたって、教育研究の特性に配慮すること、②中期目標の策定にあたって、文部科学大臣は予め国立大学法人の意見を聴くとともに、その意見に配慮すること、③中期目標の達成状況の評価にあたっては、教育研究の状況についての評価を独立行政法人大学評価・学位授与機構に要請し、当該評価結果を尊重すること等の制度設計がなされている。

国立大学法人法に定める国立大学法人のしくみを示すと図8-5のようになる。大学共同利用機関法人とは、前述した国立大学法人法第1条の後段に定めら

れる「大学の共同利用に供する」ために設置された法人であり、同法附則別表第1により、「大学共同利用機関法人人間文化研究機構」(国立歴史民俗博物館、国文学研究資料館、国立国語研究所、国際日本文化研究センター、総合地球環境学研究所、国立民族学博物館より構成)、「大学共同利用機関法人自然科学研究機構」(国立天文台、核融合科学研究所、分子科学研究所、基礎生物学研究所、生理学研究所より構成)、「大学共同利用機関法人高エネルギー加速器研究機構」(素粒子原子核研究所、物質構造科学研究所、加速器研究施設、共通基盤研究施設より構成)、「大学共同利用機関法人情報・システム研究機構」(国立極地研究所、国立情報学研究所、統計数理研究所、国立遺伝学研究所により構成)の4法人が設置されている。これらは国立大学法人化前に20近く存在していた大学共同処理機関を分野別に4つに再編して、法人化したもので、個々の大学では維持が困難な大規模施設や大学間の研究情報の共有などの利点を国立大学法人化後も存続させようとするものである。

2．日本司法支援センター

日本司法支援センターは、総合法律支援法を根拠として2006年4月に設立され、同年10月から業務を開始設置された機関である。同法は、「裁判その他の法による紛争の解決のための制度の利用をより容易にするとともに弁護士その他の他人の法律事務を取り扱うことを業とする者のサービスをより身近に受けられるようにするための総合的な支援の実施及び体制の整備に関し、基本となる事項を定めるとともに、その中核となる日本司法支援センターの組織及び運営について定め、もってより自由かつ公正な社会の形成に資することを目的」として制定されたものである。総合法律支援体制の中核となる運営主体として、独立行政法人の枠組みに従いつつ、最高裁判所が設立・運営に関与する新たな法人として日本司法支援センターを設立することとされた。同センターは、「法テラス」という愛称で各地に設置されている。

5　最近の動向

現在、わが国の独立行政法人制度の改革は、安倍首相が議長を務める政府の

行政改革推進会議で進められている。2013年12月にまとめられた改革案は、既存の100法人を統廃合する一方、先端医療研究の司令塔として「日本医療研究開発機構」(日本版NIH、仮称)を新設し、87法人に再編する方針が示されており。政府は2014年1月の通常国会に関連法案を提出した。

統合対象は19法人であり、「攻めの農業」実現に向け農業生物資源研究所など4法人を一本化するほか、海上技術安全研究所など海運系3法人も統合し、原子力安全基盤機構など2法人は廃止して、日本貿易保険は経営の自由度を高めるため株式会社に近い「特殊会社」に改めることとしている。統廃合以外では、理化学研究所など研究開発法人について外国人研究者の高給採用を認めるなど運用基準を緩和する。都市再生機構は、都市部のタワー賃貸マンションの運営権の一部を民間に移管し、高コスト体質の改善を図ることとしている。

独立行政法人改革は、今回が初めてではない。第1次安倍内閣で2007年12月に取りまとめられた「独立行政法人整理合理化計画」を受けて、2008年4月に101法人を85法人に再編するという独立行政法人通則法の改正法案が提出したものの、2009年7月の衆議院解散とともに廃案となっている。また、民主党政権下でも、2010年1月に「独立行政法人の制度及び組織の見直しの基本方針」を受けて2010年5月に102法人を64法人に再編するという独立行政法人通則法の改正法案が提出されたが、2012年11月の衆議院解散とともに廃案となっている。今回の改革案は民主党改革案より後退した方向になっており、今後の動向が注目される。

参考文献

岡本信一『独立行政法人の創設と運営』(財)行政管理研究センター、2001年
岡本義朗『独立行政法人の制度設計と理論』中央大学出版会、2008年
田中一昭『行政改革〈新版〉』ぎょうせい、2006年
土岐寛他『現代日本の地方自治』北樹出版、2009年
独立行政法人制度研究会編『独立行政法人制度の解説』第一法規、2001年
原田久『NPM時代の組織と人事』信山社、2006年
福家敏郎他『独立行政法人』日本評論社、1999年

第9章
道路関係四公団の民営化とその課題

1　日本における「民営化」とは何か

1．本章の目的と構成

　「民営化」は、一見、わかりやすそうに見える用語である。1980年代にJR、NTT、JTを誕生させた「三公社民営化」[1]、2000年代に小泉純一郎政権の下で決定された道路関係四公団の民営化と郵政民営化、いずれもメディアの注目を集め、「世論」は民営化の推進を支持した。世論の支持を集めたのは、「民営化」が（厳密には「官」ではないのだが）「官から民へ」組織を転換させる政策として理解しやすかったのも一因であろう。公社や公団によるお役所仕事の延長のような非効率な業務運営から、民間企業として市場競争の中で効率化を追求する経営へ脱皮させる政策として受け入れられたのである。

　本書では、本章（第9章）で道路関係四公団の民営化を、次章（第10章）で郵政民営化を取り扱うが、そこで説明を進める際に最大の障害となるのが、民営化という用語が上記のように、イメージ先行で「一見、わかりやすそうに見える」ところなのである。行政機関や政府に関係する法人を普通の民間企業（株式会社）にすることを「民営化」だと理解しているとしたら、それは間違いである。あらかじめ民営化の最大の問題点を指摘しておくならば、それは大規模な政治的争点となりながら、日本における「民営化」が具体的に何を意味するのか、ごく一部の関係者や専門家を除き、正確に理解している人はほとんど存在しない、ということなのである。

　そこで本章では、まず日本における「民営化」および「完全民営化」の特徴について説明する。そのうえで、道路関係四公団の民営化とは何だったのか、その目的とプロセスについて説明する。そして最後に、民営化後、どのような

149

成果や変化が生じたのか、あるいは生じなかったのか検証することとしたい。

2．「民営化」＝特殊会社化

　民営化が単純な民間企業への組織変更を意味しない、ということを端的に示しているのが、2002年と2013年における特殊法人の一覧表である（表9-1、表9-2参照）。特殊法人とは、法律に基づき政府（主管官庁）が設置した法人の総称である。正確には、総務省設置法第4条第15項で「法律により直接に設立される法人又は特別の法律により特別の設立行為をもって設立すべきものとされる法人（独立行政法人を除く）」と規定されている[2]。

　これら特殊法人が「普通の」民間企業とは異なるのは明らかであろう。それにもかかわらず、表9-1・2の特殊法人一覧の中には「株式会社」が複数含まれている。特に2013年の段階では、特殊法人の総数は33法人と、2002年の74法人とくらべ半数以下に減少しており、なおかつ、そのほとんどは「株式会社」で占められている。他方で2002年の一覧表を見ると、「株式会社」もいくつか含まれてはいるが、「公庫」や「基金」、「事業団」、「公団」といった株式会社以外の名称の方が多い。つまり、これらの表からわかるのは、2002年と比較して、現在は特殊法人が減少傾向にあるが、「株式会社の特殊法人」は増加傾向にある、ということである。

　じつは、この「株式会社の特殊法人」こそが、公社や公団等が民営化された後の姿であり、「特殊会社」と呼ばれる特殊法人の一種である。特殊会社の主な特徴は、次の3点である。

　第一に設置根拠法（根拠法）が存在することである。通常の株式会社は会社法等、一般的な法律に基づいて設立されており、当然ながら「パナソニック設置法」のような根拠法は存在しない。しかしNTTには「日本電信電話株式会社等に関する法律」が、JTには「日本たばこ産業株式会社設置法」が存在する。いずれも根拠法に基づいて設立されているのである。つまりこの点で、「法律により直接に設立される法人又は特別の法律により特別の設立行為をもって設立すべきものとされる法人（独立行政法人を除く）」という定義に合致するため、NTTやJTなどの「特殊会社」は「特殊法人」に含まれるのである。

表9-1　所管別特殊法人一覧（計74法人（2002年4月1日現在））

内閣府 (3)
　沖縄振興開発金融公庫
　北方領土問題対策協会
　国民生活センター
総務省 (6)
　簡易保険福祉事業団
　公営企業金融公庫
　日本電信電話株式会社
　東日本電信電話株式会社
　西日本電信電話株式会社
　日本放送協会
外務省 (2)
　国際協力事業団
　国際交流基金
財務省 (4)
　国民生活金融公庫
　国際協力銀行
　日本政策投資銀行
　日本たばこ産業株式会社
文部科学省 (11)
　宇宙開発事業団
　科学技術振興事業団
　日本私立学校振興・共済事業団
　日本育英会
　日本原子力研究所
　理化学研究所
　日本芸術文化振興会
　日本学術振興会
　核燃料サイクル開発機構
　放送大学学園
　日本体育・学校健康センター

厚生労働省 (8)
　労働福祉事業団
　社会福祉・医療事業団
　社会保険診療報酬支払基金
　日本労働研究機構
　心身障害者福祉協会
　勤労者退職金共済機構
　雇用・能力開発機構
　年金資金運用基金
農林水産省 (7)
　緑資源機構
　農畜産業振興事業団
　農林漁業金融公庫
　農林漁業団体職員共済組合
　地方競馬全国協会
　農業者年金基金
　日本中央競馬会
経済産業省 (10)
　石油公団
　金属鉱業事業団
　中小企業総合事業団
　中小企業金融公庫
　商工組合中央金庫
　電源開発株式会社
　日本自転車振興会
　日本貿易振興会
　日本小型自動車振興会
　新エネルギー・産業技術総合開発機構

国土交通省 (21)
　日本道路公団
　首都高速道路公団
　阪神高速道路公団
　水資源開発公団
　日本鉄道建設公団
　新東京国際空港公団
　本州四国連絡橋公団
　地域振興整備公団
　都市基盤整備公団
　運輸施設整備事業団
　住宅金融公庫
　帝都高速度交通営団
　関西国際空港株式会社
　北海道旅客鉄道株式会社
　四国旅客鉄道株式会社
　九州旅客鉄道株式会社
　日本貨物鉄道株式会社
　奄美群島振興開発基金
　国際観光振興会
　(財)日本船舶振興会
　日本勤労者住宅協会
環境省 (2)
　環境事業団
　公害健康被害補償予防協会

出典：(財)行政管理研究センター，2002, pp.648-649より作成

表9-2　所管府省別特殊法人一覧（計33法人（2013年4月1日現在））

内閣府 (2)
　沖縄振興開発金融公庫
　沖縄科学技術大学院大学学園
総務省 (6)
　日本電信電話株式会社
　東日本電信電話株式会社
　西日本電信電話株式会社
　日本放送協会
　日本郵政株式会社
　日本郵便株式会社
財務省 (5)
　日本たばこ産業株式会社
　株式会社日本政策金融公庫
　株式会社日本政策投資銀行
　輸出入・港湾関連情報処理センター株式会社
　株式会社国際協力銀行

文部科学省 (2)
　日本私立学校振興・共済事業団
　放送大学学園
厚生労働省 (1)
　日本年金機構
農林水産省 (1)
　日本中央競馬会
経済産業省 (2)
　日本アルコール産業株式会社
　株式会社商工組合中央金庫

国土交通省 (13)
　新関西国際空港株式会社
　北海道旅客鉄道株式会社
　四国旅客鉄道株式会社
　九州旅客鉄道株式会社
　日本貨物鉄道株式会社
　東京地下鉄株式会社
　成田国際空港株式会社
　東日本高速道路株式会社
　中日本高速道路株式会社
　西日本高速道路株式会社
　首都高速道路株式会社
　阪神高速道路株式会社
　本州四国連絡高速道路株式会社
環境省 (1)
　日本環境安全事業株式会社

出典：総務省行政管理局，2013,「所管府省別特殊法人一覧」より作成

　第二に、ほとんどの場合、根拠法の中で政府が一定割合（もしくは全部）の株式を保有することが義務づけられている。たとえばNTTについては根拠法の第4条で「政府は、常時、会社の発行済株式の総数の三分の一以上に当たる株式を保有していなければならない」と定められている。政府が大株主として経

営上重要な決定に関与することが法律で定められているのである。ただし、「ほとんどの場合」としたのは、日本政策投資銀行など一部の法人では、例外的に根拠法で「完全民営化」(次項 **3.** で詳述)に向け、将来における全株式の売却が規定されており、したがって政府保有株に関する規定が存在しないためである。

　そして第三に、政府(所管官庁)は株主としてだけでなく、監督官庁として会社の重要な決定に関与する権限を保有している。特殊会社が役員の選任、定款の変更、事業計画の決定等の重要な決定を行うときには、所管大臣の認可を受けなければならないことが根拠法で定められている。どのような決定にどの程度まで所管官庁が関与するかは、法人ごとに微妙に異なる。本章では道路関係四公団のケースについて、**4-2.** で具体的に検証する。

　このように、株式会社形態をとっているとはいえ、特殊会社と一般の株式会社とは異なる点が多い。日本において政府が「民営化」する、と言うときはこの「特殊会社」への改組を意味しているという点を念頭に置いておく必要があるのである。

3．完全民営化＝通常の株式会社化

　民営化ということばを聞いたときに一般の人がイメージする内容に近いのは「完全民営化」の方であろう。政府が「完全民営化」という表現をするときは、一般の民間企業と同様の法人に移行することを意味している。比較的近年に実施された完全民営化の例としてはJRの本州三社(JR東日本、JR東海、JR西日本)を挙げることができる。表9-1で「鉄道株式会社」を見ると、JR貨物(日本貨物鉄道株式会社)と三島会社(JR北海道、JR四国、JR九州)は含まれているのに、本州三社が記載されていない。それは、これらの会社は2000年代に入って完全民営化されたからである。

　完全民営化とは、特殊会社ではなくしてしまうことを意味するわけであるから、第一に必要な手続きは、設置根拠法の廃止である。ただしJR本州三社の民営化にあたっては、JR全社が「旅客鉄道株式会社及び日本貨物鉄道株式会社に関する法律」一本で設置されていたため、「会社の目的」と「商号」を規定していた同法第1条と第2条から本州三社の名称を削除する法改正を行うと

いう方法がとられた。いずれにせよ、根拠法（もしくは根拠となる条項）が廃止されることで、政府（所管官庁）は役員の選任、定款の変更、事業計画の決定等の重要な決定に関与できなくなるのである。

　第二に、政府が保有する株式を全株売却することが必要である。JR本州三社の場合、2001年に根拠法から三社に関する条項が削除されたのち、2002年にJR東日本、2004年にJR西日本、2006年にJR東海の政府保有株式売却が完了している。法改正から株式の売却終了までタイムラグがあるのは、株式市場の状況（株価が低迷しているときは政府の売却益も下がるため売りにくい）を見たうえで、株式市場に悪影響を及ぼさないよう、数次に分割して売却するからである。全株式が売却されれば、完全民営化は完了する。

　完全民営化された法人の数は、民営化された法人数よりも少ない。現在まで、1985年の日本自動車ターミナル株式会社に始まり、日本航空株式会社（JAL：1987年）、沖縄電力株式会社（1989年）、国際電信電話株式会社（現在のKDDI：1998年）、電源開発株式会社（J-POWER：2004年）が完全民営化されている。

2　なぜ道路関係四公団は民営化されたのか

1．道路関係四公団とは何か

　ここからは道路関係四公団の民営化について分析を進めていくが、それにはまず、道路関係四公団とはどのような組織であり、どのような問題を抱えていたのかを説明しなければならないだろう。道路関係四公団とは、日本道路公団（道路公団）、首都高速道路公団（首都公団）、阪神高速道路公団（阪神公団）、そして本州四国連絡橋公団（本四公団）の総称である。いずれも特殊法人であり、民営化されるまでは、これら4つの公団が日本全国の高速道路をはじめとする有料の高規格道路の新設、維持、修繕、あるいは、料金の徴収、サービスエリア（SA）、パーキングエリア（PA）等の休憩所の建設と管理などの業務を担当していた。

　これら四法人を比較すると、最古参の日本道路公団が職員数、資本金ともに他の三公団を圧倒しているのがわかる（表9-3参照）。他の三公団の営業範囲が

首都公団は首都高とその関連施設、阪神公団は阪神高速とその関連施設、本四公団は瀬戸大橋等の連絡橋とその関連施設に限られている。これに対し、道路公団はそれらの地域以外すべて、北海道から沖縄までを対象としていたため、資本金や職員数もきわめて大規模な組織だったのである。もうひとつ目につくのは、どの公団も「兆」の単位を超える負債を抱えており、四公団の負債合計が50兆円を超えているという点である。

表9-3　道路関係四公団

	日本道路公団	首都高速道路公団	阪神高速道路公団	本州四国連絡橋公団
根拠法	日本道路公団法	首都高速道路公団法	阪神高速道路公団法	本州四国連絡橋公団法
設置年月日	1956年4月	1959年6月	1962年5月	1970年7月
職員数	8,810人	1,381人	875人	482人
資本金	2兆2849億円（全額政府出資）	6429億円（うち政府出資額3214億円）	4998億円（うち政府出資額2499億円）	8455億円（うち政府出資額5702億円）
負債合計	37兆2515億円	6兆2282億円	4兆3810億円	4兆2382億円

備考　職員数は2001年度末定員。
　　　負債合計は2000年度貸借対照表をもとに、一千万の位で四捨五入。
出典：(財) 行政管理研究センター，2002, pp.37-54,76-84をもとに作成

　ただし、単に負債の合計が数十兆円に及ぶから、ただちに大問題となるか、というとそういうわけではない。第一に、高速道路のような高規格道路を建設し維持するには相応の費用がかかる。第二に、高速道路ができることによって日本社会にもたらされるメリットは、現在の世代だけでなく、将来の世代にも享受される。こうした観点からすると、多額の借金をして道路を建設するという行動にも十分な合理性があったのである。それゆえ、こうした道路公団等の活動は1990年代に入るまで、大きな批判を浴びることは少なかった。しかしバブル経済の崩壊とともに、税収が伸びるどころか減少するような事態が生じ始めると、道路建設をはじめとする公共事業に対する視線も厳しいものとなってゆく。さらに大都市間を結ぶ高速道路がひととおり完成した後は、採算性に疑問が残る高速道路が建設され続けていた。その結果、道路関係四公団をはじめとする特殊法人に対して、さまざまな指摘や批判がなされるようになったのである。

2．「プール制」「ファミリー企業」「天下り」

　現代の日本社会は産業も生活も高度な物流によって支えられている。特に国

内輸送の要はトラック等を使用した陸上輸送であり、効率的かつ安全な輸送のためには、質の高い道路が必要であることは明らかである。その反面、資源（特にこの場合は、道路の新設、維持、管理に充てられる財源）には限りがある。つまり、道路自体は近代的な社会・経済活動に不可欠なものではあるが際限なく建設できるわけではなく、どの水準の道路をどこまで造るのかについては、（特に財源が縮小する状況下では）政治的な決断が必要になる。しかし日本の政治家（そしてそれを支援する有権者）は、この重要な政治的決断から目を逸らし逃げ続けてきた。その結果、際限なく道路を造り続けるかのようなシステムが構築され、自己増殖を始めるようになったのである。

そこでの最大の問題は、道路が手段ではなく目的となったことである。これにより、利用者が少なかろうが、返済困難な負債が積みあがろうが、お構いなしに経済合理性の低い道路が建設されていく。これを支えたのが「プール制」というしくみである。「プール制」とは、古川（2009, p.109）によれば「路線ごとの供用開始時期によらず全路線の収支を一体的に管理し、債務償還時に全線が無料公開される方式」である。高速道路を建設し始めた当初は、高速道路の路線ごとに収支計算がされていた（つまり収支の合わない路線の建設は困難だった）のであるが、1972年10月以降、原則として高速道路の全路線が一本の道路として収支を計算されるようになった。これによって不採算路線の建設が容易になったのである。

もうひとつ問題とされたのは、公団の非効率な経営である。たとえば多額の税が投入されている公団は膨大な負債を抱えているのに、そこから業務を受注する子会社や子財団は黒字をあげていたこと、なおかつ、公団の役職員がそうした子会社や子財団に「天下り」をしていたことなどが批判の対象となった。公団の業務範囲は法律で厳しく制限されているため、SAやPAの清掃や売店等の運営といった業務を外部に委託せざるをえなかった。しかし、そうした事情があったとしても、特定の子会社等に業務を独占的に請け負わせ、それらの「ファミリー企業」への再就職を繰り返していたとあっては、公共事業の私物化という批判は免れないであろう。政府（道路関係四公団民営化推進委員会事務局（2002, p.2, p.15））の資料によれば、四公団の道路管理に関する外注費3732億

円のうち、その76％にあたる2825億円をファミリー企業が受注していたこと、さらに、こうした「関連企業」が四公団全体で少なくとも137社あったことが指摘されている[3]。

そのほか、建設コストが割高なことや、公団に経営の自律性がないこと[4]なども批判の対象となった。また、「財政投融資」の巨大な受け入れ先となっていることなども批判された。

3 どのように道路関係四公団は民営化されたのか

1．一般的な政策の形成のプロセス

これまで見てきたとおり、道路関係四公団は法律に基づいて設置されており、また、民営化後の特殊会社も法律に基づいて設置されている。つまり民営化を実施するということは、公団の根拠法を廃止し、新たに特殊会社の根拠法を制定するということを意味する[5]。そこでここでは、民営化プロセスを説明するまえに、通常の法案が立案されるまでの一般的なプロセスについて、概略的に説明しておきたい。

通常、法律の原案を立案する作業にあたるのは、所管官庁の担当部局の職員たちであるが、ごく軽微な形式的な法改正を除き、彼らが独断で法律の立案作業にとりかかるわけではない。専門家から助言を得たり、利害関係者の意見もある程度勘案したりしながら原案の方向性を決めていく必要がある。そこで通常は、各府省におかれている審議会に大臣が法案に関する検討課題を諮問する。審議会は、その政策分野の専門家や業界関係者などがメンバーであり、数カ月から数年検討したうえで結論を答申として大臣に提出する。そして多くの場合、この答申に沿って担当部局が政策（法案）の立案作業にあたるのである。

その立案作業も、省内の関連部局、関連する政策分野を所管する他の官庁、あるいは予算を握る財務省や法令の審査を行う内閣法制局などと何度も調整を重ねながら進められていく（西川, 2002）。また官庁ばかりでなく、場合によってはあらためて業界団体などの利害関係者とも調整を行う。さらには、立案担当者が党本部まで出向き、与党議員とも折衝を繰り返し、法案の内容について

与党の了承を得ながら法案化の作業は進められる(猪口・岩井，1987)。こうして立案された法案が閣議決定されたのち、国会に提出されるのである。国会提出前に与党と接触し、法案の内容について了承を得るのは、国会で否決(与党に反対)されるのを避けるためである。

　以上が、かなり簡略化した法案作成プロセスであるが、重要なのは、①審議会でその政策の基本的な方向性を打ち出し、②それをうけて所管官庁が具体的な法律案の作成にとりかかるという、二段階で作業が進められる点である。

2．民営化推進委員会

　道路関係四公団の民営化でも、ほぼ上述と同様のパターンをたどったが、やや異なる点がある。第一は、2001年12月に閣議決定された「特殊法人等整理合理化計画」において、民営化を前提に道路関係四公団は廃止することが予め示されていたことである(表9-4)。ふつうの審議会であれば、公団廃止の是非、あるいは民営化の是非を検討するところから始まるのに対し、道路関係四公団の民営化では、民営化によって具体的にどのような組織を誕生させるのか、事業コストの削減や償還(債務の返済)をどのようにすすめるのか、という政策の

表9-4　「特殊法人等整理合理化計画」(抜粋)

> 日本道路公団、首都高速道路公団、阪神高速道路公団、本州四国連絡橋公団は廃止することとし、四公団に代わる新たな組織、及びその採算性の確保については以下の基本方針の下、内閣に置く「第三者機関」において一体として検討し、その具体的内容を平成14年中にまとめる。
>
> 1．日本道路公団
> (1)　組織
> 　　新たな組織は、民営化を前提とし、平成17年度までの集中改革期間内のできるだけ早期に発足する。
> (2)　事業
> 　①国費は、平成14年度以降、投入しない。
> 　②事業コストは、規格の見直し、競争の導入などにより引下げを図る。
> 　③現行料金を前提とする償還期間は、50年を上限としてコスト引下げ効果などを反映させ、その短縮を目指す。
> 　④新たな組織により建設する路線は、直近の道路需要、今後の経済情勢を織り込んだ費用対効果分析を徹底して行い、優先順位を決定する。
> 　⑤その他の路線の建設、例えば、直轄方式による建設は毎年度の予算編成で検討する。
> 2．首都高速道路公団・阪神高速道路公団
> 　日本道路公団と同時に、同様の民営化を行う。なお、国・地方の役割分担の下、適切な費用負担を行う。
> 3．本州四国連絡橋公団
> 　日本道路公団と同時に民営化する。なお、債務は、確実な償還を行うため、国の道路予算、関係地方公共団体の負担において処理することとし、道路料金の活用も検討する。

細部に関わるところから議論が出発することとなった。

　通常と異なる点の第二は、特殊法人等整理合理化計画にも「内閣に置く『第三者機関』」で検討するよう書かれているように、国土交通省の審議会ではなく、道路関係四公団の民営化を専門に担当する審議機関として「道路関係四公団民営化推進委員会」(以下、委員会) が特別に設置された点である。国交省の審議会が避けられた最大の理由は、四公団を所管する道路局が事務局を担当する審議会では、議論の中立性を確保することが困難と考えられたからである。

　2002年2月15日、道路関係四公団民営化推進委員会設置法案が国会に提出され、6月7日に成立した。同法に基づき、委員会は、同年12月末までに「民営化を前提とした新たな組織及びその採算性の確保に関する事項について調査審議し、その結果に基づき、内閣総理大臣に意見を述べる」(第2条) こととなったのである。

　委員会設置法が可決されると、すぐに委員が任命され[6]、可決から2週間余りで第1回会合 (6月24日) が開催された。第1回会合から同年12月6日の意見書提出まで、全部で35回もの会議と5回の「一日委員会」[7]が開催されている。これだけ高い頻度で開催された背景には、委員会設置法が12月末までの答申を求めていたという事情もあろう。しかし同じ時期 (正確には同年4月から12月) に成田空港の民営化について審議していた交通政策審議会の航空分科会空港整備部会は、全15回の会議で答申している。空港と高速道路では抱えていた問題の深刻さが違うかもしれないが、問題が深刻だったからこそ、委員会では相当精力的に検討作業が進められたと評価すべきであろう。また、委員会での会議はすべて公開するかたちで進められた。当時から会議終了後に議事録を公開する審議会は珍しい存在ではなくなっていたが、中央官庁に設置されている審議会において審議中の会議が公開されるのは当時としては (そして現在も) 異例の措置であったと言える。

　しかし委員会では、中間整理以降、最終的な結論である「意見書」のとりまとめが近づくにつれて、委員間の意見の対立が先鋭化していく。その対立軸はいくつか存在したが、特に重要なのは、高速道路の料金収入を新規建設にまわすべきでないとする委員と、料金収入による新規建設の余地を残したい委員と

の間で最後まで意見の一致がみられなかった点である[8]。通常、こうした審議会では、委員間で意見調整が進められ、最終答申は全会一致で承認されることが多いのであるが、この委員会では異例の展開をみせた。12月6日、委員間の意見がまとまらないことなどを理由に今井委員長が辞任し、会場から退席、残りの6人の委員のうち国交省寄りの主張をしていた委員1名が反対する中、5名の多数決で意見書が決定されたのである。

3. 法案化に向けて

　委員会から提出された意見書は、民営化の中身とその後のスケジュールについて詳細に言及している[9]。相当に長い意見書であるが、その要点をやや強引にまとめると次のとおりである。

- 道路関係四公団を、道路資産を保有する「保有・債務返済機構」（機構）と、機構から道路を借り、道路の運営、建設・維持を行う複数の「新会社」に分割する。
- 新会社は道路を借りるにあたり、機構にリース料を支払う。
- 機構は支払われるリース料を債務返済のみに充当する（つまり高速道路の料金収入を道路建設にはまわさない）。
- 新会社は発足後10年をめどに、機構の所有する道路資産を買い取り、機構は解散する。
- 新会社は特殊会社として発足するが、道路資産買い取り後、早期に完全民営化をめざす。
- 新会社は経営状況、投資採算性に基づき、自主的に新たな道路建設に参画する（「プール制」の廃止）。
- 不採算の高速道路を建設する時は、国と自治体が負担する。

　つまり新会社の経営が安定するまでの10年程度は、道路の保有と管理運営を分離し、保有は機構が、管理運営は新会社が行う（これを「上下分離方式」という）。この間、新会社はリース料を機構に払うが、機構はそのお金を道路建設にはまわせず、借金の返済にしかあてられない。やがて新会社の経営が安定し

たところで、新会社が道路を機構から買い取る。こうして、新会社が道路の保有と管理運営の両方を行う「上下一体方式」に移行してから、やがて新会社は完全民営化されるという流れである。こうして新会社は新たに道路を建設するときは、自社の経営が破たんしないよう、採算性に配慮しながら建設しなければならなくなる。「プール制」が廃止され、市場原理が導入されることによって「無駄な」道路の建設に歯止めがかかるしくみであった。どうしても国や自治体が赤字の高速道路を建設したいときは、高速道路の料金収入には手をつけず、建設を求めている国や自治体の責任で建設することになっていたのである。

　このようなしくみははたして実現したのか。結果からいうと、ほとんど実現しなかった。意見書が出されてから4日後、小泉総理大臣は「道路関係四公団民営化推進委員会の意見について」と題する総理発言を行った（表9-5）。そこには次のような一節がある「今後、この意見を基本的に尊重するとの方針の下、これまでの同委員会の成果を踏まえつつ、審議経過や意見の内容を十分精査し、必要に応じ与党とも協議しながら、政府として改革の具体化に責任をもって取り組んでいきたいと考えている」（傍点筆者、以下同じ）。さらにこう続く「意見を受けての政府の対処方針の具体的な検討に当たっては、とりまとめを扇国土交通大臣にお願いする」。

表9-5　意見書提出から民営化までの主な動き

2002年		
	12月6日	道路関係四公団民営化推進委員会、総理に意見書を提出
	12月10日	総理発言「道路関係四公団民営化推進委員会の意見について」
	12月12日	道路関係四公団民営化に関する政府・与党協議会
	12月17日	閣議決定「道路関係四公団、国際拠点空港、政策金融機関の改革について」
	12月26日	道路関係四公団民営化に関する政府・与党協議会
2003年		
	3月25日	道路関係四公団民営化に関する政府・与党協議会
	11月28日	道路関係四公団民営化に関する政府・与党協議会
	12月11日	国土交通省道路局が都道府県、政令市の意見をとりまとめ
	12月22日	道路関係四公団民営化に関する政府・与党協議会 で「民営化の基本的枠組み」に合意
2004年		
	3月9日	道路関係四公団民営化関係四法案を国会に提出
	6月2日	道路関係四公団民営化関係四法が可決成立（9日に公布）
2005年		
	5月30日	高速道路株式会社の第1回設立委員会
	6月1日	道路関係四公団民営化関係政令・省令の公布
	9月20日	独立行政法人日本高速道路保有・債務返済機構設立委員会
	10月1日	高速道路株式会社、独立行政法人日本高速道路保有・債務返済機構の設立

出典：国土交通省道路局ホームページ「民営化の経緯」（http://www.mlit.go.jp/road/4kou-minei/4kou-minei_4.html）をもとに作成

この総理発言を意訳すると次のようになる。「委員会の意見は『基本的に尊重』であるから、全面的には尊重しない。委員会の成果は踏まえるが、内容を精査し、あらためて与党と協議して政府の方針をとりまとめる。そのときの担当官庁は国土交通省である」。事実、この総理発言以降、国土交通省道路局と自民党との間で「道路関係四公団民営化に関する政府・与党協議会」（協議会）が何度も開催されることになる（表9-5参照）。こうして意見書の提出から約1年後の2003年12月22日には、民営化法案の内容について国交省と自民党が合意し、「道路関係四公団民営化の基本的枠組みについて」が公表された。その内容は、前年に意見書を提出した民営化推進委員会の田中委員長代理と松田委員が、抗議の委員辞職を行うほど、委員会の意見書からかけ離れた内容であった。

　この政府与党間の合意をもとに、国土交通省道路局は「道路関係四公団民営化関係四法案」を立案[10]、2004年3月には国会に提出され、6月に同四法案は可決成立した。そしてこれらの法律に基づき、新会社および保有機構の設立委員会等が組織され、2005年10月、東日本高速道路株式会社（NEXCO東日本）、中日本高速道路株式会社（NEXCO中日本）、西日本高速道路株式会社（NEXCO西日本）、首都高速道路株式会社（首都高速）、阪神高速道路株式会社（阪神高速）、そして、本州四国連絡橋高速道路株式会社（本四高速）の高速各社と、独立行政法人日本高速道路保有・債務返済機構（保有機構）が発足したのである。

4　道路関係四公団の民営化とは

1．民営化の概要

　結局、道路関係四公団は、どのようなしくみに「改革」されたのであろうか。意見書と同様、ごく簡略化して示すと次のとおりである。
・道路関係四公団を、道路資産を保有する保有機構と、保有機構から道路を借り、道路の運営、建設・維持を行う複数の「新会社」に分割する。
・新会社は道路を借りるにあたり、保有機構にリース料（貸付料）を支払う。

ここまでは意見書の内容と同じである。しかし、以下の点が異なる。

・新会社は保有機構の所有する道路資産を買い取らない。
・保有機構は45年以内に債務を返済し、返済が完了したときに解散する。
・新会社は特殊会社として存続する（完全民営化についての規定なし）。
・「プール制」は部分的に存続する。
・新会社は事実上、高速道路の料金収入を道路建設にまわすことができる。また、国と自治体が負担して建設することもできる。

つまり債務の返済が終わるまで、約45年間は「上下分離方式」のままであり、この間に道路会社を完全民営化する可能性は排除された。仮に完全民営化が検討されるとしても、債務返済後である。さらに、プール制が一部存続することになったため、料金収入を新規建設にまわすことが可能になったのである

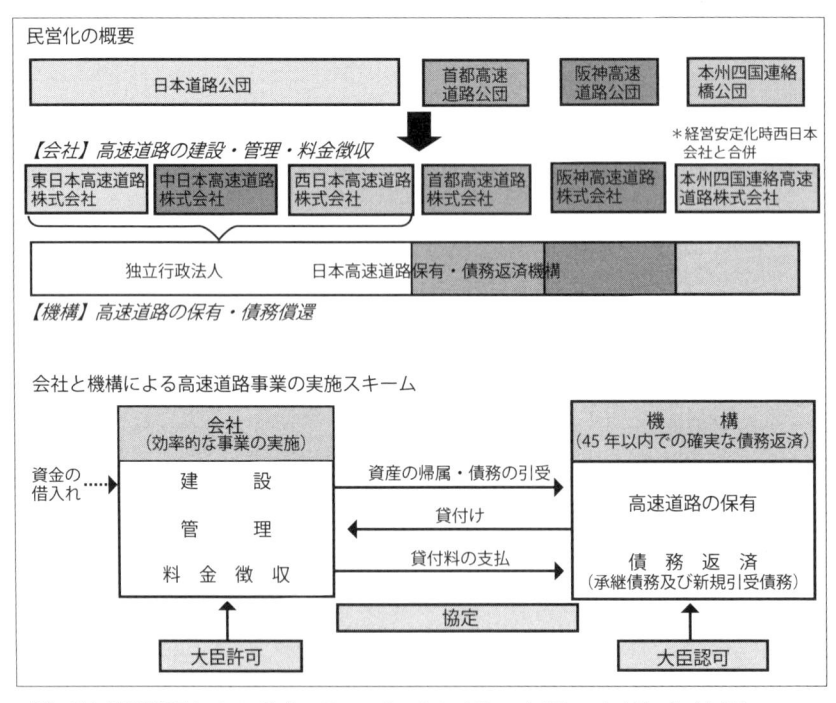

出典：国土交通省道路局ホームページ（http://www.mlit.go.jp/road/4kou-minei/4kou-minei_3.html）より作成

図9-1　民営化の概要と上下分離方式のしくみ

が、この点については本節の**3.**で詳述する。また日本道路公団の抱えていた管理運営業務は、民営化後、3社に分割された。なお、本四公団の管理運営業務を引き継ぐ本四高速は、経営が安定した段階で、NEXCO西日本と合併することとされている（図9-1参照）。

2．高速道路株式会社の特徴

これら民営化後の高速道路株式会社各社についてまとめたのが表9-6である。いずれの会社も民営化にともない、従業員数が公団時代よりもやや減少している。民営化するときに機構や子会社への移動によって生じたものとも考えられるが、民営化後も従業員数は少しずつ減少する傾向にある。また、公団時代に批判された「ファミリー企業」については、有価証券報告書等で把握可能な連結子会社と持分法適用関連会社を掲載したが、連結子会社が合計82社、持分法適用関連会社は合計17社であり、総計で100社近い関連会社を確認することができる。このようにみると、従業員数、ファミリー企業ともに変化してはいるものの、劇的な変化を遂げた、とまでは言えないようである。

表9-6　高速道路会社6社の概要（2012年度）

	NEXCO東日本	NEXCO中日本	NEXCO西日本	首都高速	阪神高速	本四高速
根拠法	高速道路株式会社法					
従業員数	2,192人	2,094人	2,322人	1,093人	701人	387人
純利益	45億円	69億円	28億円	17億円	1億円	5億円
リース料	3816億円	3414億円	3960億円	1886億円	1224億円	430億円
連結子会社	21社	17社	23社	15社	3社	3社
関連会社	7社	14社	6社	0	0	0

備考・従業員数は2012年度末。
・「リース料」とは、機構に支払っている「道路資産賃借料」のこと。
・「関連会社」とは、持分法適用の関連会社のこと。一部の関連会社は、複数の道路会社から関連会社として記載されており、重複がある。
出典：本四高速のみ「連結損益計算書」（2012年度）および2013年6月付の「子会社の経営に関する情報」、その他の会社は2012年度の「有価証券報告書」をもとに筆者作成

また、これら高速道路各社は、「高速道路株式会社法」に基づく特殊会社である。そこで通常の株式会社と特殊会社の違いを端的に示すため、同法で規定されている「国の関与」について主なものを取り上げると、次のようになる。まず、株式については「常時、会社の総株主の議決権の三分の一以上」の政府保有が義務づけられている（第3条）。また、国土交通大臣の認可を受けなければならないこととして、代表取締役等の役員選定等の決議（第9条）、事業計画

(第10条)、社債の発行と1年を超える資金の借り入れ(第11条)、重要な財産の譲渡(第12条)、定款の変更(第13条)が規定されている。さらに国土交通大臣は各社の業務に関し監督上必要な命令をすることができ(第15条)、必要があるときは、国交省職員に道路会社への立ち入り検査をさせることができることも明記されている(第16条)。このように、企業経営の根幹に関わる事項について、所管官庁は株主としてのみならず、法令に基づいた監督権限を有しているのである[11]。

3．プール制の一部存続と復活の可能性

　最後に、高速道路の料金収入と債務の返済、さらに新規建設費用の関係について説明する。まず、本節の1.で見たとおり、機構は高速道路各社に道路を貸し付け、高速道路各社は料金収入の一部を機構にリース料(道路資産賃借料、貸付料)として支払う。このときの貸付料の額や貸付期間、徴収する料金の額や徴収期間については、機構と高速道路各社との間で高速道路ごとに協定を締結しなければならないと独立行政法人日本高速道路保有・債務返済機構法(機構法)の第13条で規定されている。重要なのは、協定で締結すべき内容として「会社が行う管理のうち、新設、改築又は修繕に係る工事の内容」(第13条2号)と「前号に規定する工事に要する費用に係る債務であって、機構が会社から引き受けることとなるものの限度額」(同3号)が含まれている点である。

　高速道路会社が高速道路を新設する場合、いったんは会社が資金の借り入れを行って道路を建設するものの、完成後は、道路とともに債務も機構に移管されることになっている。そのため、あらかじめどの道路を新設するのか、その場合の債務の限度額はいくらか、さらに、それを踏まえたうえで、高速料金とリース料をいくらにするか、すべてセットで協定で決めておくしくみになっているのである。さらに第13条の5項では、この協定は、おおむね5年ごとに実施状況を勘案し、変更を申し出ることができると規定されている。

　つまり、自社の管轄する高速道路の中に多額の黒字をあげる採算性の高い道路がある限り、高速道路を新設する可能性は残されているのである。この意味において、現在でもプール制は部分的に存続していると言える。機構によれば、

現在の協定のまま将来における収支予算を合算していくと、22.6兆円が「新設・改築費、修繕費」として支出され（図9-2）、2050年（平成62年）には、債務が完済される予定のようである（図9-3）。

考慮しておかなければならないのは、全ての債務が機構のもとで一本化されるという点を「活用」してプール制が完全に復活する可能性である。たとえば高速道路A社がどんどん赤字路線を建設し、新たな債務を機構におしつけ、機構は他の高速会社からのリース料を充てることでA社からの新たな債務を弁済する、というケースである。じつは道路民営化関連の法律には、こうした

料金収入等 112.6兆円	計画管理費等 30.6兆円
	国庫納付金 0.25兆円
	支払利息 22.8兆円
	新設・改築費、修繕費 22.6兆円
高速道路利便増進事業に伴う国への債務承継額 3.0兆円	未償還残高＊ 39.1兆円

※本四高速に係る出資金は、その取扱について機構の解散時までに検討することとしているため除外しています。
筆者注：図の左側が収入の内訳。右が支出の内訳。
出典：独立行政法人日本高速道路保有・債務返済機構，2012，p.27 より作成

図 9-2　現協定における収支予算の合算値

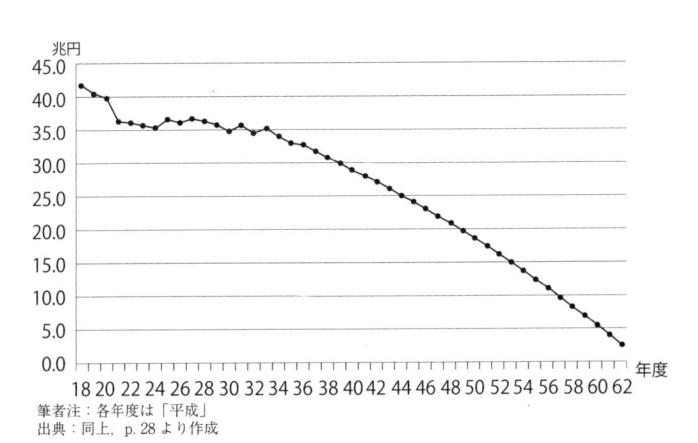

筆者注：各年度は「平成」
出典：同上，p.28 より作成

図 9-3　機構の未償還残高の推移

第9章　道路関係四公団の民営化とその課題

モラルハザードに対応する規定は存在しない。現在、こうした事態が生じるのを防止しているのは、機構に対して国交大臣が定めている「中期目標」だけなのである[12]。この中期目標をよく見ると、「各会社が高速道路の新設、改築等に要する費用に充てるために負担した債務について機構が各会社から引き受ける額は、それぞれ各会社から徴収する貸付料を充てて返済することができる範囲内であること」[13]と定められている。

　この文から「それぞれ」を削除するだけで、プール制を復活させることができることはいうまでもないであろう。機構の場合、現行の中期目標の期間は5年間（2013年度〜2017年度）であるが、次期、新たな中期目標に改定されるとき、この「それぞれ」がなくなっていたとして、道路関係者とごく一部の専門家以外に誰が気付くであろうか。ちなみに改定にあたっては、国会の審査・議決も閣議決定も必要ない。必要なのは国土交通大臣の決定のみである。

4．民営化が残した課題

　以上、ここまで見てきたような、きわめて複雑なしくみを構築したのは道路官僚であると断罪して、道路官僚批判を展開することもできなくはないのであるが、それが本当に問題の本質であろうか。「仮に」道路官僚がきわめて巧妙な策を弄したのだとしても、じつは与党が道路官僚との「政府・与党協議会」には絶対応じないという意思表明をしていれば、あるいは、国会が道路関係四公団民営化関連法案を可決しない、と強硬な態度に出ていれば、道路官僚は手も足もでなかったはずなのである。だからといって問題が、いわゆる「道路族」だけにあるのでもないであろう。そもそも、いくら道路族が有力な族議員だとしても、道路族だけで衆参それぞれの過半数を占めているわけではないし、「道路族」が当選する背景には、そうした道路族に一票を投じる「有権者」が存在することを忘れてはならない。

　道路関係四公団の民営化が議論されていた当時、「改革派」と「抵抗勢力」という色分けが流行した。「改革」「民営化」は「正義」であり、これに少しでも疑問を挟むものは「抵抗勢力」と位置づけられた。改革熱は高まったが、結果的に、「なにが必要なインフラか」「誰がどのような基準に基づき、道路の要

不要について線引きをするか」という議論が煮詰まる機会にはならなかった。そうした「改革」の成果としてもたらされたのが、ここまで見てきた道路関係四公団の民営化である。

　民営化は、一見わかりやすそうな改革手段に見える。しかし、じつはきわめて複雑なしくみをつくりあげ、本質的な議論を回避させる弊害も「民営化」には存在するようである。

1) 三公社民営化では、1985年に日本専売公社（専売）が日本たばこ産業（JT）に、日本電信電話公社（電電公社）が日本電信電話株式会社（NTT）に、また、1987年に日本国有鉄道（国鉄）が6つの旅客鉄道株式会社（JR北海道、JR東日本、JR東海、JR西日本、JR四国、JR九州）と日本貨物鉄道株式会社（JR貨物）に再編された。
　その後、1999年にはNTTが、持ち株会社のNTTと地域会社の東日本電信電話株式会社（NTT東日本）および西日本電信電話株式会社（NTT西日本）に分割されている。さらにJR東日本、東海、近畿は特殊会社からさらに完全民営化されている。
2) 国会答弁をもとに、特殊法人の説明を行ったものとしては、次のようなものがある。「政府が必要な事業を行なおうとする場合、その業務の性質が企業的経営になじむものであり、これを通常の行政機関に担当せしめては、各種の制度上の制約から能率的な経営を期待できないとき等に、特別の法律によって独立の法人を設け、国家的責任を担保するに足る特別の監督を行なうとともに、その他の面では、できる限り経営の自主性と弾力性を認めて能率的経営を行なわせようとするもの」（行政管理研究センター，2002，p.639）。
3) 内訳は、道路公団89社、首都公団16社、阪神公団30社、本四公団2社（道路関係四公団民営化推進委員会，2002，p.15)）。
4) これを「当事者能力の欠如」ともいう。具体的には、道路関係四公団は、道路を建設するかしないかという重要な経営事項について、自主的に決定できる余地がほとんどなく、監督官庁（国土交通省道路局）の指示に従って高速道路を建設し続けるしかなかったことを意味する。
5) 民営化に限らず、まったく新しい政策を導入するときにはその根拠となる新たな法律が必要となる。既存の政策大幅に変更するときも同様に、既存の根拠法の「改正法」が必要となる。
6) 委員の構成は、委員長が今井敬（日本経済団体連合会名誉会長・新日本製鐵代表取締役会長）、委員長代理が田中一昭（拓殖大学政経学部教授・元行政改革委員会事務局長）、以下、委員として、中村英夫（武蔵工業大学学長）、松田昌士（JR東日本会長）、大宅映子（評論家）、猪瀬直樹（作家）、川本裕子（マッキンゼー・アンド・カンパニー　シニア・エクスパート）。
　ただし、今井は、委員会の意見書を決定する直前、意見書の内容に抗議して委員長を辞任（2002年12月6日）、田中と松田は政府と与党が道路関係四公団民営化の枠組みについて合意した際、合意内容に抗議して委員を辞任（2003年12月22日）している。
7) 民営化について「幅広く各界各層の意見を伺う」ため、委員の一部が各地に出向いて開催された。
8) この間の経過について、委員会のメンバーが内部からの視点で描いたものとしては猪瀬（2003）と、その内容にやや批判な田中（2004）がある。また、ジャーナリストが外部から取材し、猪瀬（2003）を批判的に検証したものとして櫻井（2004）がある。なお、猪瀬は民営化実施後、あらためてこの間の経緯を猪瀬（2006）としてまとめている。
9) 原文は首相官邸ホームページの「道路関係四公団民営化推進委員会意見書」（http://www.kantei.go.jp/jp/singi/road/kouhyo/index.html）で閲覧することが可能である。

10) 道路関係四公団民営化関係四法案の内訳は次の通り。高速道路株式会社法案（民営化会社の設立、業務等に関する内容）、独立行政法人日本高速道路保有・債務返済機構法案（機構の設立、業務等に関する内容）、日本道路公団等の民営化に伴う道路関係法律の整備等に関する法律案（会社が有料道路事業を行う場合の手続き等に関する内容）、日本道路公団等民営化関係法施行法案（民営化に伴う経過措置等に関する内容）。
11) 高速道路会社以外のすべての特殊会社がまったく同じ規定のもとにあるわけではないが、おおむね同様の規定を適用されていると考えてよい。
12) 独立行政法人制度における中期目標の役割については、本書第8章を参照。
13) 「独立行政法人日本高速道路保有・債務返済機構　中期目標（第3期）」Ⅲ-2-④-3）

参考文献

猪口孝・岩井奉信『族議員の研究』日本経済新聞社、1987年
猪瀬直樹『道路の権力』文藝春秋、2003年
猪瀬直樹『道路の決着』小学館、2006年
国土交通省「財政投融資に関する基本問題検討会（第8回）説明資料」2007年
（財）行政管理研究センター『特殊法人総覧（平成14年版）』（財）行政管理研究センター、2002年
櫻井よしこ『権力の道化』新潮社、2003年
総務省行政管理局「所管府省別特殊法人一覧」2013年
田中一昭『偽りの民営化』ワック株式会社、2003年
道路関係四公団民営化推進委員会「関連企業に関する参考資料」2002年
独立行政法人日本高速道路保有・債務返済機構『ファクトブック2012』2012年
西尾勝『行政の活動』有斐閣、2000年
西川伸一『立法の中枢　知られざる官庁　新内閣法制局』五月書房、2002年
古川浩太郎「高速道路の通行料金制度—歴史と現状—」『レファレンス』705号、2009年、pp.99-118

本章の内容の一部は、JSPS科研費「『民営化』された政策分野における行政の守備範囲の変容に関する研究」（課題番号：25780097）の助成を受けた研究の成果である。

第10章
日本郵政公社の民営化とその課題

1 郵政民営化と道路関係四公団民営化との違い

　道路関係四公団の民営化では、所管官庁や族議員の主張した内容が民営化法案に反映された[1]。これに対し日本郵政公社の民営化（郵政民営化）では、一部の与党議員が「事業ごとの分社化」と「郵貯事業と生命保険事業の完全民営化」についてきわめて強く反対したが、小泉純一郎総理大臣と彼を支えた竹中平蔵大臣は党内外の反対派の意見をほとんど取り入れることなく、郵政民営化を実現させている[2]。これ以外にも、郵政民営化は、通常の政策立案プロセスはもちろん、道路関係四公団の民営化と比較しても「異例」な点が多い。

・郵政民営化に関する実際の指揮や民営化法案の条文の調整などの実務は、竹中大臣が担当し、民営化法案が可決されるまで、郵政事業の所管官庁である総務省が直接関与できなかったこと。
・参議院での郵政民営化法案の否決直後、衆議院を解散（郵政解散）することによって実施された2005年の総選挙（郵政選挙）で大勝したことによって小泉総理が党内外に強い影響力を行使できるようになったこと。
・民主党政権下の2012年4月、民主党、自民党、公明党の3党が議員立法として提出した郵政民営化改正法案が可決され、同年10月から郵政グループは5社体制から4社体制となるなど、大幅な変更が加えられたこと。

　こうした異例な出来事の多さは、論点の多さを示すものでもある。そこで本章では、まず日本郵政公社の特徴を概略的に触れた後、公社の民営化がどのように立案、決定され、実施されたのか、そのプロセスと、民主党政権下における郵政民営化法案の改正についてとりあげる。そのうえで、現在の経営状態をはじめとする郵政グループの姿、および、郵政民営化が現代に投げかける課題

についてまとめることとしたい。

2　日本郵政公社の設立と民営化法案の立案

1．日本郵政公社の概要

　郵政民営化を掲げて総裁選に勝利した小泉総理であったが、2001年4月に総理に就任した直後からすぐに郵政民営化に取りかかるわけにはいかなかった。というのも、2001年1月6日に実施された中央省庁再編によって「郵政事業庁」が誕生したばかりであり、この郵政事業庁を2003年4月に「公社化」することがすでに法律で定められていたからである。それゆえ2001年6月、総理が開催する私的諮問会議として「郵政三事業の在り方について考える懇談会」(三事業懇談会)を内閣官房に設置したが、この三事業懇談会は民営化に向けた本格的な検討に入る前に、論点整理を行う役割を果たしたのみであり、具体的な法案の立案作業には結び付かなかった。

　まず公社化を実現するため、同年8月には総務大臣の私的諮問機関として「郵政事業の公社化に関する研究会」(公社化研)が設置され、公社の経営形態や郵便事業への民間参入について検討が進められた。公社化研は同年12月に中間報告を、翌2002年8月に最終報告を公表しているが、立法スケジュールが詰まっていたため、主に中間報告の内容に沿うかたちで日本郵政公社法、および、郵便事業に民間参入を認めた信書便法が整備された。これらの法律に基づき、2003年4月1日に日本郵政公社(郵政公社)が発足している。

　郵政公社は「公社」が名称に含まれてはいるが、日本電信電話公社等、かつて三公社と呼ばれた「公共企業体」とはまったく異なる。その主な特徴は次のとおり(表10-1)。

　かつての公共企業体制度は、予算や提供するサービスとその料金等、重要事項の決定に国会が強く関与するしくみであった。そうしたさまざまな決定に国会の承認が必要だったため、与党をはじめとする政治家が公社経営に「介入」することにつながっていたのである。これに対し郵政公社では、国会の関与はなく、4年を1期とする中期経営目標と中期経営計画を策定し、それが達成さ

表 10-1　新旧公社の主な特徴の比較

	日本郵政公社	日本電信電話公社
役員等	・総裁、監事は総務大臣が任命 ・副総裁は総務大臣の認可を受けて総裁が任命 ・理事は総裁が任命	・総裁、副総裁は経営委員会の同意を得て内閣が任命 ・理事は総裁が任命 ・監事は経営委員会が任命 ・経営委員会委員は両議院の同意を得て、内閣が任命
役職員の身分	・国家公務員	・公共企業体職員
計画と評価	・公社は総務大臣の許可を受けて、4年を1期とする中期経営目標、中期経営計画を策定 ・公社は中期経営計画に基づき年度経営計画を策定 ・総務大臣は公社の経営について業績評価を実施	・毎年度、事業計画、資金計画は予算案に添付して郵政大臣に提出。予算とともに国会の議決を要する ・年度終了後5か月以内に、財務諸表を郵政大臣に提出し承認 ・郵政大臣は財務諸表及び予算の実施結果を明らかにした報告書を内閣に提出し、会計検査院の検査を経て国会に提出
監査等	・会計検査院による検査 ・財務諸表および事業報告書は幹事の監査 ・監査法人による監査を実施	・会計検査院の検査 ・幹事の監査
サービス・料金	・サービス提供義務 ・料金について基本的事項は法定し、具体的内容は公社が定め、総務大臣が認可、総務大臣へ届出	・サービス提供義務 ・料金等の主要役務は法定

出典：関連法令をもとに筆者作成

れているか、業績評価を実施することで業務の効率性を向上させることを企図していた。独立行政法人とも類似する制度であるが[3]、独法と異なるのは、評価の結果によって事業の廃止や縮小が行われることは予定されていなかった点、および、国からの運営交付金が公社には交付されず、独立採算が求められていた点である。

2．郵政民営化法案の立案

　2002年8月に公社化研が最終報告を提出した1カ月後の9月、三事業懇談会は「報告書」を提出したが、前述のとおり、論点整理に重点が置かれていた[4]。三事業懇談会以降、郵政民営化を検討する場となったのは、経済財政諮問会議である。2003年10月3日、「郵政民営化について」が議事に掲げられ、意見交

換が行われた。このとき、「『官から民へ』の実践による経済活性化を実現する」活性化原則等、5つの原則が了承されている[5]。これ以降、経済財政諮問会議は2004年10月まで、断続的に十数回程度、郵政民営化について議論を行った。しかし会議の議員であり司会を務めた竹中大臣は、反対者によって議事が紛糾することを避けるため、制度設計に関する具体的な議論はあまり進められなかった、としている[6]。小泉内閣成立から3周年目にあたる2004年4月26日、内閣官房に郵政民営化準備室が発足しているが、「郵政民営化の基本方針」（基本方針）が経済財政諮問会議で決定されたのは9月に入ってからであった。

　この基本方針では、持ち株会社のもとに「窓口ネットワーク会社」「郵便事業会社」「郵便貯金会社」「郵便保険会社」を置き、しかも、「郵便貯金会社、郵便保険会社については、移行期間中に株式を売却し、民有民営を実現する」ことを明記している。のちに実施された民営化と比較しても、その中心的内容のほとんどが実現していることは、あらためて確認しておく必要があろう。

　この基本方針は自民党の一部に反対者を抱えたまま、9月10日に閣議決定され、竹中郵政担当大臣の下で法案化が進められていく[7]。そして2005年4月27日、小泉内閣は郵政民営化法案の国会提出を閣議決定したが、その内容について自民党の了承を得られてはいなかった。同日、総務会は全会一致の慣例を破り、多数決で法案の国会提出のみを了承していたのである。

3．国会での審議と郵政解散

　郵政民営化法案の国会提出後、衆議院には「郵政民営化に関する特別委員会（郵政特別委）」が設置され[8]、5月26日から民営化法案の審議が始まった。委員会の審議では、郵便局数減少の可能性や、分社化によって郵貯等の金融サービスが受けられなくなる地域が出ることへの懸念、収益性に対する懸念などが示された。109時間にも及んだ審議を経て、7月4日、郵政特別委で同法案は可決され、翌日の衆議院本会議で採決にかけられた。その結果は賛成233、反対228というわずか5票差での可決であった。

　衆議院での可決後、参議院においても郵政民営化に関する特別委員会が設置され、7月13日から80時間もの審議が特別委で行われた[9]。しかし郵政特別

委では8月5日に賛成多数で可決されたものの、8日の参院本会議では、賛成108、反対125で否決となってしまった。この結果に対し、小泉総理は同日午後3時から臨時閣議を招集し、衆議院の解散を議題にかけるという行動に出た。参議院の出した結論に対して、衆議院の解散、総選挙を通じて民意を問うことについては、解散権行使の正当性や論理的な整合性の点から疑問が残る。当時も大いに論争になったが、小泉総理は、最後まで衆院解散に反対した島村宜伸農林水産大臣を罷免し、衆議院解散を閣議決定したのである。

第44回衆議院議員総選挙は8月30日に告示された。この総選挙は「郵政選挙」とも呼ばれたように、郵政民営化についての賛否が最大の争点となった。自民党執行部は、衆議院本会議での採決で反対票を投じた議員を公認しなかったため、これらの議員たちは「国民新党」や「新党日本」といった新党を立ち上げて立候補しなければならなかった。さらに自民党は、そうした候補のいる選挙区には、郵政民営化に賛同する候補者に新たに公認を与えて擁立するなど、徹底して対決する姿勢をとった。メディアは、民営化に反対したベテラン議員と、新たに擁立された「刺客」候補との選挙戦を連日報じるなどしたため、結果的に、選挙の争点が郵政民営化の賛否を問うことにある、という構図を強化する役割を果たしたと言える。

4．法案の成立と準備企画会社

9月11日に行われた投票の結果、民主党113議席に対し、自民党は296議席を獲得し、圧倒的な勝利を収めることとなった。これにより小泉総理は、郵政民営化について国民の信任が得られたとし、9月21日、あらためて郵政民営化法案を国会に提出した。同法案は、郵政解散、総選挙で可決時期が遅れたことから、民営化の実施時期を2007年4月から同年10月に変更したが、それ以外の内容については一切修正されることなく、前回同様の内容で国会に提出されている。しかし国民の信任を得たとされた郵政民営化法案は前回と異なり、迅速に審議され、10月14日、提出から1カ月もたたないうちに可決成立した。

10月31日、内閣改造が行われ竹中は郵政民営化担当大臣を留任し、経済財政担当大臣を離任、そしてあらたに総務大臣に就任した。総務省は郵政事業を

所管する官庁である。郵政改革法案が成立するまでの段階では民営化の道筋をつける役割は郵政民営化担当大臣にあったが、同法が成立して以降の段階では、総務大臣が民営化を執行させ、監督する責任者となる。民営化の実施に向けた手続きやその準備についても、竹中総務相が監督することとなったのである。

　竹中（2006, pp.234-235）によれば、彼は総務相に就任する前から、民営化までその準備を進めるための「準備企画会社」（名称は日本郵政株式会社、民営化後は分割された各会社の持ち株会社として郵政グループを統括する）の役員や発起人を誰にするかについて内々に選考を進めていたようである[10]。そうした水面下での調整を経て、11月11日、小泉総理が西川善文三井住友銀行元頭取に準備企画会社の社長就任を要請し、西川元頭取もこれを受諾した。また12月26日には、郵政民営化のプロセスを監視し、民営化後は経営についてチェックする「郵政民営化委員会」のメンバーが発表された。

　そして年が明けて間もない2006年1月23日、日本郵政株式会社が準備企画会社として発足したのである。半年後の7月31日、日本郵政株式会社から総務省に「継承計画の骨格」が提出され、どのように事業を継続させるかについて方針が示されるとともに、郵政公社の分割によって新たに誕生する4つの事業会社の社長等の役員についても、同日に発表が行われた。こうして民営化後の姿とトップを決定したのち、自民党総裁の任期満了にともない、小泉総理は総理を辞職、内閣は退陣したのである[11]。

3　郵政民営化とその「見直し」

1．民営化された当初の特徴

　小泉内閣の退陣から約1年後の2007年10月1日、郵政民営化は実施され、日本郵政株式会社の下、郵便事業を扱う「郵便事業株式会社（郵便事業）」、郵便貯金を扱う「株式会社ゆうちょ銀行（ゆうちょ）」、生命保険業務を行う「株式会社かんぽ生命保険（かんぽ）」、それらの事業に郵便局とその窓口を提供する「郵便局株式会社（郵便局）」、そして、民営化以前に契約された郵便貯金（定期などが対象、通常貯金は除く）や生命保険について継承し、管理する「独立行政

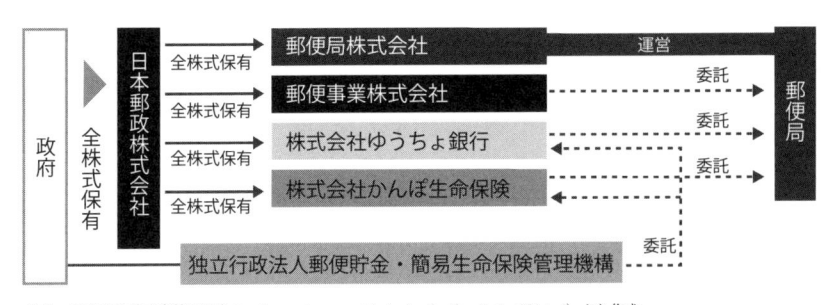

出典：日本郵政株式会社ＨＰ（http://www.japanpost.jp/privatization/index03.html）より作成

図10-1　郵政民営化当初の姿（2007年10月時点）

法人郵便貯金・簡易生命保険管理機構」[12]に分割された（図10-1）。

2007年に実施された郵政民営化の特徴は、次の3点に集約される。

第一に、それまで郵政公社が運営していた事業を4つに分割し、それを持ち株会社に保有させるというしくみをとったという点である。郵政三事業（郵便、郵貯、簡保）および、その窓口となる郵便局の4つに分割されたのは、仮にひとつの事業が悪化しても、それが他の事業に悪影響を及ぼさないようリスクを相互に遮断するためである。ただし、それら事業会社の経営の一体性を確保するため、日本郵政が事業会社の株式を保有し、その持ち株会社の株式を政府が保有するという方式がとられた。政府は事業会社の株式を直接は保有しないため、事業会社の株主としては影響力を行使できないということになる。

第二に、日本郵政、郵便事業、郵便局の3社は「特殊会社」として設立されたが、ゆうちょは銀行法に基づき銀行業の免許を、かんぽは保険業法に基づき生命保険業の免許を付与された通常の株式会社としてスタートしたという点である。つまり日本郵政、郵便事業、郵便局にはそれぞれ設置根拠法が存在し[13]、所管官庁（当時は総務省郵政行政局[14]）が設置根拠法によって事業計画や定款の変更等について認可し、監督する権限を有していたが、ゆうちょとかんぽについてはこうした法的権限が民営化当初から存在しなかった。ゆうちょとかんぽは他の銀行や生命保険会社と同じルールのもとで経営できるように設計されていたのである。

そして第三の特徴として、10年後にゆうちょとかんぽの完全民営化を行う

ことがプログラムされていた点を挙げることができる。この2007年の段階では、日本郵政が保有するゆうちょとかんぽの株式について、2017年9月30日までに全株を処分することが、郵政民営化法第7条で義務づけられていたのである。この規定がそのまま実施されれば、ゆうちょとかんぽはJR東日本などと同様に、完全な民間企業となるはずであった。

　郵政民営化法については立案から成立まで、強い反対者がいたことは前節でとりあげたとおりであるが、特に郵政族の反発を招いたのは、上記の第二と第三の特徴であった[15]。特殊会社ではないゆうちょとかんぽの株式を全株売却してしまえば、ゆうちょとかんぽは郵政グループから抜け出し、「私企業」として自社の収益の最大化をめざすことが株主への責任となる。また、ゆうちょとかんぽがそうした経営方針を選択することについて、総務省は直接、間接ともに関与、監督することができなくなるということでもある。この点について、影響力を残したい郵政族議員や郵政官僚が危機感をもって反発したのである。

2．民主党政権による郵政民営化の見直し

　小泉総理は解散総選挙で大勝することによって族議員等の反発を抑え、郵政民営化法案を可決させた。しかし郵政解散から約4年後の2009年8月30日に実施された第45回総選挙では、民主党308、自民党119と、マニフェストで「郵政事業を抜本的に見直す」ことを掲げていた民主党が大勝して政権を担当することとなった[16]。また、民主党は参議院で単独過半数を占めていなかったため、郵政民営化に否定的な立場をとっていた社民党、および、郵政民営化を巡って自民党を離党した議員によって立ち上げられた国民新党と連立政権を組むにいたったのである。

　鳩山由紀夫政権は、10月20日、「持株会社・4社体制を見直し、経営形態を再編成する」ことなどを軸とした「郵政改革の基本方針」を閣議決定した。また、同月28日には西川日本郵政社長を辞任させ、後任として元大蔵事務次官の齋藤次郎東京金融取引所社長を就任させた。さらに12月には、「日本郵政株式会社、郵便貯金銀行及び郵便保険会社の株式の処分の停止等に関する法律」を成立させ、日本郵政およびゆうちょとかんぽの株式の売却を法的に停止する

とともに、日本郵政がかんぽの宿等を売却することを禁じた。

ただし、郵政民営化そのものの大幅な見直しについては、容易に進展しなかった。2010年4月30日、「郵政改革関連3法案」が閣議決定され衆議院に提出された。同法案は、郵便事業、郵便局を日本郵政に合併させ、ゆうちょとかんぽの株式の3分の1以上を日本郵政に保有させることを軸とした内容であったが、審議未了廃案となっている。その後、10月同様の法案を国会に提出しているが、翌々年の2012年1月からの通常国会まで5会期にわたって継続審議となるなど、事実上、たなざらしされた状態にあった。

しかし2011年3月の東日本大震災が状況を一変させる。売却を凍結されていた日本郵政の政府保有株が、復興財源のひとつとして位置づけられるようになったためである。2012年3月30日、野田内閣は2010年から民主党政権が内閣提出法案として提出していた郵政改革関連3法案の撤回を閣議決定し、衆議院本会議はこれを承諾した。そして同日、民主、自民、公明の3党は、「郵政民営化法等の一部を改正する等の法律案」(郵政民営化改正法案) を議員提出法案として衆議院へ提出、4月27日に可決成立させたのである。

3．改正法の内容

改正法によって、変更されたのは主に次の点である (図10-2参照)。第一に、郵便事業と郵便局の2社が新たに「日本郵便株式会社」として1社に統合されることとなった。第二に、ゆうちょとかんぽの株式を日本郵政が全株売却することになっているものの、2017年9月末までとしていた売却期限がなくなり、「できる限り早期に処分」することとなった。第三に、貯金、保険の金融業務をユニバーサルサービスとして位置づけ、郵便局で一体的に提供する責務を日本郵政と日本郵便に課すこととされた。

小泉政権当時、特に強く反対派から反発を受けた部分が、今回の改正で変更されており、全体として、完全民営化を先延ばしし、3事業の一体性を強化する内容となっている。この郵政民営化改正法は2012年10月から施行され、郵政グループは5社体制から4社体制となった。

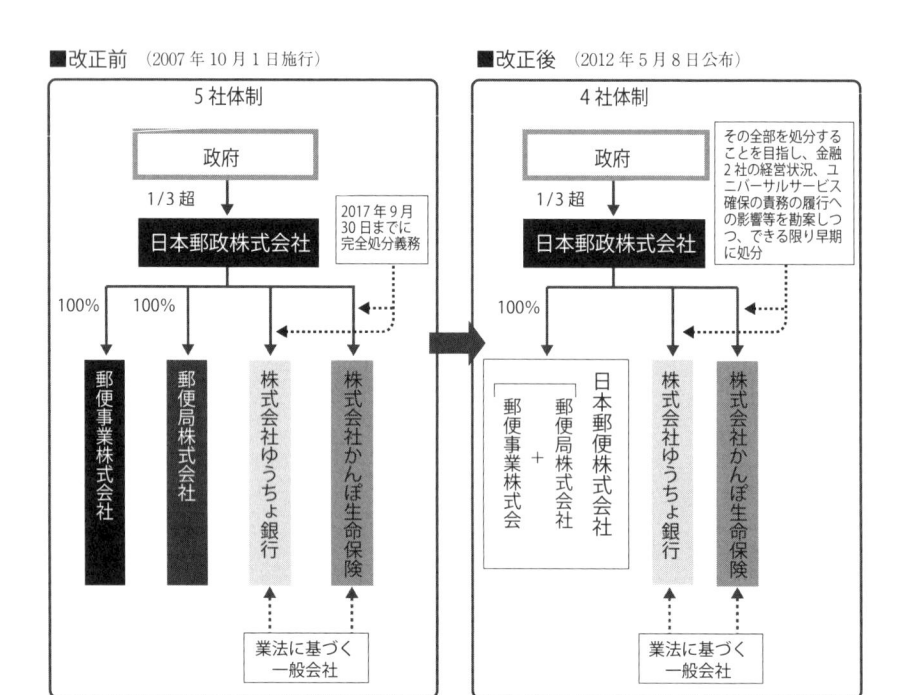

■改正前（2007年10月1日施行）　　　　　■改正後（2012年5月8日公布）

出典：日本郵政株式会社HP（http://www.japanpost.jp/privatization/index02.html）より作成

図10-2　郵政改革法による変更点

4　郵政民営化とは何だったのか

1．郵政関連4社の経営状況

　最後に、郵政グループの経営状況と決定プロセスについてまとめておきたい。まず、郵政グループの経営状況についてであるが、2012年度のデータでは、主に売上によって占められる経常収益はグループ全体で16兆円近くに及んでおり、そのうち12兆円近くをかんぽが占めているのが特徴的である（表10-2）。また、日本郵政、日本郵便、ゆうちょのいずれの会社も黒字ではあるが、日本郵便の郵便事業と郵便局事業はともに経常収益が1兆円を超えているにもかかわらず、300億円前後の純利益しか出せていない。これを時系列にみると、持株会社の日本郵政は別として、かんぽとゆうちょが着実に利益額を伸ばしてい

るにもかかわらず、郵便局事業は一貫して低下していることがわかる（図10-3）。さらに郵便事業にいたっては、他社の採算の悪化していた宅配便事業（ペリカン便）を継承したために、一時的ではあるが2010年度には、890億円もの経常損失を計上している。

表10-2　郵政グループの経営状況（2012年度）　　　　　　　　　　　　単位億円

	日本郵政グループ	日本郵政	日本郵便 郵便事業	日本郵便 郵便局事業	ゆうちょ銀行	かんぽ生命保険
経常収益	15兆8,491	2,687	1兆7,731	1兆2,103	2兆1,258	11兆8,349
経常利益	1兆2,250	1,256	478	322	5,935	5,293
当期純利益	5,627	1,452	311	289	3,739	910

出典　日本郵政株式会社，2013，p.20より作成

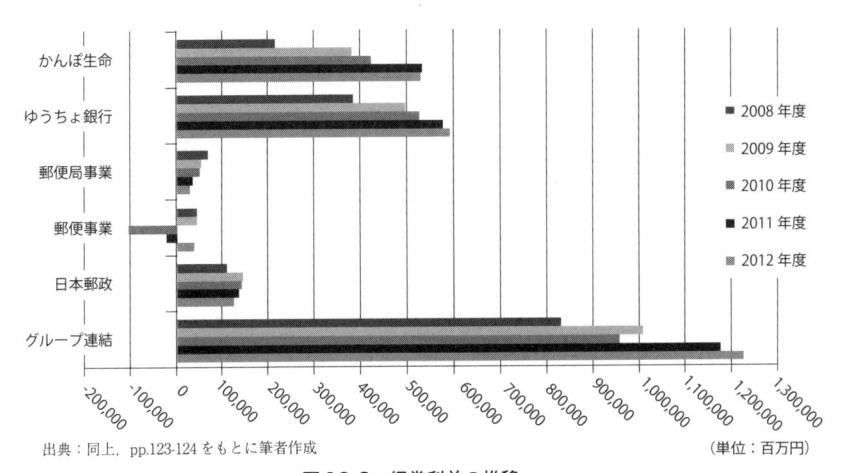

図10-3　経常利益の推移

ゆうちょやかんぽも安泰というわけではない。たとえば日本郵政グループ（2013）によれば、ゆうちょの貯金残高は民営化直前の2007年9月時点では186.5兆円だったが、2013年3月には176兆円と約10兆円減少している。また、かんぽの保険契約件数についてみると、民営化時5518万件あった契約が、2013年3月には3681万件とわずか5年で2000万件近く減少した。なお、これら金融事業における運用先であるが、ゆうちょでは、運用資産の69.9％にあたる138兆1987億円が、かんぽでは62.4％にあたる56兆4726億円が国債で占められている。

第10章　日本郵政公社の民営化とその課題　　179

郵便事業においても、eメール等の普及にともない、事業規模の縮小は起きている。2008年度、郵便物とゆうメール、ゆうパックを合計した総取扱物数は239億3000万通だったが、2012年度は約16億通減の223億4600万通であった（日本郵政グループ，2013，p.3)。人件費の圧縮や新規事業の開拓等の経営努力によってグループ全体の経常利益は増加してきているとはいえ、こうした事業そのものの縮小傾向が急に好転するわけではないであろう。

２．郵政民営化における特徴と課題

　郵政民営化の立案、決定プロセスについては、その特徴として次の点を指摘することができる。

　第一に、通常、法律案の立案はその政策分野を所管する官庁やその官庁の審議会が担当するのに対し、郵政民営化では全く別の機関が担当したという点である。郵政関連の法案を立案する場合、当時であれば、原案の方向性を総務省の郵政行政審議会で審議したのち、条文の作成等は、総務省郵政行政局（現在は「郵政行政部」）が担当するのが通例であった。しかし、従来の制度を大きく変更する郵政民営化法案の立案を、民営化に積極的でなかった同局が担当するのは不適切であると判断され、郵政民営化法案では原案の立案を経済財政諮問会議が、民営化法案の立案については内閣官房に「郵政民営化準備室」が新設され、この組織が担当することとなった。

　第二は、郵政民営化準備室を所管する郵政民営化担当大臣が設置され、任命された竹中大臣が、法案の内容についてこと細かに関与したという点である。一般的に、各省を所管する大臣は、法案作成について大まかな方針を示したり、立案作業を監督したりすることはあっても、自ら立案作業の陣頭指揮をとり、微細な点にまで介入することはなかった。しかし竹中民営化担当相は、経済財政諮問会議の場では、民営化する際の原則や基本方針の原案を自ら提案し、民営化準備室の職員に民営化法案の具体的内容を指示し、さらに自民党議員との折衝にもあたったのである。

　第三に、竹中大臣が民営化の骨子や法案の作成にあたったのは事実であるが、そのために必要な膨大な準備や検討作業には、竹中大臣のブレーン組織として

「内輪のグループ」を活用した点である。竹中（2006, p.155）によれば、「私は、この内輪グループを『ゲリラ部隊』と呼んだ。（中略）私と秘書官、そして郵政改革を担う志ある官僚、そして経済・財政の専門家——。常時集まる人数は10人弱だったが、世界最大の民営化に挑戦するゲリラ部隊は、基本方針の作成・決定のみならず、その後の郵政民営化全体を推進する主体となったのである」としているように、郵政民営化準備室が設置される前から「ゲリラ部隊」を活用することで郵政民営化の原案を立案し、準備室設置後も準備室が作成した法案のチェックを「ゲリラ部隊」とともに行うことで、民営化のプロセスをコントロールしていたのである。

そして第四に、郵政民営化では道路関係四公団の民営化のときと異なり、小泉総理は反対派に非妥協的な態度をとりつづけ、最後は「郵政解散」により総選挙を国民投票のようなかたちで利用することで反対派を圧倒したという点である。国会が1年間に審議する法律案は数百本にも及ぶ。それに対して、郵政民営化に関する法案はわずか6本で構成されている。年間数百本もの法案を審議する国民の代表を、6本の法案への賛否で選出することが果たして妥当と言えるのであろうか。争点を極端に単純化、単一化することは、その他の政策課題を軽視することにつながる可能性がある。

その反面、自らの望む政策を実現するには、総理大臣といえども政策の内容によっては、こうしたかたちで与党内の異論を封じ込めないと達成できないことをこの事例は示している。その意味では、公共政策の決定のあり方について、現代においても重要な課題を問いかけている事例であろう。

1）小泉政権による一連の改革を分析した上川（2010, p. iv）によれば、「小泉構造改革とは『まやかしの改革』にすぎないといった批判が、多くの識者によってなされていた。その典型例として頻繁に挙げられたのが、道路公団の民営化である」と評し、小泉総理が自民党内と政府内での支配を強固に確立したのは、2005年の「郵政選挙」以降であったとしている（上川, 2010, p.205）。
2）竹中は慶應義塾大学教授であったが、2001年4月の小泉政権成立とともに経済財政担当大臣に就任し、民間人として入閣して以降、小泉内閣の退陣まできわめて長期にわたり国務大臣として在籍した。2002年9月から金融担当大臣を兼任し、不良債権処理にあたったが、郵政民営化が本格的に検討され始めた時期からは、郵政民営化の企画立案から実施までを監督する立場にあった。
　　具体的には次の通り。2004年9月、金融担当を離任、経済財政担当大臣と郵政民営化担当大臣を兼任。郵政民営化法案が成立して間もない2005年10月、経済財政担当大臣を離任、郵政公社および郵政民営化の実施を所管する総務大臣と郵政民営化担当大臣を兼任し民営化の実施を監督。

3）中央省庁の再編や独法の導入、郵政公社の設置等を提言した行政改革会議の「最終報告書」では、郵政公社のしくみについて「独立行政法人の仕組みのうち、中期的目標管理、評価など、新型公社においても応用可能なものについては、極力取り入れる」としている（行政改革会議，2007）。
4）同報告書では、具体的民営化案の類型として、「特殊会社」「三事業を維持する完全民営化」「郵貯・簡保廃止による完全民営化」の3案が示されている。
5）当時経済財政担当大臣であった竹中大臣自身が当日「郵政民営化の検討に当たってのポイント」と題したペーパーを配布し、提案したもので、次の5つの原則から構成される。
   1. 「官から民へ」の実践による経済活性化を実現する（活性化原則）
   2. 構造改革全体との整合性のとれた改革を行う（整合性原則）
   3. 国民にとっての利便性に配慮した形で改革を行う（利便性原則）
   4. 郵政公社が有するネットワーク等のリソースを活用する形で改革を行う（資源活用原則）
   5. 郵政公社の雇用には、十分配慮する（配慮原則）
6）たとえば竹中（2006, p.159）では「どのように民営化するかについての建設的な議論にするため、また政治的な摩擦を避けるため、私は、"組織"のあり方に関する議論を避け、もっぱら"機能"の議論に徹することに努めた」としている。
7）閣議決定後の9月27日、内閣改造によって、竹中は経済財政担当大臣は留任したまま、金融担当大臣を辞め、郵政民営化担当大臣を兼任した。
8）衆院郵政民営化特別委員会の委員長は二階俊博、与党筆頭理事は山崎拓であった。いずれも小泉総理に近い議員である。
9）参議院郵政民営化特別委員会では、委員長に陣内孝雄、与党筆頭理事に市川一朗、与党理事に世耕弘成が就任した。
10）発起人の選考等の準備は、竹中とは別に総務官僚も進めていたようである。竹中（2006, pp.234-235）によれば、「準備企画会社の設立総会をいつ開くか、そして発起人のメンバーを誰にするかについて、総務省が私や郵政民営化準備室に相談なく、準備を進めていることが明らかになった（中略）事情を知った総理は、直ちに内閣改造前の発起人会議を中止するよう、総務省に命じた」という。
11）竹中総務相はこの退陣とともに、参議院議員の職も辞した。
12）独立行政法人郵便貯金・簡易生命保険管理機構は、民営化以前に契約が行われた貯金や簡保を管理するために設置された法人である。郵政公社時代までは、これらの貯金等に「政府保証」がついていた。民営化されて誕生する「民間企業」がそうした資金を直接管理すると、ずさんな資金運用をして巨額の損失が生じても、その損失を政府が保証することになることから、無責任な運用をしても構わないという「モラルハザード」が生じる可能性があった。そこで公社時代の資金を民営化された企業が直接管理するのを避けるため、同法人が設置されたのである。ただし、同法人は巨額の資金の運用をゆうちょとかんぽに委託しており、職員数（2012年11月時点）は40名である（一般財団法人行政管理研究センター，2013, p.27）。
13）2012年10月に改正法が施行されるまでは、それぞれ、日本郵政株式会社法、郵便事業株式会社法、郵便局株式会社法が根拠法として存在した。
14）2008年7月より総務省情報流通行政局に「郵政行政部」として再編された（一般財団法人行政管理研究センター，2008, p.29）。
15）竹中（2006, pp.188-193）によれば、郵政民営化法案の内容について、2005年4月2日と3日の二日間にわたって総理官邸で関係閣僚会議が開催されたが、麻生太郎総務大臣がゆうちょとかんぽの全株売却に最後まで難色を示し、最終的に小泉総理が全株処分の方針を指示したこと、あるいは、同年6月27日、衆議院での採決に先立って片山虎之助参院幹事長らが総理執務室を訪ね、株式持ち合いについて修正を求めるも、小泉総理が拒否したことなどが記録されている。
16）民主党（2009）では「具体策」として、株式売却の凍結、郵政事業の4分社化の見直し、郵便局

における郵政三事業の一体的サービス提供の保障の3つを掲げている。

参考文献

一般財団法人行政管理研究センター『平成20年度版行政機構図』2008年
一般財団法人行政管理研究センター『独立行政法人・特殊法人総覧』2013年
上川龍之進『小泉改革の政治学——小泉純一郎は本当に「強い首相」だったのか』東洋経済新報社、2010年
行政改革会議「最終報告」1997年
総務省『情報通信白書』2012年
竹中平蔵『構造改革の真実　竹中平蔵大臣日誌』日本経済新聞出版社、2006年
日本郵政株式会社「日本郵政グループディスクロージャー誌」2013年
日本郵政グループ「平成25年3月期決算の概要」2013年
橋本賢治「郵政事業の抜本的見直しに向けて〜郵政改革関連3法案〜」『立法と行政』第305号、2010年、pp.3-24
橋本賢治「郵政民営化法等改正法の成立—郵政事業の見直しに着手—」『立法と行政』第332号、2012年、pp.3-34

本章の内容の一部は、JSPS科研費「『民営化』された政策分野における行政の守備範囲の変容に関する研究」（課題番号：25780097）の助成を受けた研究の成果である。

第11章
日本における政策評価の動向と特質

1 日本における政策評価導入の背景

1．政策サイクルにおける「評価」

　従来は、政策過程において、計画を立てて、実行し、その結果を振り返り、反省点や成果を次の仕事の計画に活かすという考え方、すなわち、計画（Plan）→実行（Do）→評価（See）のサイクルを繰り返すことでレベルアップしていこうという考え方が主流であり、これをPDSサイクルと呼んでいた。

　近年では、従来のPDS型の行政のサイクルに対して、計画（Plan）→実施（Do）→点検（Check）→改善（Action）というPDCA型の行政のサイクルが主張され、これが定着してきている。これによれば、旧来のPDS型の「評価」が「点検」と「改善」の2つに分かれ、「点検」の結果を「改善」してから、さらにその結果を「計画」に反映させようという考え方で、PDS型よりも評価段階を重要視したモデルと言うことができよう。

　さらに、PDS型に外部からのチェック機能や住民参加の要素を取り入れれば、「新たな行政サイクル」に示したようなモデルも考えられよう。すなわち、今日における広報・広聴機能や行政情報公開制度さらにはパブリックコメント制度などの有機的な活用により、さまざまなステージや手法でこれをチェック

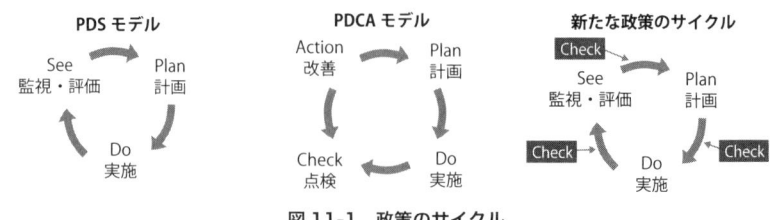

図 11-1　政策のサイクル

する機会が増大している。

２．政策評価の定義

　政策評価は、わが国においても決して新しい概念ではない。1976年には、加藤芳太郎が政策（プログラム）評価の重要性を唱え、同年に西尾勝が『政策評価と管理評価』を著し、1979年には、大森弥が、政策の循環モデルの理論的整理をする中で、政策循環過程に「政策評価」を位置づけていた。その意味では、30年以上も前からわが国の行政学研究者によって「政策評価」という用語が使用されていたと言えよう（外山, 2011, p.176）。

　この用語が、わが国で注目されてきた背景には、ニュー・パブリック・マネジメント（New Public Management = NPM）の考えが、日本の行政運営に1990年代半ばより注目され、導入されたことが挙げられる。周知のように、この理論もかなり多義性を有しているが、一般には、1980年代の半ば以降、イギリス、ニュージーランドなどのアングロ・サクソン系諸国を中心として行政実務の現場を通じて形成された革新的な行政運営理論とされ、その特質は、民間企業における経営理念・手法や成功事例などを可能な限り行政現場に導入することを通じて行政部門の能率化・活性化を図ることにあるとされている。

　政策評価という言葉は、その定義や対象にかなりの幅があり多義性を帯びているが、一般的には「行政機関が主体となり、一定の指標により自らの行政活動を評価し、その成果を行政運営の改善につなげていくこと、そして行政活動のなかにシステムとして組み込んで実施すること」と定義することができる（外山, 2011, p.176）。また、法律的には、後述するように「行政機関が行う政策の評価に関する法律」（以下、政策評価法とする）で定義されている。

　実務の分野では、1999年から当時の自治省（現総務省）が実施している「地方公共団体における行政評価の取組状況」において、行政評価、政策評価、施策評価、事務事業評価について次のように説明している。すなわち、「行政評価」とは、政策、施策、事務事業について、事前、事中、事後を問わず、一定の基準、指標をもって、妥当性、達成度や成果を判定するものをいう。また、「政策」とは大局的な見地から地方公共団体が目指すべき方向や目的を示すも

の、「施策」とは政策目的を達成するための方策、「事務事業」とは施策目的を達成するための具体的な手段としている。「事業仕分け」とは、事務事業や予算項目ごとに、それぞれの必要性や実施主体について、外部の視点も含めた公開の場での評価を行っているものとしている。

3．制度導入の背景

わが国において政策評価が国や地方レベルで導入された背景には、次のようなものが挙げられる。第一に国・地方ともに莫大な負債を背負っているという深刻な財政危機がある。そのため、財政運営を効率化すること、無駄な事業を削減すること、事業の重点化などが必要となっていた。第二に行政に対する信頼性の欠如である。相次ぐ行政の不祥事により行政に対する国民の信頼は低下傾向にあるため、行政運営の透明性を確保し、アカウンタビリティを遂行することが急務となっていた。第三に行政サービスの質的向上のために、国民あるいは住民の要望に応じた行政サービスの提供、行政運営が求められるようになったことである。このことにより、これまで以上に国民・住民に密着した行政運営の実現が必要となった。さらに、地方レベルにおいては、これに加えて、地方分権化が進展する中で、地方公共団体の自立的な政策形成、政策立案能力の育成が求められることになったことも挙げられよう。

このような背景のもと、行政は国民的視点に立脚し、国内外の社会経済情勢の変化を踏まえて、客観的な政策の評価機能を強化する必要が生じてきた。政策の効果の検証など科学的な知見を活用することで、合理的手法に基づく測定または分析が行われ、一定の尺度で客観的な判断を行うことが重要となり、政策の企画立案や実施を的確に行うことに有用な情報が提供され、政策に不断の見直しや改善を加えられることが必要となったのである。

2　国レベルの政策評価と行政評価・監視

1．制度導入の経緯

社会情勢の変化によって新たな行政改革が求められる中、1996年に設置さ

れた行政改革会議は、翌年12月に最終報告を提出し、その中で「従来、わが国の行政においては、法律の制定や予算の獲得等に重点が置かれ、その効果やその後の社会経済情勢の変化に基づき政策を積極的に見直すといった評価機能は軽視されがちであった」ことが指摘され、「評価機能の充実・強化」が提言され、中央省庁改革の柱のひとつとして政策評価制度の導入が位置づけられた。これに基づき中央省庁等改革基本法、国家行政組織法、内閣府法、各省設置法などが成立ないし改正され、この中に「評価機能の充実・強化」が盛り込まれる形となった（伊多波, 2009, pp.2-3）。

　1998年6月に成立した中央省庁等改革基本法に盛り込まれた評価機能の充実・強化を見ていくと、第4条第6号で規定した「国民的視点に立ち、かつ、内外の社会経済情勢の変化を踏まえた客観的な政策評価機能を強化するとともに、評価の結果が政策に適切に反映されるようにすること」という基本方針を踏まえ、同法第29条で①府省において、それぞれ、その政策について厳正かつ客観的な評価を行うための明確な位置づけを与えられた評価部門を確立すること、②政策評価の総合性および一層厳格な客観性を担保するため、府省の枠を超えて政策評価を行う機能を強化すること、③政策評価に関する情報の公開を進めるとともに、政策の企画立案を行う部門が評価結果の政策への反映について国民に説明する責任を明確にすることとの規定がなされた（土岐他, 2011, pp.128-129）。

　1999年1月には「中央省庁等改革に係る大綱」、同年4月には「中央省庁等改革の推進に関する方針」がそれぞれ決定され、政策評価の枠組みがこの時点で決定された。同年5月には総務庁行政監察局への「政策評価推進準備室」の設置および「各省庁政策評価準備連絡会議」の設置が行われ、政策評価の実施方法等に関する標準的ガイドライン案の策定作業に着手するとともに、7月には国家行政組織法の一部改正、内閣府設置法、総務省設置法が成立し、これらに政策評価に関する規定が盛り込まれ、政策評価は法律上の制度となった。これを受けて、2001年1月には「政策評価各府省連絡会議」が発足する。本会議は、全政府的な政策評価制度の導入にあたって各府省の政策評価担当組織相互間で連絡・協議することを目的に設置される会議で、同時期に本会議におい

て「政策評価に関する標準的ガイドライン」の了承・公表がなされた。これにより、全政府的に政策評価制度が導入されることとなった。

　これと並行して2000年中頃から政策評価制度の法制化のための準備が進められており、2001年3月、政策評価法案を、内閣提出法案として国会に提出、同年6月衆参両院で可決、成立した。この政策評価法は翌年4月に同法施行令とともに施行された。これによって、各府省が法令や基本方針に基づいて基本計画や実施計画を策定し政策評価を実施する体制が確立された。

　このような過程を経て、政策評価制度は全政府的な導入を果たし、制度全体としての規模が大きいことから、これを統率する組織の必要性が生じ、総務省の行政評価局がこれを担当することとなった。この行政評価局は、省庁再編により旧総務庁・旧自治省・旧郵政省の3省庁が統合して発足した総務省の内部部局であり、先に述べた旧総務庁行政監察局からその名を改めて誕生した。それと同時に、従来の行政監察制度は「政策評価」を加えて広義の「行政評価制度」となり、新たなスタートきった。

　政策評価法は、法の施行後3年を経過した場合、「法律の施行状況について検討を行い、その結果に基づいて必要な措置を講ずる」ことを定めている（同法附則第2条）。この規定に基づき2004年12月頃から行政評価局主導のもと政策評価の見直しが行われ、①重要政策に関する評価の徹底、②政策評価の質の向上、③国民に対する説明責任の徹底、などといった事項が盛り込まれた（伊多波，2009，pp.19-21）。これ以降も、各種政策評価手法に関する研究会・審議会の開催および試行的取組みや、社会経済状態の変遷に応じた基本方針の改定など、状況に応じさまざまな課題に対し行政評価局が中心となって、政策評価制度の基盤整備と発展を目指している。

　2009年、民主党政権誕生で発足した行政刷新会議による「事業仕分け」において、行政評価局の所掌する政策評価、行政監視・評価の分野が仕分けの対象となり、結果は「抜本的な機能強化」となった（山谷，2012，p.147，p.175）。これを受け、翌2010年には①政策評価における情報公開の徹底、②「行政評価局調査」の拡充などを盛り込む「行政評価機能の抜本的強化方策」が発表された。さらに現在では事前評価の拡充や、目標管理型の政策評価に関する試行的取組

など、さまざまな改善方策を模索しながら、制度は拡充を続けている。

　以上のように、今日の国レベルの行政評価制度とは、①各府省が自己評価のうちに行う「政策評価」と、②総務省行政評価局が中心となって行う「政策評価」および「行政評価・監視」の2つを総称したものである。

2．各府省による政策評価制度

　前述のようにわが国の政策評価は、2001年の省庁再編によって各中央行政機関に対し、新たに義務づけられた制度である。政策評価については、政策評価法が根拠法となっており、本法における政策評価は、同法第1章総則「政策評価の在り方」の第3条に以下のように規定されている。

第3条　行政機関は、その所掌に係る政策について、適時に、その政策効果（当該政策に基づき実施し、又は実施しようとしている行政上の一連の行為が国民生活及び社会経済に及ぼし、又は及ぼすことが見込まれる影響をいう。以下同じ。）を把握し、これを基礎として、必要性、効率性又は有効性の観点その他当該政策の特性に応じて必要な観点から、自ら評価するとともに、その評価の結果を当該政策に適切に反映させなければならない。
2　前項の規定に基づく評価（以下「政策評価」という。）は、その客観的かつ厳格な実施の確保を図るため、次に掲げるところにより、行われなければならない。
　一　政策効果は、政策の特性に応じた合理的な手法を用い、できる限り定量的に把握すること。
　二　政策の特性に応じて学識経験を有する者の知見の活用を図ること。

　まず各府省の主務大臣は、政策評価法第5条の規定により策定される「政策評価に関する基本方針」に基づいて、「基本計画」を定める（政策評価法第6条）。基本計画は、3年以上5年以下の期間ごとに、各府省が自己の所掌に係る政策の評価に関して定めるものであり、計画期間や政策評価実施に関する方針のほか、評価対象の政策、政策効果の把握、政策への反映、学識経験者の知見活用など、政策評価に関する一連の事項をまとめなければならない。

　また、基本計画のほかに各府省は1年ごとに政策の事後評価に関する「実施計画」を定め、この計画においては、①計画期間、②計画期間内において事後評価の対象としようとする政策、③当該政策ごとの具体的な事後評価の方法、といった事項を定めなければいけないとしている（同法第7条）。各府省は、以上の基本計画および実施計画を策定と同時に総務大臣に通知するとともに公表

し、これをもとに政策評価を行うことになる。

　実際の政策評価活動の流れとしては、まず、各政策を所管する「政策所管部局」が自己の所掌する政策について自己評価を行うことになる。府省内の複数の部局にまたがる政策については「政策評価担当課」が中心となって評価活動を行うが、その際、政策所管部局は政策評価担当課に対し、評価にあたって必要な情報や資料の提供等を行う。政策評価担当課は府省内の政策評価結果を取りまとめ、主務大臣へと報告する。主務大臣はこれを受けて政策評価書を公表と同時に総務大臣への報告を行う（同法第10条）。さらに、各府省の主務大臣は、少なくとも毎年1回、当該評価結果の政策への反映状況を総務大臣へ報告しなければならないとされている（同法第11条）。

　各府省による政策評価の一連の流れは図11-2のようになっている。

　各府省の行う政策評価は、図11-2のように主として事業評価、実績評価、総合評価の3つの方式に分類され、政策の特質によって柔軟に使い分けることが評価法上でも要請されている。

　2012年度の政策評価の実施件数は、2631件であり、前年度の2748件に比べてやや減少している。このうち、事後評価は1778件、事前評価は853件となっている。

	対象	時点	目的・ねらい	やり方
事業評価	個々の事務事業が中心、施策も	事前 必要に応じ事後検証	事務事業の採否、選択等に資する	あらかじめ期待される政策効果やそれらに要する費用等を推計・測定
実績評価	各府省の主要な施策等	事後 定期的継続的に実績測定 目標期間終了時に達成度を評価	政策の不断の見直しや改善に資する見地	あらかじめ政策効果に注目した達成すべき目標を設定目標の達成度合について評価
総合評価	特定のテーマ（狭義の政策・施策等）について	事後 一定期間経過後が中心	問題点を把握その原因を分析など総合的に評価	政策効果の発現状況を様々な角度から掘り下げて分析など総合的に評価

出典：総務省行政評価局ホームページより作成

図11-2　各府省内における政策評価の流れ

3．総務省行政評価局の役割

　行政評価局は中央省庁再編により従来の行政監察局の機能を引きつぎ設置された総務省の内部部局である。また、総務省の出先機関として、全国7カ所の管区行政評価局、四国行政評価支局、全国39カ所の行政評価事務所が置かれており、行政評価局はこれらの組織と連携して行政評価や行政相談を行っている。行政評価局では、大きく分けて「政策評価推進機能」、「行政評価局調査機能」、「行政相談機能」、「独立行政法人評価機能」の4つの機能を所管している。これら4つの機能の要点をまとめると図11-3のようになる。

　また、前項で述べた各府省の政策評価と行政評価・監視機能の関係の全体像を示したものが、図11-4である。

　行政評価局調査を行うにあたって総務大臣には、関係府省の主務大臣に対する調査権や勧告権、問題が解決されない場合の内閣総理大臣に対する意見具申権などが与えられており、こうした権限を用いることで、行政評価局は政府内における評価専担組織として第三者的視点から評価活動を行っている。行政評価局調査の全体像は図11-5のようになっている。

　この一連の流れに沿って行政評価局調査について述べていく。

○政策評価推進機能
- 政策評価に関する基本的事項の「企画立案」 （総務省設置法4条15号）
- 各府省が行う政策評価の「推進」、「点検」 （総務省設置法4条16・17号、政策評価法3・4・12条）

○「行政評価局調査」機能
- 複数府省にまたがる政策の「評価」 （総務省設置法4条17号、政策評価法12条）
  政策効果の把握を基礎として、必要性、効率性、有効性の観点から、政策自体の見直し・改善を実施
- 各府省業務の実施状況の「評価・監視」 （総務省設置法4条18号）
  政策に基づく業務の実施状況について、合規性、適正性、効率性の観点から行政運営の見直し・改善

○行政相談機能
- 国民からの行政に関する相談の「受付・解決」 （総務省設置法4条21号）
- 行政相談委員との「連携」 （総務省設置法4条22号、行政相談委員法）

○独立行政法人評価機能【政策評価・独立行政法人評価委員会】
- 中期目標期間終了時の主要な事務事業改廃の勧告、年度評価への意見 （独法通則法32条5項・35条3項）

出典：総務省行政評価局ホームページより作成

図11-3　行政評価機能の全体像

出典：総務省行政評価局ホームページより作成

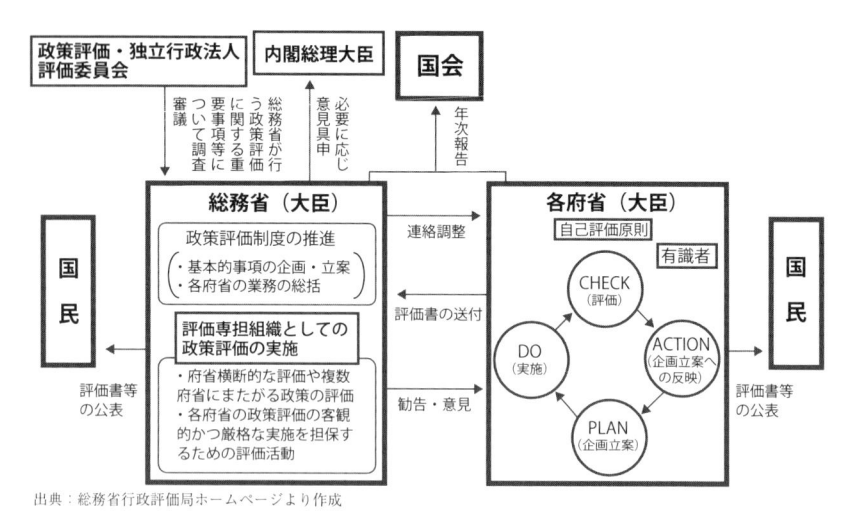

図11-4　府省による政策評価と行政評価の関係

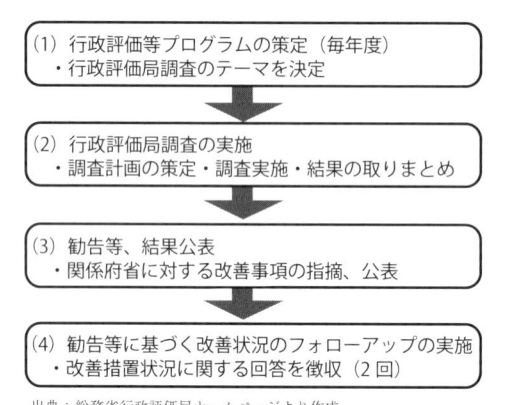

```
(1) 行政評価等プログラムの策定（毎年度）
　・行政評価局調査のテーマを決定
　　　　　↓
(2) 行政評価局調査の実施
　・調査計画の策定・調査実施・結果の取りまとめ
　　　　　↓
(3) 勧告等、結果公表
　・関係府省に対する改善事項の指摘、公表
　　　　　↓
(4) 勧告等に基づく改善状況のフォローアップの実施
　・改善措置状況に関する回答を徴収（2回）
```

出典：総務省行政評価局ホームページより作成

図11-5　行政評価局調査の一連の活動

行政評価等プログラムの策定　　行政評価局では毎年3月頃に「行政評価等プログラム」を策定する。今日、行政が対応すべき領域は非常に幅広い。それでいて予算などの行政資源は有限であり、こうした背景から行政の効率化を目的に行政評価・政策評価の積極的な実施が求められてきた。しかし、だからといって行政が担う政策課題をすべて評価することは物理的にも不可能であると考

表11-1　2013年行政評価プログラム

【調査着手済み】 →順次取りまとめ、勧告	【2013年度新規着手】	【2014、2015年度実施検討】 （毎年度見直し）
・ワーク・ライフ・バランスの推進〈政策評価〉 ・消費者取引〈政策評価〉 ・申請手続に係る国民負担の軽減等 ・震災対策（災害応急対策） ・契約における実質的な競争性の確保（役務契約） ・科学研究費補助金等の適正な使用 ・農地公共事業（農業水利施設） ・特別民間法人等の指導監査 ・設立に認可を要する法人（国民一般を対象としたサービスを提供する法人） ・医療安全対策 ・刑務所出所者等の社会復帰支援対策	【国民の安全・安心】 ・食育の推進〈政策評価〉 ・医師等の確保対策 ・生活保護 ・道路交通安全対策（自転車安全対策） ・外国人旅行者の受入環境の整備 ・気象予測の精度向上等 【行政無駄撲滅・効率化】 ・PFIの推進 ・温室効果ガスの排出削減に係る国の補助事業 【その他重要課題】 ・規制の簡素合理化	【国民の安全・安心】 ・高齢者、障がい者等の移動等の円滑化（バリアフリー）対策〈政策評価〉 ・水資源の有効利用対策の推進〈政策評価〉 ・がん対策 ・若年者雇用対策 ・農畜産物のトレーサビリティ対策 ・原子力防災 ・社会資本の維持管理 ・航空安全対策 【その他】 ・グローバル人材育成〈政策評価〉 ・政府開発援助（ODA） ・特別支援教育 ・農業担い手対策 ・森林・林業の再生 ・廃棄物処理施設整備事業の適正化・効率化 ・防衛省調達業務等

出典：総務省ホームページより作成

えられ、それは非能率的なだけでなく、行政がまずやらねばならない政策の遂行にまで影響を及ぼす可能性もある。

　こうした背景から行政評価局では、政策の評価および行政評価・監視を重点的かつ計画的に実施するため、当局の中期的な業務運営方針としての「行政評価等プログラム」を策定し、これを政策評価および行政評価・監視のみならず、政策評価推進機能や行政相談機能、独立行政法人評価機能といった当局の所掌する他機能についても定め、政府全体として行政評価機能の体系的な運用・管理に役立てているのである。

　以上のように行政評価局では毎年行政評価等プログラムを策定し、上記のような事項のほか、政務三役などによるオープンな議論を経て、当該年度に行う行政評価局調査テーマを決定している。

　行政評価局調査の実施　行政評価等プログラムにて定められたテーマについて、実際の調査活動を行っていく。具体的には、まず事前準備として調査に必要な情報収集を行い、調査計画を策定する。次に、実地調査の段階に移行し、

本省および管区行政評価局・行政評価事務所による全国的規模の調査を行う。その後、実地調査の結果を本省である行政評価局に集約し、調査結果の取りまとめの段階に入る。実地調査結果の整理・分析と事実関係の確認を済ませ、この段階での調査活動は終了することとなる。

勧告、結果公表　調査活動を終えた後、当該調査テーマに関係する各府省に対し「勧告」を行い、改善事項等を指摘するとともに、調査結果を一般に公表する。

改善措置状況のフォローアップ　その後、上記の勧告から6カ月後と1年6カ月後の計2回にわたって、各府省から勧告に基づく改善措置状況に関する回答の徴収（フォローアップ）を行う。改善が不十分な場合は必要に応じ再度調査・勧告を行う。さらに、必要な場合は総務大臣が内閣総理大臣への意見具申権を発動し、関係大臣に対する内閣総理大臣の指揮監督権の発動を要請する。

　行政評価局調査は以上のようなプロセスをもって行われる。なお、行政評価局調査には上記のような行政評価局が主導して行う全国的規模の調査だけでなく、全国の管区行政評価局や行政評価事務所が、所在する地域の住民生活における行政上の課題を解決するため自主的に行う調査もあり、前者を「全国計画調査」、後者を「地域計画調査」と呼んでいる。地域計画調査では調査を行う管区行政評価局ないし行政評価事務所が独自にテーマを設定し、調査を行い問題の改善を図っている。

4．行政評価局調査機能

　行政評価局調査機能には2つの種類がある。「総務省行政評価局による政策評価」と「行政評価・監視」の2種類である。性格の異なるこの2つの業務を併せて「行政評価局調査」と呼んでいる。行政評価局が行うという点で同じ評価活動でも、図11-3の政策評価推進機能が各府省での評価結果を踏まえて行う2次的な評価活動であるのに対し、行政評価局調査で行う2種類の評価活動は、行政評価局が自ら主体となって評価活動を行うという点で違いがある。

総務省行政評価局による政策評価　本項で述べる政策評価は、政策評価法第12条第1項の「総務省は、2以上の行政機関に共通するそれぞれの政策であっ

てその政府全体としての統一性を確保する見地から評価する必要があると認めるもの、又は2以上の行政機関の所掌に関係する政策であってその総合的な推進を図る見地から評価する必要があると認めるものについて、統一性又は総合性を確保するための評価を行うものとする」という規定が根拠となって行われるものである。この規定は、本来は各府省が行うべきであるものの、複数の省庁や所掌にまたがる政策であるといった特段の理由から、これら各府省が個々に評価活動を行うのでは政府全体としての評価結果を出すのが難しい政策について、政策評価制度を所管する総務省行政評価局が第三者的視点から当該政策について調査を行うことで評価結果に統一性や総合性をもたせ、制度全体として政策評価の質を向上させるという旨を規定したものである。

統一性確保評価とは、「複数の府省に共通するそれぞれの政策であって、その政府全体としての統一性を確保する見地から評価する必要があると認められるものについて、統一性を確保するために行う評価」を指す。この評価の具体的な対象政策としては、政府の特別会計制度など、全政府的に共通している制度や手法を用いた政策や、規制改革など全政府的な行政目的に沿って各府省の関係政策それぞれの方向性を位置づけることが必要であるような政策などが挙げられる。こうした評価を行う際、政府全体の「統一性」を確保するためにこの評価方式が採られている。

総合性確保評価とは、「複数の所掌に関係する政策であってその総合的な推進を図る見地から評価する必要があると認められるものについて、総合性を確保するために行う評価」を指す。この評価の具体的な対象政策としては、例えば「外国人観光に関する政策」が挙げられる。外国人の訪日観光の促進という行政目的を達成するにあたっては、国土交通省、外務省、法務省、経済産業省など、多くの府省によって個々の役割が分担され、各府省が自己の所掌の範囲内で行政活動を行っている。このような政策では、共有される行政目的との間で各府省の政策が整合性をもったものとして機能しているかについて、総合的な見地から検証することが必要となる。こうした背景から、行政評価局が政策の「総合性」を確保するために行うのが、「総合性確保評価」である。

具体的事例として「児童虐待の防止等に関する政策評価」の結果に基づく勧

告とそれに伴う政策への反映状況概要について図11-6に示す。

〈【勧告先】文部科学省、厚生労働省　【勧告日】2012年1月20日
【回答日】文部科学省：2012年9月4日　厚生労働省：2012年9月3日〉

1　調査概要

児童虐待の防止等に関する法律（2000年法律第82号）等に基づき実施されている児童虐待の防止等に関する政策について、関係府省の各種施策・事業が総体としてどのような効果を上げているかなどの総合的な観点から評価を実施

①「発生予防」、「早期発見」、「早期対応から保護・支援」、「関係機関の連携」の各施策における効果の発現状況をみても、「早期対応から保護・支援」については一定の効果がみられるものの、残りの施策についてはいずれも不十分なものとなっていることから、政策全体としての効果の発現は不十分であり、下記2①～③等について勧告

この勧告に対し、関係省がどのように政策へ反映させたか、その結果を公表するもの

2　主な勧告事項及び関係省が講じた政策への反映状況

① 児童虐待の発生予防

勧告要旨（文部科学省、厚生労働省）
ⅰ）乳児家庭全戸訪問事業等を実施していない市町村等がみられる原因を分析した上で、必要な改善措置を講ずること。（厚）
ⅱ）児童虐待の発生予防について、更なる効果的な取組を検討すること。（文、厚）

回答
ⅰ）乳児家庭全戸訪問事業等が未実施の原因を分析中であり、結果を踏まえ必要な措置を講ずる予定。なお、同事業を未実施の管内市町村（特別区を含む。以下同じ。）に対し実施を働きかけるよう、都道府県等に対し要請（厚）
ⅱ）児童虐待の発生予防にも資する家庭教育支援の方策を示す報告書（2012年3月）を踏まえ、更なる効果的な取組を検討予定（文）
　　妊娠・出産・育児期に養育支援を特に必要とする家庭に係る連携体制の整備状況等を調査中であり、結果も踏まえつつ、発生予防に係る更なる取組を検討予定（厚）

② 児童虐待の早期発見

勧告要旨（文部科学省、厚生労働省）
ⅰ）市町村に対し、保育所における速やかな通告を徹底するよう要請すること。（厚）
ⅱ）速やかな通告を要請する通知（2010年8月発出）を踏まえた小・中学校における通告の実施状況を把握し、その結果、速やかな通告の徹底が必要な場合には、その原因を分析した上で、徹底方策を検討すること。（文）

回答
ⅰ）保育所における速やかな通告の徹底について、管内市町村及び保育関係者へ周知するよう、都道府県等に対し要請（厚）
ⅱ）小・中学校における速やかな通告について、一層の周知徹底を図るよう、都道府県教育委員会等に対し要請するとともに通告の際の留意事項を提示
　　また、小・中学校における児童虐待の通告の実施状況の調査結果を取りまとめ中であり、その結果、速やかな通告の徹底が必要な場合には、その方策を検討予定（文）

③ 関係機関の連携

勧告要旨（厚生労働省）
要保護児童対策地域協議会の個別ケース検討会議及び実務者会議の機能が適切に発揮されるような運営方策を検討し、市町村に対し、個別ケース検討会議及び実務者会議の活性化を図るよう要請すること。（厚）

回答
管内市町村における好事例を収集し情報提供するなどして、両会議の活性化を図ることを管内市町村に対し要請するよう、都道府県等に対し要請。また、要保護児童対策地域協議会を積極的に活用している市町村における効果的な運用方法や工夫点等の調査結果を取りまとめているところ（厚）

出典：総務省ホームページより作成

図11-6　「児童虐待の防止等に関する政策評価」の結果に基づく勧告とそれに伴う政策への反映状況

行政評価・監視　すでに述べてきたように、今日行政評価局が行っている「行政評価・監視」は、従来の行政監察局が行っていた「行政監察」を引き継いだものである。繰り返しになるが、行政評価・監視とは「行政評価局が、行政内部にありながらも各府省とは異なる立場の行政評価・監視の専門機関として、政府の重要行政課題の解決促進や行政改革の推進・実効確保を図るため、各府省の業務の実施状況について、合規性、適正性、効率性等の観点から調査を行い、その結果に基づき、各府省に対して勧告等を行うことにより、行政運営の改善を図るもの」とされている（山谷, 2012, p.176）。

「政策評価」が、その評価観点として「必要性」「有効性」「効率性」を挙げているのに対し、「行政評価・監視」は上述のように「合規性」「適正性」「効率性」を挙げている。同じ総務省行政評価局が行う評価活動でも、政策評価と行政評価・監視の最大の違いはこの点にある。この背景にあるのは、すでに述べたように行政評価・監視は官吏の不正を監視してきた「行政監察」の流れを汲んだものであるからである。すなわち、行政評価・監視では政策評価に比べ「公務員の業務実施に違法性や不正は無いか」という視点から評価を行う向きが強いということである。

行政評価・監視で取り上げるテーマも「行政評価等プログラム」にて選定されており、その調査テーマ選定にあたっては現在直面している政府の重要課題や行政改革に資するテーマを優先的に取り上げるほか、この次の項で述べる行政相談に寄せられる国民の意見や要望も取り入れられている。

また同プログラム内においては、東日本大震災の発生を受け、「震災対策（復旧・復興、全国の防災対策の見直し等）」および「原子力防災対策」といったテーマに関しては常時監視活動を行い、必要に応じて緊急・臨時に調査を実施するなど、機動的な対応を行うとの旨も規定されており、重要行政課題に沿った機動的な調査活動の実施が本機能には求められている。

具体的事例として「外国人の受入れに関する行政評価・監視」の概要について図11-7に示す。

【調査の背景と勧告事項】

背景	調査の概要
○ 技能実習制度は、我が国の技能・技術・知識の開発途上国等への移転を図り、経済発展を担う「人づくり」に協力することを目的に1993年度に出入国管理及び難民認定法（1951年政令第319号。以下「入管法」という。）に基づき創設された制度。2010年7月から労働基準法（1947年法律第49号。以下「労基法」という。）等が適用される範囲の拡大等による技能実習生保護を強化 ○ EPA（経済連携協定）に基づき、2008年度から外国人看護師及び介護福祉士候補者の受入れを開始（インドネシア、フィリピン） ○「留学生30万人計画」（2008年7月策定）に基づき、外国人留学生の受入れを推進 ○ 技能実習制度(注1)については、依然として技能実習生の受入れ機関（企業等）による入管法関係法令や労働関係法令違反が発生(注2)。実態把握にも課題 ○ EPA外国人看護師・介護福祉士候補者については、国家試験の合格率及び合格者数に増加もみられるものの、未だ低い水準にある(注3)。また、受入れ施設数、受入れ者数ともに受入れ当初に比べて減少(注4) ○ 外国人留学生については、短期滞在者、日本人の配偶者等に次いで不法残留者が発生（2011年3,187人（留学生の約1.7%））。一部の教育機関では、留学生の大量除籍処分事案が発生	○ 実施時期： 　2012年3月～2013年4月 ○ 調査の対象機関： 　内閣府、国家公安委員会（警察庁）、法務省、外務省、文部科学省、厚生労働省、農林水産省、経済産業省、国土交通省等 ○主な調査事項： 1 (1) 監理団体による実習実施機関に対する監査の実施状況 　(2) 技能実習制度推進事業実施機関による巡回指導の実施状況 2 (1) EPA外国人看護師・介護福祉士候補者の就労開始時点の日本語の修得状況 　(2) 受入れ支援事業を始めとする各種の支援事業の実施状況 3 (1) 教育機関における留学生の在籍管理の実施状況 　(2) 留学生の卒業後等の在留管理の実施状況　　　　　　　　　　　　　　　　等

主な勧告事項	
1　監理団体による監査の適正化、技能実習制度推進事業の在り方見直し及び技能実習制度の効果の検証 2　EPA候補者における日本語能力の向上、各種支援事業の見直し 3　教育機関における留学生の適切な在籍管理・在留監理の推薦　　など	技能実習生、外国人看護師候補者等及び留学生の適切な受入れ及び管理を推進する観点から、関連制度・施策の実施等について改善を勧告 勧告日：2013年4月19日 勧告先：法務省、外務省、文部科学省、厚生労働省及び経済産業省

注1）　監理団体が外国人を技能実習生として実習実施機関にあっせんし、管理団体の責任と監理の下で、実習実施機関で技能実習を実施。技能実習生は、就労を行う中で技能の修得等を行う。在留期間は、職種によって異なり、最長で3年
　　〈監理団体〉　　　事業協同組合、農業協同組合、商工会議所など
　　〈実習実施機関〉監理団体の構成員である中小企業、農家、個人事業者など
注2）　地方入国管理局（以下「地方入管」という。）による監理団体・実習実施機関に対する不正行為認定（*1）件数は156件、労働基準監督機関による実習実施機関に対する是正勧告件数（*2）は2,252件（いずれも2011年）
　＊1　不正行為認定とは、法務省令に基づき、地方入管が実習実施機関等で計画と異なる実習の実施、労働関係法令違反などがあった場合に、不正行為として認定し、3年又は5年の実習生受入れ停止措置を講ずるもの
　＊2　是正勧告とは、労基法等に基づき、労働基準監督機関が実習実施機関で労働関係法令違反があった場合に行う行政指導
注3）　EPA候補者国家試験合格者数及び合格率（2013年3月25日現在）
　　看　護　師：2008年度0人（0.0%）、2009年度3人（1.2%）、2010年度16人（4.0%）、2011年度47人（11.3%）、2012年度30人（9.6%）
　　介護福祉士：2011年度36人（37.9%）、2012年度128人（39.8%）
注4）　受入れ施設数：2009年度311施設→2012年度97施設　受入れ者数：2009年度672人→2012年度202人
出典：総務省ホームページより作成

図11-7　外国人の受入れ対策に関する行政評価・監視—技能実習制度等を中心として

3 地方公共団体における政策評価

1．地方公共団体における導入状況

　地方レベルで政策評価が展開される契機となったのは、1996年に導入された三重県の事務事業評価システムである。これは、わが国の行政における評価の先駆けとして関心を集め、続く静岡県の業務棚卸表導入など、各地方公共団体で政策評価導入の動きは加速されることとなった。また、地方レベルでは政策評価というのは狭義の政策評価のことを指し、地方公共団体では総体を表すものとして行政評価という語が用いられている。すなわち、行政評価の中に、狭義の政策評価、施策評価、事務事業評価を含める場合が多い。

　2012年4月1日現在、わが国には47都道府県と1719市町村（789市、746町、184村）が存在したがこれらを対象とした総務省の調査によれば、46都道府県

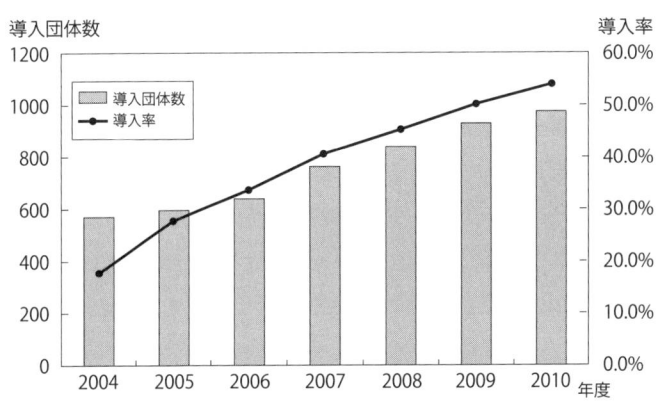

調査時点	2004.7末	2006.1.1	2006.10.1	2007.10.1	2008.9.1	2009.10.1	2010.10.1
全団体数（都道府県・市区町村）	3,169	2,122	1,887	1,870	1,857	1,843	1,797
導入団体数	573	599	641	764	846	932	977
都道府県	46	46	45	46	47	46	46
政令指定都市	13	14	15	17	17	18	18
市区町村	514	539	581	701	782	868	913
導入率	18.1%	28.2%	34.0%	40.9%	45.6%	50.6%	54.4%

出典：総務省ホームページより作成

図11-8　行政評価導入率（都道府県・市区町村）の推移

と913市区町村で行政評価制度を導入している。しかしながら、この行政評価制度はそれを規定する法律がないため、各地方公共団体が独自の制度によって運営している。したがってその評価手法は一律ではなく、事務事業評価的なものから政策評価さらには行政監視機能を有するものまで、千差万別である。このような状況を生み出した背景には、これら政策評価や行政評価の導入が国に先行して積極的に行われたことにある。注目したいのは、大都市部である政令指定都市は95％、中核市は95％、特例市も100％の市で導入され、そのほかの市および特別区も80％近い団体で行政評価制度が導入されているのに対し、町村部は30％ほどの町村で導入されているにすぎないという点である。このような小規模な地方公共団体は、財政面でも技術面でも、行政評価制度の導入が難しい状況にあることは言うまでもない。このような地方公共団体に対する、全国7カ所の管区行政評価局、四国行政評価支局、全国39カ所の行政評価事務所などによる支援、または連携の方法が今後の課題となろう。

ここでは、静岡県と豊島区を事例として以下に紹介していく。

2．静岡県の「業務棚卸表」と「施策展開表」による評価

静岡県の資料によれば、同県では、「業務棚卸表」を1995～1997年度の幹部職員を対象としたリエンジニアリング研修で活用したことを契機として、1997年度に本庁すべてに導入し、行政評価を実施していた。行革日本一に挑戦していた同県は、2002年度には戦略計画である総合計画との連結、2003年度には評価情報を加え県議会へ提出するなど、その後も、「業務棚卸表」を活用した行政評価のバージョンアップに取り組んでいた。

「業務棚卸表」は、本庁の各室が持つ行政目的を基本として、それを実現するために取り組むべき仕事の内容を全て洗い出して、大小の項目に区分して記載している。また、項目の記載にあたっては、上位目的とそれを達成するための手段という樹木構造で示すことにより、室が遂行する作戦の体系を明確にすることをねらいとしている。さらに、それぞれの項目では、進捗度合がわかるような管理指標を定め、実績と目標値およびその達成期限を明らかにするとともに、前年度の作戦体系に係る有効性などの評価や、次年度における改善のポイント

や重点方向などを記述している。最上位の目的およびその管理指標は、県総合計画と合致しているため、県として目指す状態やその数値目標の達成状況および実現方策が明らかになる。なお、県の仕事は目的別に編成された室が基本単位となって行われているため、室ごとに「業務棚卸表」を作成していたが、ひとつの室に2つ以上の目的がある場合には、目的ごとに作成する場合もあった。

このように、室の目的に対して、作戦体系や管理指標を記述することで、室長が、業務の遂行状況を把握・評価することが可能となり、また、業務棚卸表を共通の土俵にして、全庁では、共通の目的を持つ組織が部局を超えた連携を図ることによる総合的・効果的な施策展開にもつなげていた。

評価対象は、総合計画で示す指標を目標に掲げる行政活動であった。毎年度8月から10月頃にかけて、各室ごとに、指標の達成度や手段の体系の妥当性や効果などについて分析を行い、その評価に基づき来年度に向けた改善措置を検討し、当初予算や組織定数につなげていくことになっていた。

この「業務棚卸表」は、以下のように県のマネジメントの重要な要素に位置づけられていた。まず、「業務棚卸表」は、「戦略展開」「組織のフラット化」と並び、静岡県が取り組んでいる「新公共経営（NPM）」の具体的な手法である「目的指向型行政運営システム（トップシステム）」の重要な要素に位置づけられていた。次いで「業務棚卸表」は、県の総合計画の体系に沿って本庁の室単位で作成されていた。さらに、導入以降の改善を経た「業務棚卸表」は、総合計画の体系や予算編成プロセスとも整合しており、同県のマネジメント・ツールの中核に位置づけられていた。

以上のように、静岡県では戦略計画である総合計画の実現のため、室の目的、目標、それらを達成するための手段の体系等を示した作戦書である「業務棚卸表」を作成していたが、2012年度から個別の事業に関する資料を新たに追加するなど内容の見直しを行い、名称も「施策展開表」へ変更がなされた。「施策展開表」は、各課が総合計画の目的を達成するために実施する業務（手段）の作戦体系を示し、具体的に何をどこまでやるのか業務の構造を記述した作戦書である。「施策展開表」に基づき仕事の進捗度合や妥当性、有効性などを評価し、改善を検討するとともに予算や組織体制などに反映させている。評価の

結果については、ホームページ等で公表するとともに、同県議会の決算特別委員会に提出されている。2011年2月に策定された県総合計画「富国有徳の理想郷ふじのくにのグランドデザイン」は、概ね10年間を想定した「ふじのくに」づくりの道筋を明確化した基本構想と、基本構想の実現のための最初の4年間の取組みを明示した基本計画で構成されている。この基本計画は、達成を目指す161の数値目標と210の工程表を記載しており、この総合計画に示した目的・目標を「施策展開表」に組み入れている。数値目標等を基準に成果を把握したり、改善を検討したりすることが可能となり、「施策展開表」は、総合計画の単年度の「実施計画書」および「実績報告書」としての役割も担っている。今後の展開が注目されるところである。

　これとは別に、静岡県では、これまでの行政運営システムに事業仕分けを組み込んで、行政活動を「評価」する機能を強化し、一層の行政の生産性と透明性を確保するため2010年度に行った事業の必要性や、その事業を本当に県が実施すべきかどうか等について、外部の専門家や県民が議論し、事業の見直しに活用していく「事業仕分け」を導入し、2011年度以降も引き続き事業仕分けを実施している。「"ふじのくに"士民協働事業仕分け」と名付けられたこの事業仕分けは、「県民意見に基づく施策や事業の見直し」と「県民の県政への理解促進及び信頼感の醸成、県政参加意識の向上」を目的として「県民参加型」事業仕分けの手法を採用している。2012年度は10月に30事業を対象として5事業を3班が2日間をかけて実施した。1班（1会場）あたりの構成は、コーディネーター（進行役）1人、専門委員（県職員への質問や議論を行う委員）4人、県民評価者（議論を聴いた上で多数決により評価、判定を行う県民）40人程度となっており、県民の参画機会を拡充する手法を加えた静岡型の事業仕分けを実施している。

3．豊島区の政策評価制度

　豊島区では、行政サービスの現状を認識し、行政課題を発見するための手法のひとつとして行政活動を評価し（Check）、評価の過程で発見された課題を事業の見直し（Action）や計画・予算等に反映させ（Plan）、新たな目標値を定め

て事業を実施（Do）していくという一連のサイクル（PDCAサイクル）を通じ、区民サービスの向上を図っていくものと行政評価制度を位置づけている。

　また、評価にあたっては、区民本位の効率的で成果重視の区政への転換を図るため、「区民に満足されているか」、「最も効果的にサービスが提供されているか」などの観点から指標を設定し、区民生活に与えた成果等を検証・評価することを通じて、区民の視点に立った行政運営を実現している。また、評価結果を公表することで、区政の透明性を高め、区民への説明責任を果たすことを目的としており、同区の「自治の推進に関する基本条例」第42条において、行政評価の実施とその公表について規定している。

　同区の行政評価は、図11-9のように2000年度に試行事業として開始され、また、2005年度から3年間は外部評価制度を導入し、区民や学識経験者の方の視点から同区の事業（活動）を評価している。

　2008年度には、評価を実施した後のフィードバックや評価結果を予算編成に連動させるしくみの検討を経て、2009年度以降は新たなしくみの行政評価制度を実施している。

　以上のように同区においては2001年度に事務事業評価を本格的に導入して以降、行政評価制度の充実に努めてきた。この間、政策評価、施策評価、外部評価をはじめ、区政運営の向上に資するさまざまな取組みを行っているものの、財政状況が逼迫し、行政運営のさらなるスリム化が求められる状況においては、一層の効果・効率的な運用を図る必要がある。これまでの経験から制度設計上改善を要する点としては、アウトカム指標の設定やこれに基づく評価体系の整備、評価結果の実効性を確保すること、評価に区民意見を反映すること、評価を個別のものととどめず政策提言につなげること等が挙げられ、これらについて有識者への助言を求めるものである。あわせて個別事業等への評価および対応方針についても、外部の意見を実効性のある形で取り入れていく。さらに、行政評価への助言等に加え、基本計画に示した政策の方向性、行政運営のあり方などについても、外部有識者との懇話を通じ、積極的に取り入れることで、行政運営、区政の充実を図るため、有識者、区職員等で構成する協働型の政策評価委員会を設けることとした。委員会の特徴としてはこれまで、行政評価へ

の外部有識者の役割は、いわゆる「PDCAサイクル」の「C（評価）」に置かれてきた。しかし、行政が実施している事業にはさまざまな経緯や事情があるため、行政において容易に改善を図ることが困難な場合、外部委員のみによる第三者評価の形式では、評価結果を「外部の一つの意見」として終わらせてしまう傾向がある。貴重な評価をその場限りの単なる意見として終わらせず、実効性を持たせるため、PDCAサイクルの「A（改善）」にも関与し、当事者である区職員も加えたうえで、施策・事務事業等のよりよい方向性や改善策を考えていく協働型・対話型の会議体として設置することになった。

2012年4月には同区の事務事業等を評価し、行政サービスおよび区政運営

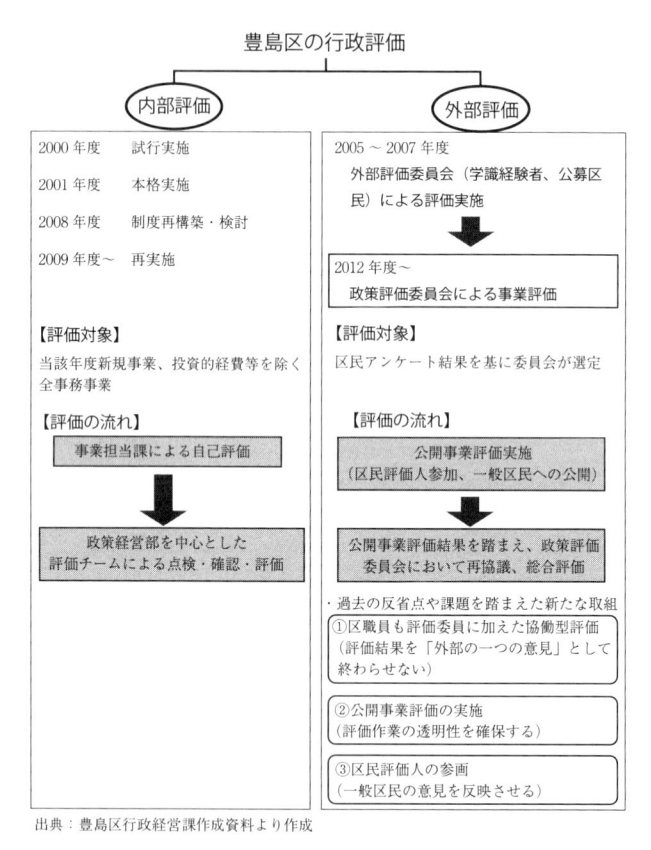

図11-9　豊島区の行政評価

を改善することを目指して、豊島区政策評価委員会が要綱によって設置されている。同年には「公開事業評価」という手法により、区の事務事業を評価し、結果を「事業評価報告書」にまとめている。

　この報告書によれば、政策評価委員会は2012年4月、外部委員6名と内部委員（副区長、政策経営部長）2名の合計8名という委員構成で、区の事務事業等を評価し、行政サービスおよび区政運営を改善することを目指して設置されたとされている。また、導入の背景について同区では2001年に行政評価（事務事業評価）を本格的に導入し、評価手法に改善を加え、区政運営の向上を図り、事務事業評価をベースとしながら施策評価や政策評価、あるいは外部評価などを取り入れることで、事業改善に成果を挙げてきており、現在でも効果的な評価手法導入を目指し、研究が続けられているものの、評価の実効性（評価結果を改善に結びつけること）、区民意見の反映、個別の事業にとどまらない総合的な評価といった点に課題が残されていることが指摘されていた。そこで、政策評価委員会では、区の外部と内部の双方から委員を選出し、「内部だけの評価」、「外部だけの評価」としないことで、実効性を担保した評価を練り上げていくことを目指し、さらに区民の意見の反映と総合的な評価を実現するため、新しい取組みとして「公開事業評価」という手法を取り入れたとしている。同委員会では、評価者に公募の「区民評価人」を加え、かつ広く区民に公開された場で評価を行い、また、政策横断的なテーマを設定して、縦割りになりがちな区の事業を総合的に捉える工夫している。

　2012年度の政策評価委員会は、5月に第1回の会議を開いて「公共施設の運営」を公開事業評価のテーマと決定し、区民アンケートをもとに対象施設を選定したうえで、7月末に公開事業評価を実施している。公開事業評価は時間の制約という大きな弱点を持つため、その場限りの結論とせず、そこで得られた評価、評価委員と区民評価人の意見も含めて改めて政策評価委員会で再検討を重ね報告書をまとめている。この報告書では評価対象とした10施設について、「総合評価」として政策評価委員会の意見や提案が記述されており、政策評価委員会の設置意義に照らし、本報告書が各施設の運営の向上、あるいはあり方の指針となり、区の政策や施策に具体的に反映されていくことが期待されてい

る。2013年度も引き続き「公共施設の運営」をテーマに公開事業評価が実施されているが、区民評価人に加え、区内の大学から募集された大学生による学生評価人が参加し、若者の視点から評価に加わった。このことは、協働型・対話型の評価を目標とする同区の政策評価委員会活動にとっても有意義なものと言えよう。

今後は、同委員会の評価内容が各施設の運営の向上に反映されたかを検証することで、評価の実効性をさらに高めるとともに、公開事業評価を含めた同委員会の活動が行政評価システムの安定的なしくみとして定着し、区民をはじめとする外部の意見を適切に取り入れながら、実効性のある改善効果が継続的に得られることが期待されている。

4．日本における政策評価の課題

わが国の国および地方公共団体における政策評価について概観してきたが、今後の課題を指摘してまとめにかえたい。まず国レベルにおいては、複雑な「政策評価」と「行政評価・監視」の制度を国民にどのように理解させ周知させていくかが課題であろう。そのために評価に関する情報の公表が重要である。2011年には「政策評価に関する情報の公表に関するガイドライン」が政策評価各府省連絡会議で了承されているが、これを踏まえ、積極的に評価に関する情報の公表に取り組む必要があろう。また、行政相談委員、行政苦情救済推進会議および行政評価局の三者が国民の行政に対する苦情を受け付けるしくみがオンブズマン的機能を担っていることはわが国の制度の大きな特色として国内外に向けて発信していくことが重要であろう。これとは別に行政評価・監視で得られた情報・データを活用するなど政策の評価と行政評価・監視との連携を図るとともに、学識経験者の知見を活かしながら、分析手法等の調査・研究等を推進し、これを公表することは、周知活動のみならず、評価の効果的かつ効率的な実施を確保するためにも重要であろう。

地方レベルに目を転じれば、前述した静岡県や豊島区に見られるように各地方公共団体は、独自の評価システムを構築しさまざまな手法で実施している。同時に行政評価が導入されかなりの年月を経て、全国の地方公共団体では制度

疲労や閉塞感が漂っているのも事実である。最近の特徴としては住民参加型・協働型の評価システムを志向する地方公共団体が増えており、いわゆる「事業仕分け」や「公開事業評価」に住民が参加する手法が多用されている。同時に評価システムが多様化・複雑化される傾向が見られるので、国レベルと同様にこれを住民にどのように周知させるかが課題になってきている。特に類似機能を有する監査委員制度や一部の地方公共団体で導入されているオンブズマン制度などとの相違点や棲み分けなどは今後の課題と言えよう。さらに財政的には依然として厳しい状況が続く地方公共団体が多い中で、評価実施の削減や制度そのものを廃止しようとする動きも見られる。今後は、この制度の重要性や有効性を住民にどのように伝えていくかが最大の課題と言えよう。

参考文献

伊多波良雄編『公共政策のための政策評価手法』中央経済社、2009年
土岐寛他『現代行政のニュートレンド』北樹出版、2011年
外山公美編『行政学』弘文堂、2011年
山谷清志『政策評価』ミネルヴァ書房、2012年

第12章
公務員制度改革と非正規公務員問題

1 日本の公務員制度の特徴

1．政官関係

　本章では、わが国における公務員制度改革の動きと最近問題になっている非正規公務員の問題について検討する。まず、わが国の公務員制度の特徴について、諸外国の公務員制度と比較しながら整理する。次に、国家公務員制度改革の動きについて概観する。第三に、目を地方自治体に転じ、自治体における改革の動きと地方公務員の変容について述べる。そして最後に、非正規公務員の現状や問題点などについて考える。

　まずは、わが国の公務員制度の特徴についてであるが、政官関係、キャリア制度、退職管理の3点に分けて説明する。政官関係については、わが国の行政学界において長く議論されてきたテーマである。しかし、その論点は、政治過程において官僚制が優位にあるか、それとも政党（政権党の意味）が優位にあるかをめぐるものが主であり[1]、あるべき政官関係の姿や、それをどのように構築すべきかといった種類の議論は少なかったと言える。近年、学界ではなく政治の側において、政治主導の確立を唱える中で政官関係について再検討する動きが進められてきた。政治主導の語は、自民党政権時代の橋本内閣が行政改革（いわゆる橋本行革）に取り組んだ頃から用いられたものであるが、特に小泉内閣の政治スタイル（官邸主導による諸改革の断行）や2009年の政権交代によって誕生した鳩山民主党内閣などが政治主導への取組みとして有名である。

　その際、政治主導の理念系として挙げられるのが、英国の政官関係（いわゆるウェストミンスターモデルまたはホワイトホールモデル）である。ウェストミンスターモデルとは、英国議会（Westminster Parliament）の持つ絶対的な権限を前提と

するものであり、行政官僚制（White Hall）に対する政治の優位と二大政党制を前提とした多数決民主主義の意味で用いられている[2]。ホワイトホールモデルも、行政官僚制の政治への従属と行政官僚制の中立・公正・無名（無私）などの価値を表す意味で用いられる[3]。この英国における政官関係は、長い議会制度の歴史の中で時間をかけて形成されてきたものである。

　戦後わが国で展開されてきた政官関係については、上記のように2つの見方があり、また、政官関係も各時代で変容してきたという主張もある[4]。ただやはり、わが国の政官関係に関する一般的な理解としては、長い間、官僚優位であり、政権党（自民党）が政策形成の実務を官僚に丸投げしてきたというものではないかと思う。その要因のひとつとして、戦前からの官僚内閣制（政党政治家を内閣の主体と考えず、省庁の代表者が集まって内閣を構成するという意味）の影響を主張する意見もある（飯尾, 2007, p.iii）。その影響の真偽は別として、近年の政治は官僚優位からの転換、政治主導の実現を目指して、種々の改革に取り組んできた。橋本行革によって導入された副大臣（それまでの政務次官に代わるもの）と政務官制（省内で大臣を補佐する政権党関係者の増加をねらいに新設）、国会審議における政府委員（官僚による説明・答弁）の廃止、鳩山内閣が導入した各省にお

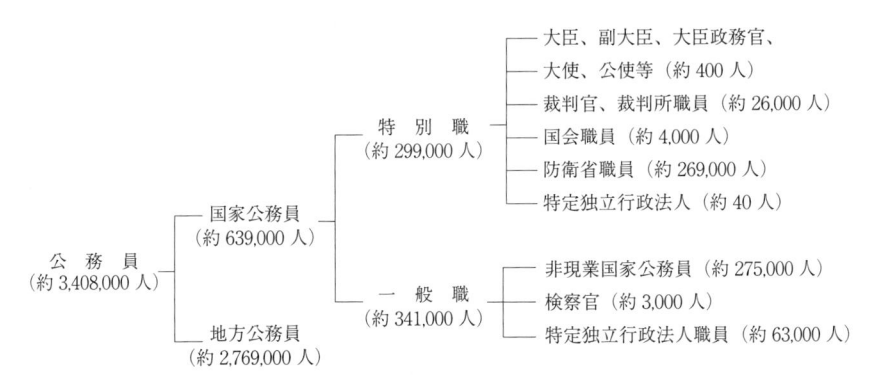

```
                                          ┌─ 大臣、副大臣、大臣政務官、
                                          │  大使、公使等（約 400 人）
                                          ├─ 裁判官、裁判所職員（約 26,000 人）
                           ┌─ 特 別 職 ─┼─ 国会職員（約 4,000 人）
                           │ （約 299,000 人）├─ 防衛省職員（約 269,000 人）
                           │              └─ 特定独立行政法人（約 40 人）
             ┌─ 国家公務員 ┤
             │ （約 639,000 人）          ┌─ 非現業国家公務員（約 275,000 人）
公 務 員 ────┤              └─ 一 般 職 ─┼─ 検察官（約 3,000 人）
（約 3,408,000 人）         （約 341,000 人）└─ 特定独立行政法人職員（約 63,000 人）
             │
             └─ 地方公務員
               （約 2,769,000 人）
```

(注) 1　国家公務員の数は、以下を除き、平成 25 年度末予定定員による。
　　　①　特定独立行政法人役員の数は、平成 24 年 10 月 1 日現在の常勤役員数。
　　　②　特定独立行政法人職員の数は、平成 25 年 1 月 1 日現在の常勤職員数。
　　2　地方公務員の数は、「平成 24 年度地方公共団体定員管理調査」による一般職に属する地方公務員数である。
　　3　職員数については、端数処理の関係で必ずしも合計数とは一致しない。
出典：総務省ホームページより作成

図 12-1　公務員の種類と数

ける政務三役会議（省の重要事項については官僚を入れないで、大臣・副大臣・政務官だけで決定するしくみ）などがその代表例である。政務三役会議などはまったく機能しなかったが、政治主導の確立のためには、政治と行政官僚制の間の相互信頼と適切な役割分担が必要である。そして、その成熟した関係を築くためにはかなりの時間がかかりそうである。

2．キャリア制度

　次に、キャリア制度について考える。2012年度から、わが国の国家公務員試験は、それまでの国家Ⅰ種、Ⅱ種、Ⅲ種という試験種別を、総合職（院卒・大卒）と一般職（大卒・高卒）に改めた。従来は国家Ⅰ種合格者を「キャリア」と呼び、Ⅱ種・Ⅲ種合格者は「ノン・キャリア」と呼ばれた。キャリアは出世のスピードが早く、省内の各部署を2〜3年間隔で移動し全般的な管理能力を磨く。一方、ノン・キャリアは、出世のスピードは遅く、ひとつの部署で長く勤務し専門能力を蓄える。わが国の国家公務員制度はこのキャリアとノン・キャリアの特徴を巧みに組み合わせ、両者の能力を引き出す「最大動員システム」という見方もある（村松，1994）。つまり、ノン・キャリアは出世ではキャリアに及ばないが、専門性の点ではキャリアより優れており、それがノン・キャリアの誇りでもある。また、定年まで勤められるという安定性も魅力である。キャリアは出世スピードでは早いものの、課長以上のポストは限られており、競争に敗れた時点で退職しなければならない。そこで、入省時から自らの将来の生き残りをかけて必死に働き競争する。試験改革によって新たに導入されたしくみでは、課長以上の幹部ポストには総合職だけではなく一般職からも就けるという建前になっている。実際に、一般職出身者がどれぐらいの数で幹部になるのかについてはもう少し時間をかけて観察しなければわからない。

　諸外国の公務員制度におけるキャリア制度はどのようになっているのだろうか。まずは米国について見る。米国は、元来、猟官制（政党が選挙への協力者に対してその見返りとして官職に任命するしくみ）の国として有名である。それへの反発から19世紀末に公務員制度改革運動が起こり、公開競争試験での成績基準による採用形態が導入された。ただし、現在でも政治任用職の数は非常に多く、

その意味では猟官制の伝統を色濃く残している[5]。高級公務員のポストは政治任用職が占め、終身職公務員の昇進には限界が見られた。それが終身職公務員の士気を奪い、また、大学生の就職先として公務員の人気がない原因でもあった。カーター政権は政治任用職と終身職公務員を橋渡しするものとして、上級公務員制度（Senior Executive Service：SES）を導入した。SES は名の通り、局長、課長などの上級ポストに就く公務員で、一般の終身職公務員より給与も高く、省を移動する自由も持っている。それでは、この SES がわが国でいうこれまでのキャリア組（採用試験時点での選別、出世スピードの早さを特徴とする）に相当するのかというと少し性格が異なる。上記の説明のように、SES は終身職公務員の出世の壁、政治任用職との待遇面での距離を縮め、終身職公務員の士気の向上をねらいに導入されたものであるからである。わが国のキャリア組に近いのは「大統領研修員計画」で採用された公務員である。これは、大学院修了者で大学院の学長の推薦を受けた者が受験する試験制度で、公開競争試験によって年間約 400 名程度が採用される。採用された省庁において 2 年間の実務研修後に課長補佐級に昇進する。その後は競争であり、また局長級以上は政治任用である。

　英国でわが国のキャリア組に相当するのは、「ファーストストリーマー」と呼ばれる公務員たちである。ファーストストリーム採用試験を受験して年間 500 名程採用され、その名の通り出世のスピードが早い。ただし、課長以上の幹部ポストにはファーストストリーマーしかなれないのかといえば、そういうわけではない。もちろん、わが国の場合も、幹部ポストにキャリア組が就くのは慣例でそうなっているだけであるが、慣例は非公式の制度といってもよい。それに対して、英国のファーストストリーマーの場合は、一定のランクまでの出世スピードは早いが、そこより上については、ファーストストリーム試験以外で採用された者と大差ないと考えてよい。より正確に言えば、最近の英国では、課長より上のポストについては、公開の競争（民間からの参加も含めて）の対象になるので、ファストスリーマーと言えども、課長補佐までの昇進しか保障されていない。

　次に、フランスであるが、フランスの場合、ENA（国立行政学院）を代表と

する官僚養成学校（グラン・ゼコールと総称される）とコール（corps）と呼ばれるキャリアと仕事内容から成る職員群（約1700あるが、実際に機能しているのは900）があることが特徴である。グラン・ゼコールを卒業して、コールの中でも最高位のグランコールに入るのが、いわゆるキャリア組である。グラン・ゼコールの卒業生でも卒業時の成績が上位10％以内でないとグランコールに入ることはできない。グランコールが勤務する役所は国務院、会計検査院、財務監察院、外交官などの中枢管理官庁に限られており、わが国のキャリア組よりエリート志向が強いといえる。また、グランコールは、省庁間横断的な異動の自由と、民間企業への出向や国会議員になる場合に官僚としての身分が保障されるなどの特権を有しているという特徴がある。

最後にドイツであるが、ドイツの公務員制度では、まず官吏、雇員、労働者という区別がある。公法上の身分関係（身分が保障されている）を持つのは官吏だけで、雇員や労働者は私法上の身分関係（身分保障はなく労使間の契約）である。こうした区別は、戦前の日本の官吏制度と同じである。それは戦前の日本がドイツのしくみを導入したからである。ドイツの官吏の採用・昇進はラウフバーン制度に基づいて行われる。ラウフバーンとは、「平均以上の昇進の道筋」という意味であるが、高級職（大学卒）、上級職（大学入学資格）、中級職（実科学校卒）、単純業務職（基幹学校卒）の4階層に分かれる。また、専門分野ごとに、一般行政職、外務職、税関職などに区分され、連邦政府だけで125種類ほどのラウフバーンがある（原田，2008, p.167）。この中でわが国のキャリアに相当するのは高級職である。

こうして見てくると、米英仏独の各国に内容は異なるものの何らかのキャリア制度、つまりキャリアとノン・キャリアの区別はある。それが、公務員の人生で一生付いてまわるものかどうか（出世の壁の有無）、学歴などと連動したものかどうか（大卒もしくは特定のエリート養成機関に限定）は国によって異なる。

3．退職管理

ここではまず、わが国の公務員制度でよく問題になる天下りについて取り上げ、なぜ天下りが存在するのか、少なくともこれまでは批判されながらも行わ

れてきたのかについてその特徴を整理する。わが国の国家公務員の定年年齢は60歳（65歳への延長を検討中）であるが、これは主としてノン・キャリア組についての年齢であって、キャリア組の場合、競争に負けた時点で勧奨退職するしきたりにこれまではなっていた。キャリアの場合、昇進に差が出るのは省によって若干の異なりはあるものの課長級相当の時点で、年齢は40歳頃と言われている（稲継, 1996, p.31）。ちなみに、ノン・キャリアでも競争はあり、係長までは同一年次同時昇進が貫かれるが、課長補佐に昇進する40歳台半ばに差が出る（同, p.33）。ただし、ノン・キャリアの場合、競争に負けても、勧奨退職する必要はなく、定年まで勤め上げることができる。もちろん、定年時の俸給はその時点の級号俸によって異なり、退職金も俸給に基づいて計算されるので、どこまで昇進したのかによって、給与や退職金での差は存在する。

　キャリア組の話に戻るが、キャリアは、ノン・キャリアと異なり、競争に負けた時点で勧奨退職しなければならない。勧奨退職の年齢は省やどのレベルでの競争に敗れたかによって異なるが、早い場合は40歳台半ばぐらいからである。この勧奨退職者たちの再就職（天下り）先については、かつては各省（大臣官房人事課長）があっせんする慣わしになっていた。ただし、離職後2年間は、離職前5年間に在職していた国の機関と密接な関係にあるものに就いてはならないとされていた（人事院の承認を得た場合を除く）。そこで、民間企業に天下る

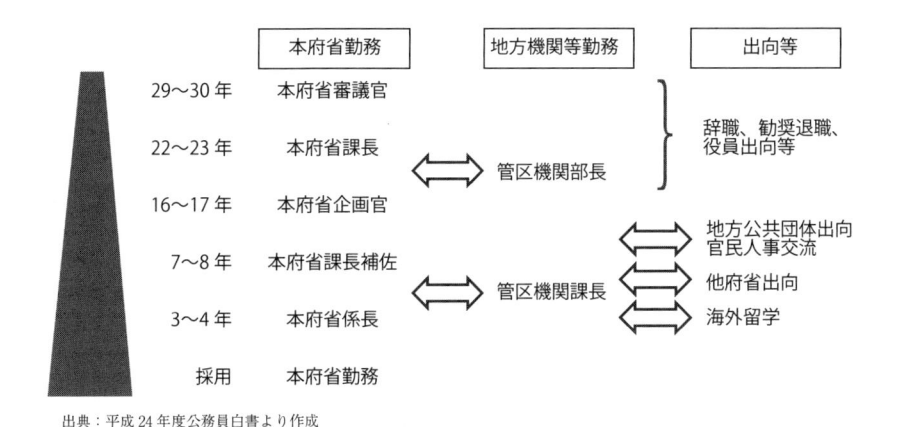

出典：平成24年度公務員白書より作成

図12-2　旧Ⅰ種採用事務系職員の昇進実態（イメージ）

までの2年間を埋めるために、特殊法人の役員に天下ることが行われていた。つまり、特殊法人は、本来業務の遂行の他にキャリアの天下り先を確保するという役割も果たしていた。しかしながら、国家財政の悪化、無駄な特殊法人への世論の批判などを受けて、行政改革の一環として特殊法人改革（第8章　独立行政法人制度の現状と課題、参照）と天下りの規制強化が課題となった。その点をめぐる改革の動きについては次節で触れる。

　諸外国の定年などの状況に目を向けると、米国については航空管制官（56歳）や外交官（65歳）を除いて定年年齢はない。英国については課長級以上のポストについては60歳、それ以外の一般の職員は各府省やエージェンシーが決定するしくみになっている。フランスの定年は65歳（危険を伴う職については55〜60歳）、ドイツも65歳（例外として、警察執行官吏は60歳、航空管制官は55歳）である。また、これらの4カ国についても再就職に関する規制が設けられている。ただし、わが国における天下りのような問題はこれらの国々ではあまり聞かれない。それはわが国のように勧奨退職の慣行がないことと、定年退職後の年金もしくは恩給が比較的充実しているからである（退職前俸給の70〜75％）。

2　国家公務員制度改革の展開

1．これまでの改革の経緯

　次に国家公務員制度改革をめぐる動きについて見る。まず、これまでにどのようなことが議論され、改革が進められてきたのかについて振り返る。公務員制度改革については、第2次臨時行政調査会やその後の3次に及ぶ行政改革審議会でも議論されてきたが、現在進められている改革の出発点は橋本内閣の下で設置された行政改革会議（橋本龍太郎首相自身が会長を務めた）とその最終報告であると言われている。1997年12月に提出された最終報告では、内閣機能の強化に関連した課題として、①中央人事行政機関の機能分担の見直し、②新たな人材の一括管理システム、③内閣官房の人材確保システムなどの点を挙げた。その後、公務員制度調査会が設けられ、議論が重ねられたが実際の改革には行き着かなかった。

前節でも触れた世論の批判の高い天下りについては、2007年6月に国家公務員改正法案が国会で成立した。改正国家公務員法の目玉は、官民人材交流センターと再就職等監視委員会の設置であった。官民人材交流センターの役割は、公務員の離職後の就職の援助を行うことであった。同センターは内閣府に置かれ、その長は内閣官房長官が務めるとされた。ただし、天下りの背景となってきた勧奨退職慣行については継続が前提とされていた。センターの運営に関する具体的な制度設計について検討した「官民人材交流センターの制度設計に関する懇談会」(田中一昭座長) による2007年12月の報告によれば、センターが発足する2008年から2011年までは過渡期で、従来通りの各省庁によるあっせんを容認するが、2011年の本格稼働以降はセンターに一元化されるとした。

　官民人材交流センターの運営に関してはいくつかの疑問の声が聞かれた。ひとつは、「一般の人はハローワークで求職活動する人も多い中で、なぜ公務員だけがセンターを利用するのか」という疑問であった (山本, 2008)。もうひとつは、特殊法人や独立行政法人の役職ポストについても、センターで一元的に取り扱うべきではないかという意見であった。特に後者の意見に関連した事例としては、総選挙の際のマニフェストで天下りあっせんの全面禁止を掲げていた鳩山民主党内閣が日本郵政株式会社の社長に元大蔵次官が就任することを認めた際に問題化した[6]。

　また、鳩山内閣は、2010年2月に国家公務員法等改正案を国会に提出した。同法案では、縦割り行政の弊害をなくすため、官邸主導で適材適所の人材配置を目指し、幹部公務員人事の内閣による一元管理を担う「内閣人事局」の設置と、退職者の適正管理と再就職への監視機能の強化を目指して、官民人材交流センターおよび再就職等監視委員会の廃止、それに代えて民間人材登用・再就職適正化センターおよび再就職等監視・適正化委員会の設置が盛り込まれていた。ただし、同法案は、参議院での審議中に会期末を迎え成立しなかった。

2．国家公務員制度改革基本法の内容と最近の動き

　前節の説明では、天下りへの批判とそれへの対策としての官民人材交流センターの設置などを中心に述べた。上記の通り、民主党政権は官民人材交流セン

ターの廃止と新たな組織の設置を目指したが、それは実現しないで官民人材交流センターは現在も存続している。ただし、2009年9月の運用変更により、組織の改廃などによって離職せざるを得ない場合を除き、同センターは再就職支援を行わないこととなった。こうした天下り規制の強化の影響か、2010年度の勧奨退職者数は大幅に減少し761人（2008年度は3038人、2009年度は2595人）となった。

　本節では、天下り問題以外の国家公務員制度改革の論点とその進捗状況について見ることにする。その際、まず確認しなければならないのは、2008年4月に福田内閣が国会に提出し、自民・民主・公明の合意による修正を経て同年6月に成立した国家公務員制度改革基本法についてである。同法の要点は、次の5点である。①首相を補佐する「国家戦略スタッフ」および各省大臣を補佐する「政務スタッフ」の官僚制の内外からの登用、②幹部職員の内閣による一元管理、③国会議員と官僚の接触の透明化、④キャリア制度の廃止と新しい採用制度の導入、⑤各省庁の幹部人事の情報を取りまとめる内閣人事局の設置の5点であった。また、同法に基づいて国家公務員制度改革推進本部が内閣に設置された。ただし、この基本法は「プログラム法」であり、改革すべき項目を並べたものに過ぎず、実際の改革のためには別途法的措置を講ずる必要があった。当初、5年以内（内閣人事局の設置については1年以内）の実現を予定していたが、その後1年早めて4年以内の改革実現が目指された（伊藤、2010, pp.3-4）。

　これらの基本法で掲げられた改革項目はその後、どう実現したのか（しなかったのか）。2009年3月に麻生内閣は、上記の改革項目のうちの①および②、

表12-1　国家公務員の退職者数（退職理由別）

退職理由	2008年度退職者数	2009年度退職者数	2010年度退職者数
定年	5,588	5,605	4,824
勧奨	3,038	2,595	761
自己都合	7,043	6,303	5,728
その他	1,667	3,227	1,469
計	17,336	17,730	12,782

注）「その他」には、死亡等による退職者が含まれ、地方公務員等になった者等の退職手当が支給されていない者が除かれている。
出典：総務省ホームページより作成

表12-2 国家公務員制度改革をめぐるこれまでの経緯

年 月 日	法案の概要
2007年6月 第1次安倍内閣	国家公務員法等改正案成立（公布・施行済） ①再就職規制の見直し等 　各省による再就職あっせん禁止と官民人材交流センターへの再就職支援一元化、退職公務員の働きかけ規制の導入等 ②能力・実績主義の徹底 　新たな人事評価制度の導入（任用、給与、分限その他の人事管理の基礎）等
2008年6月6日 福田内閣	国家公務員制度改革基本法成立（公布・施行済） ①改革の基本理念、基本方針を規定 ・幹部人事等の一元管理（内閣人事局の設置）、幹部候補育成課程の整備等 ・自律的労使関係制度の措置 ・国家公務員制度改革推進本部・事務局の設置 ②改革を行うために必要な措置は法施行後5年（2013年6月）以内目途、法制上の措置は3年（2011年6月）以内目途に講ずる
2009年3月31日 麻生内閣	国家公務員法等改正案国会提出→廃案 ①内閣による幹部人事の一元管理（幹部職員の特例降任）、幹部候補育成課程の整備 ②①の業務を所掌するとともに、総務省（人事行政、機構定員）、人事院（級別定数、任用、試験・研修〔企画〕）から機能を移管した内閣人事局の設置等
2010年2月19日 鳩山内閣	国家公務員法等改正案国会提出→廃案 ①内閣による幹部人事の一元管理（次官から部長級までを同一の職制上の段階とみなす） ②①の業務を所掌する内閣人事局の設置（関係機関からの機能移管を行わず） ③官民人材交流センターおよび再就職等監視委員会を廃止し、民間人登用・再就職適正化センターを設置
2011年6月3日 菅内閣	国家公務員制度改革関連4法案国会提出→廃案 ①内閣による幹部人事の一元管理（次官から部長級までを同一の職制上の段階とみなす）、幹部候補育成課程の整備 ②退職管理の一層の適正化 ③自律的労使関係制度の措置 ④幹部人事の一元管理を所掌する内閣人事局、人事行政、機構定員等を総合的・一体的に所掌する使用者機関たる公務員庁を設置し、人事院を廃止

出典：「今後の公務員制度改革の在り方に関する意見交換会」資料を基に筆者作成

⑤の改革を目指した国家公務員法等改正案を国会に提出した。しかし、同法案をめぐっては、②の点に関連する幹部公務員の降格問題などをめぐって与党内からも異論が生じ、結局、同年7月の衆議院の解散によって廃案となった（伊藤、2010, p.5）。

　民主党への政権交代後の鳩山内閣でも、上記のように2010年2月に国家公務員法等改正案が国会に提出されたが廃案になった。さらに、菅内閣の下でも

2011年6月に国家公務員制度改革関連4法案が国会に提出されたが廃案となった。そして、2012年12月の総選挙の結果、再び自民党が政権を担当することになり、第2次安倍内閣が誕生した。

　第2次安倍内閣の公務員制度改革の方向性を示したものとしては2013年6月28日に国家公務員制度改革推進本部が決定した「今後の公務員制度改革について」を挙げることができる。同文書では、第2次安倍政権が取り組むべき国家公務員制度改革については、上記の2009年に麻生内閣が国会に提出し廃案になった国家公務員法等改正案を基本とし、①幹部人事の一元化[7]、②幹部候補者育成課程、③内閣事務局の設置等、④国家戦略スタッフ、政務スタッフ、⑤その他の法制上の措置の取扱いの5項目について制度設計を行うとしている。また、その他として、①能力・実績主義の徹底、②組織の活性化の2つを挙げた。前者については「真に頑張る者が報われるよう、人事評価制度の運用実態の把握・検証を行った上で、制度及び運用の改善及び向上を図るとともに、人事評価結果を給与・任用等の処遇に反映させることを徹底する。また、女性の積極的な登用を進める」としている。後者については、新たに設けられた早期退職募集制度の活用等による新陳代謝の促進、多様な人材の確保、公務経験の内外での活用等によるキャリアパスの多様化、能力・実績の給与への一層の反映、給与カーブの見直しなどを具体的に取り組む点として挙げた。

　この文書の発表の数カ月前からその制度設計にあたってきた有識者会議である「今後の公務員制度改革の在り方に関する意見交換会」の議事録（速報版の「概要」を参照）を見ると、上記の各提案項目の含意について理解できる。2013年2月22日に開催された第1回意見交換会の議事録では、「霞が関の公務員には疲労感・閉塞感が蔓延している」「勧奨退職者が大きく減少する中で、上のポストが詰まり、（中略）早期昇進体系は行き詰まっている状況である」「若手公務員の働く意欲や能力が低下している」「些事にわたる政治主導が公務員のモチベーションの低下を招いている」「最近では、時代が低成長・内向きになる中で、公共利益に貢献しているという実感を官僚が持ちづらくなっている」などの近年の環境変化を受けた状況（問題点）が吐露されている。このあたりの問題認識が上記の「今後の公務員制度改革について」の改革の必要性に関す

る下記の文言につながったと言える。少し長いが引用してみる。
・安定した政権の下で、直面するさまざまな危機を突破し、強い日本を取り戻すため、長期的視点から腰を据えて諸課題に対処できる「政」と「官」の関係を築ける公務員制度とすること
・多様で優秀な人材が、国家公務員としての使命感や行政のプロとしての誇りを持って国家・国民のために行動できる体制を構築すること
・若者や女性にとって、国家公務員を志したいと思えるような魅力的な公務員制度を目指すこと

　民主党政権下での政官関係の混乱を教訓として、いままたあるべき政官関係の構築が検討の課題となっている。天下りが根絶されたわけではないだろうが、官民人材交流センターの本格稼働に伴い勧奨退職者の数は大幅に減り、キャリア組の早期昇進・早期退職の人事慣行は変化を余儀なくされている。また、キャリア制度は新しい採用試験制度の導入によってもその変容が後押しされた。さらには、2014年春には、内閣人事局の設置も目指されている[8]。こうして見てくると、一見遅々として進まない国家公務員制度改革であるが、天下り問題にせよキャリア制度にせよ、時間をかけてかなり変化してきたことが理解できる。ただし、すべての問題が解決された訳ではない。例えば、自律的な労使関係の構築（労働基本権の回復など）をめぐる点は、上記の意見交換会でも盛んに議論されたが、「今後の公務員制度改革について」ではまったく触れられなかった。これらの点を含めてまだまだ議論し改革すべき問題は残っていると言える。
　ちなみに政府（第2次安倍内閣）は内閣人事局の新設を柱とした国家公務員制度改革関連法案を2013年11月5日に閣議決定し、国会に提出した。12月3日に自民、公明両党と民主党が修正案[9]に合意し、2014年の通常国会で早期の成立を目指すことも確認された。

3　地方自治体における改革の動きと地方公務員の変容

　本書の各章で紹介されているように、民間委託、PFI、指定管理者制度の導入など、いわゆる民営化の動きによって、自治体が直接担当する業務は減り、

地方公務員の数は減少の一途をたどってきた。1994年の328万人をピークとして2012年の277万人まで18年連続で減少してきた（1994年比で16%減）。

　地方自治体において見られる変化は、民営化や地方公務員数の減少だけではない。近年、自治体の組織が大きく変容してきた。ひとつの傾向として、組織の階層を減らし、組織を「フラット化」する動きが見られる。組織の階層が多く縦に長いと、意思決定や情報伝達に時間がかかるからである。具体的には、静岡県、三重県、滋賀県、広島県などが、グループ制の導入によって組織をフラット化してきた。例えば、広島県では2001年から本庁組織のフラット化に着手し、それまでの7階層（部長、次長、課〈室〉長、課長代理、課長補佐、係長、係員）を5階層（部長、総室長、室長、グループ・リーダー、室員）に改めた。このフラット化の最も大きな変更点は、従来の「課」（30～40人構成）を廃止し、より小規模で専門的性格の濃い「室」（10～20人）に改めたことである。もうひとつの特徴は、「係」を廃止して、「グループ制」を導入したことである。従来は、課長代理や課長補佐は係長を通して係員に指示を出していたが、グループ制では、室長が室員に直接指示や命令を出す関係になった。ただし、その分、室長の負担が増えた。実は、静岡県や広島県では、2010年までに総室―室制をやめ、部―課制に戻した。フラット化のデメリットの面が大きくなった結果と推察される（稲継，2011，pp.152-155）。

　また、組織の大括り化に取り組む自治体もある。大括り化の目的は、組織をタテ割り的に細分化するより、類似性や共通性を持つものをひとつの組織に集めるほうが、調整コストがかからず効率的だという考えによるものである。例えば、東京都では、2004年度に住宅局と都市計画局を統合して都市整備局を新設した。また、それに先立って、2002年度には、それまでの衛生局を健康局に名称を改め、2年後の2004年度には福祉保健局に再編し、健康と福祉という比較的近い政策分野をひとつの局に統合した（松井，2012，p.193）。

　このような自治体組織の変化は、当然、そこで働く公務員の仕事の内容や求められる能力にも変化をもたらせることになる。上記のフラット化の場合であれば、フラット化によってライン組織（命令の系統）であった中間管理職（課長代理、課長補佐、係長）などは、決裁権を持たないスタッフ組織に改められたの

で、スタッフとしての働きが求められるようになった。もうひとつは、グループ制や大括り化の結果、所掌事務の範囲が広がったことを指摘しなければならない。そもそも、グループ制や大括り化の背景は、行政が対応しなければならない社会や市民の需要が拡大し、従来のタテ割り的な部—課制では、それらの新しい行政需要に十分に応えることができなかったからである。つまり、グループ制や大括り化の下での地方公務員には、多様な行政需要に対応できる柔軟性が要求される。

　新しい組織環境の下で地方公務員に求められる能力や役割が変容してきたことについて述べた。その一方で、公務員（国家・地方含めて正規職員）に向けられる社会や政治からの批判の目、そして成果主義や管理主義による締め付けは一層厳しくなってきた。そうした環境変化の中で、やる気を失ったり、心身に不調をきたす公務員が多いと言われている。経営学者の太田肇は、組織論の視点から、公務員のやる気を引き出す方策について提案している。公務員（特に若手）のやる気を奪っているものに、管理の過剰があると太田は言う。コンピュータ・システムの普及により、情報の整理、伝達にかかる手間は大幅に減った。しかし、それに反して管理職の数は減っていない。これらの過剰な管理職は自らの存在感を示すために部下の仕事について不必要な介入を行い、部下のやる気を奪っている（太田，2011，pp.105-106）。公務員のやる気を引き出す方策として、太田は他人から指示された仕事ではなく自ら考え取り組む自律的で自発的な仕事のスタイル（「内発型」のモチベーション）を重視する。その上で、さらにやる気を動機づける要素や条件について次のように述べている。役職ポストや給与などの役所内の資源で動機づけようとしても、これらの資源は今日非常に限られているので、その方法では難しい。だからと言って、使命感などの精神論に訴えるのも「ナイーブ」かつ「役所側の恣意的な意図を疑われかねない」（同，p.146）。そこで、太田の提案は、外部（役所の外）の資源を使うことである。具体的には、公務員も外（マスコミなど）に対して自分の顔や名前を出すようになれば、自分の仕事であるとの自覚が強まると共に注目され、それがやる気につながるというものである。また、一生公務員を続けるのではなく、公務員時代に培った能力を活かして他の職業に転職する風土を整えることも提案してい

る。終身雇用や年功制は安定性の面では公務員にとって確かに魅力であるが、その分、内向きになりやる気やチャレンジ精神を奪っていく。将来、外に出る（転職する）という気持ちを持っていることが、公務員時代の仕事にも良い意味での緊張感を与えるようである。

4　非正規公務員問題

　近年、民間企業においても非正規労働者の増加が問題になっているが、それは公務員の世界においても同様の傾向が見られる。非正規の地方公務員とは、自治体で勤務する臨時・非常勤の職員のことである。非正規公務員に詳しい上林陽治は、総務省公務員課の調査結果[10]に基づいて、2005年時点と2008年時点での非正規の地方公務員数を比較している。2005年調査では45万5840人であったが、2008年調査では49万9302人となり、3年間で4万3462人も増加した。一方、常勤の地方公務員数については前節でも1994年以降減り続けていると述べたが、2005年時点で304万2122人だったのが、2008年時点では289万9378人となり、14万人以上が削減された（上林, 2012, pp.20-22）。

　常勤職員の減少と非正規職員の増加の背景には、自治体財政の悪化（税収の落ち込み）などがあり、それに伴って人件費の抑制と定員削減が進められてきたからである。これらの要因によって、常勤職員の非正規職員への置き換えが進行してきたわけであるが、そのもうひとつの要因として、非正規公務員の人件費は「物件費」として計上されることが影響している。物件費とは、「人件費、維持補修費、扶助費、補助費等以外の経費の総称」で、非正規公務員に払われる報酬や賃金は消耗品的性格のものとして捉えられていると言える（上林, 2013, p.40）。人件費の抑制が課題となっている各自治体にとって、常勤職員に比べて金額が安く抑えられることに加えて、非正規公務員の賃金は人件費に計上する必要がない（見かけ上、人件費を減らせる）ことが、自治体にとって非正規を増やす二重の意味でのメリットと言える。

　上林の紹介するもうひとつの自治労の調査結果[11]によれば、地方公務員のうちの3人に1人が非正規公務員という状況が見られる。特に非正規の割合は

都道府県や政令市のような大規模・都市自治体より町村において高い。非正規率が5割を超える自治体もある。また、職種別に見ると（上記の自治労調査によれば）、学童保育指導員（92.8%）、消費生活相談員（86.3%）、図書館職員（67.8%）、学校給食調理員（64.1%）、保育士（52.9%）、学校用務員（52.0%）などが非正規の割合が高い（上林，2013，p.36）。ただし、非正規の学校給食調理員については、減少傾向にあるようである。それは、民間委託等が進展したことの影響であると言われている（上林，2012，p.23）。一方、常勤の公務員については、どの職種を見ても基本的には減少傾向にあるが、警察官と消防吏員については、2005～2008年の期間で増加傾向にある。警察官については同期間で7543人、消防吏員については1459人増加した（同，p.23）。

さて、上記の非正規割合の高い職種に入っていないが、実は非正規率が高い職種に公立小中学校の臨時教員（常勤講師および非常勤講師）がある。臨時教員の数は2005年以降増え続けていて、2011年時点で、正規58万7326人に対し非正規11万2365人で、6人に1人が非正規教員にあたる計算である。なぜこのように非正規教員が増えてきたのか。2004年に公立小中学校の教職員給与の国庫負担率がそれまでの2分の1から3分の1に変更された。そして、その際に、給与の額や教職員配置に関する自治体の裁量権が大幅に拡大された。それ以後、各自治体は人件費抑制のねらいから臨時教員を増やしていった（上林，2013，pp.6-8）。臨時教員とはいうものの、担当しなければならない業務の種類や量は正規の教員とほぼ同じである。クラス担任を受け持ち、クラブ活動も指導する。正規の教員と異なるのは、給与が低いことと、任期が1年で身分が不安定なことぐらいである。

こうした状況は、図書館職員、消費生活相談員、保育士などの地方公務員の他の非正規の職種でも同じである。国家公務員の非正規職員数については、国立大学が独立行政法人化（職員の身分が公務員から民間労働者に変更された）したことや社会保険庁が民営化したことなどによって減少してきた。現在、国家公務員の非正規職員で人数的に多いのは、ハローワーク（職業安定所）の相談員で、その75%が非常勤職員である。彼ら彼女らにも、地方公務員の非正規職員と同じ特徴（給与の低さと身分の不安定さ）が見られる（上林，2012，p.26）。給与の低

さについてであるが、上林の紹介によれば、常勤の一般行政職地方公務員の平均年収は690万7461円であるが、臨時・非常勤の場合、常勤の3分の1にも及ばない状況のようである（同，p.25）。

以上のように非正規と言っても、地方公務員の3分の1に及び「常態化」している職員の処遇についてどう改善すべきか。なかなか難しい課題であるが、大学の講義（学部3・4年生対象の公務員制度論）の際に、学生に聞いてみたところ、なかなか興味深い回答が寄せられた。ある女子学生は「問いに対する本質的な解決策でないことは分かっていますが、非正規率の高い分野は民間委託などの民営化策を模索するほうが現実的ではないですか」と回答した。また、ある男子学生は「単純な発想ですが、正規職員の給与を少し下げて、その分非正規の給与を上げる訳にはいかないのですか」と回答した。前者の回答は、上記のように学校給食調理員などの職種では、実際にそのように民間委託、民営化が進んでいる。ただし、民間委託によって雇用の質が悪化する危険性（安価な業者への委託替えがダンピング競争を招き、さらに低給与と不安定な雇用が進む）があることは別の問題として考えなければならない課題である（藤田，2012a，pp.72-73）。また、後者の回答には、難しい問題が絡んでいる。それは公務員労働組合との関係である。「正規職員と非正規職員が賃金シェアをすべきだ」との考え方をする組合関係者もいるが、「地方公務員法は、公務員は正規でまかなうべきだとして」いるので、非正規の存在を認めず、組合への加入も認めないという建前論のほうが多い。結果的に、それが非正規の待遇改善を怠ることになっている。また、正規職員は公務員試験に合格しているので、正規と非正規の待遇を同じにすることはできないとの本音も聞かれる（藤田，2012b，pp.57-58）。一方、非正規職員からは正規職員への怨嗟の声もある（同，p.21）。

埋めがたい正規と非正規の間の溝に対して、その解決に向けて動き出している自治体もある。東京都の荒川区では、非常勤職員を一般非常勤、主任非常勤（専門分野の企画立案）、総括非常勤（当該分野の非常勤職員の取りまとめ役）の3階層に分け、職責に応じた処遇を行っている。「人間はプライドを傷つけられたときに、最も生産性が落ちます」「まず彼ら（非正規職員、筆者注）のプライドを充足するということです」との区長の言葉は重要である（上林，2013，p.51）。

1）戦前の時代の「天皇の官吏」としての官僚制の政治権力の強さ並びに戦後改革の中でGHQが間接統治を選択したため占領政策の担い手として官僚制のみが政治権力の中で解体を免れたことに注目し、政治権力としての官僚制の優位を唱える官僚優位論（戦前・戦後連続説）と、戦後の国民主権の確立と国会が国権の最高機関としての地位を保障され、また、自民党の長期政権化による政策形成能力の向上に注目し、戦前や戦後初期の時代に比べて相対的に政党（特に自民党）の政治権力としての優位を主張する政党優位論（戦前・戦後断絶説）という2つの捉え方がある。
2）ウェストミンスターモデルが何かと問われれば、それに対する明確な定義はないが、小堀は、ディヴィッド・リチャーズとマーティン・スミスの説明に基づいて「議会主権、自由で公正な選挙を通じた説明責任、行政府をめぐる多数党のコントロール、強い内閣政府、大臣責任制の原理、無党派官僚」などの要素を挙げた（小堀，2012, p.28）。
3）ホワイトホールモデルについてバーナムとパイパーは次のような特徴を列挙した。中立を旨とする専門的・職業的な公務。ジェネラリストを採用して「部内」で育成。昇進は成績主義で主として内部から行われる。公務員の説明責任は大臣の説明責任の原理に基づく。公務員は「無名」で人格を持たない。専門家としての政策助言機能を独占し、大臣が議会においてうまく役割を果たせるように支える。大臣が連帯して同意した政策を公務が実施する。相互調整を行い、一元的な組織として活動する。機能ごとに編成された階層制組織（省庁）によって政策を実施する（バーナム／パイパー，2010, p.32）。
4）真渕は、日本の政官関係について、行政と政治の関係、行政と社会の関係という2つの軸に基づいて、戦後の官僚制と政官関係の変容について次のように整理した。1960年代までは、政治の上に立ち社会（利益団体）とも距離を置く国士型官僚が多かったが、70年代以降は、自民党の長期政権化に伴って政治と協力し社会の意見にも耳を傾ける調整型官僚が登場し、80年代以降は政治と社会の圧力の高まりにより行政は政治の下に置かれるべきであり社会からも距離をとる吏員型官僚が現れたと整理した（真渕，2010, pp.27-31）。
5）政治任用には、高級管理職、SESの一部、スケジュールCの3種類がある。高級管理職は、大統領府（ホワイトハウス）の主要スタッフ、各省の長官、副長官、次官、次官補、独立機関の長などで約1500名である（この中には上院の承認が必要なものと不要なものがある）。約7800人のSESのうち約700人が政治任用者である（近年、政治任用者の数は減少傾向にある）。機密事項もしくは政策決定に携わるスケジュールCの職員約1600人も政治任用（メリット・システムの除外職）である（稲継，2008, pp.66-67）。
6）鳩山内閣は、天下りについて「府省庁が退職後の職員を企業、団体等に再就職させることをいう」と定義し、府省庁のあっせんを受けずに適材適所の再就職をすることは天下りにはあたらないとの見解を示した（伊藤，2010, p.6）。
7）幹部人事の一元化は、各省によるセクショナリズムの解消のねらいから目指されている。橋本内閣において、官房長官と3人の官房副長官が、閣議にかける前の幹部人事案を検討し、承認したものを閣議にかけるという手続きが導入された（各府省庁の幹部の不祥事が続いたため）。麻生内閣が提出した国家公務員法等改正案では、「本府省の部長クラス以上の幹部登用の際、総理が、必要な職務遂行能力を備えているかなどを判定するための『適格性審査』を実施し、それをクリアした者で『候補者名簿』を作成」し、任命権者（各府省の大臣）はその名簿の中から選ぶという手続きであった。第2次安倍内閣が構想する幹部人事の一元化案もこれを想定しているものと思われる（労働政策研究・研修機構，2013, p.32）。
8）2014年春に設置が予定されている内閣人事局について、2013年6月24日に開催された第8回「今後の公務員制度改革の在り方に関する意見交換会」では、時間的な制約を考えると、人事院や総務省から関連する部局を持ってくる大きな内閣人事局を設けることには無理があり、「現在の閣議人事検討会議で行っている事務を担うコンパクトな内閣事務局を設置した上で、翌年度以降に、機能移管を考えていくこともひとつの案ではないか」との意見があった。ただし、労働政策研

究・研修機構の解説によれば「内閣人事局は、総務省が持っている国家公務員制度の企画・立案機能や、人事院が持っている級別定数の設定や任用などの機能を引き継ぐ」としている（同，p.32）。
9) 国家公務員の定年の段階的引き上げや、65歳まで再任制度を拡大する検討項目を条文の付則に盛り込むことで3党間の修正案は合意に達した。
10) 総務省公務員課「臨時・非常勤職員に関する調査結果について」
11) 自治労「2012年度　自治体臨時・非常勤等職員の賃金・労働条件制度調査結果（中間報告）」2012年10月28日

参考文献

飯尾潤『日本の統治構造―官僚内閣制から議院内閣制へ』中公新書、2007年
伊藤信博「国家公務員制度改革の経緯と動向」『調査と情報』第671号、国立国会図書館、2010年
稲継裕昭『日本の官僚人事システム』東洋経済新報社、1996年
稲継裕昭「アメリカ合衆国の公務員制度」村松岐夫編『公務員制度改革―米・英・独・仏の動向を踏まえて』学陽書房、2008年
稲継裕昭『地方自治入門』有斐閣、2011年
太田肇『公務員革命―彼らの〈やる気〉が地域社会を変える』ちくま新書、2011年
上林陽治『非正規公務員』日本評論社、2012年
上林陽治『非正規公務員という問題―問われる公共サービスのあり方』岩波ブックレット第869号、2013年
小堀眞裕『ウェストミンスター・モデルの変容』法律文化社、2012年
ジューン・バーナム／ロバート・パイパー（稲継裕昭・浅尾久美子訳）『イギリスの行政改革』ミネルヴァ書房、2010年
原田久「ドイツの公務員制度」前掲、村松編『公務員制度改革―米・英・独・仏の動向を踏まえて』
藤田和恵「官製ワーキングプア―非正規公務員の実像」『都市問題』東京市政調査会、2012年a（7月号）
藤田和恵『ルポ労働格差とポピュリズム―大阪で起きていること』岩波ブックレット第858号、2012年b
松井望「組織・権限と機構管理」柴田直子・松井望『地方自治論入門』ミネルヴァ書房、2012年
真渕勝『官僚』東京大学出版会、2010年
村松岐夫『日本の行政―活動型官僚制の変貌』中公新書、1994年
山本幸司「官民人材交流センターは抜本改革となるか」『都市問題』東京市政調査会、2008年2月号
労働政策研究・研修機構（調査・解析部）「公務員制度／今後の改革の基本方針や考え方を決定」『ビジネス・レーバー・トレンド』2013年8月号

索　引

ア　行

アウトソーシング　48, 98
アドプト　90
アベノミクス　78
天下り　155, 212, 214, 215, 219
一般社団・財団法人　116
ウェストミンスターモデル　208
運用指針　125
エージェンシー　132
応答責任　124
大きな政府　55
公の施設　112
お役所仕事　49
オンブズマン　206
オンブズマン制度　207

カ　行

外郭団体　119
会社更生法　63, 71
カイデン、G・E　30
外部委託　53
学校給食　44
学校用務員　45
株式会社　114
株式会社かんぽ生命保険（かんぽ）　174
株式会社ゆうちょ銀行（ゆうちょ）　174
官から民へ　113
監査委員制度　207
勧奨退職　213, 214, 215
官製市場民間開放委員会　95
間接経営　43
完全民営化　152
監督官庁　152
官と民の役割分担　98
官民競争入札　99
官民競争入札等管理委員会　99
官民人材交流センター　215, 216, 219
関連企業　156
規制改革・民間開放推進会議　95
規制緩和　113

規制の虜（regulatory capture）　29
機能体組織　2
キャリア　210, 212, 213
行財政改革　55, 114
行政改革　15, 30, 132
行政改革会議　187, 214
行政改革推進プラン　54
行政監察　197
行政監察局　191
行政管理　16
強制競争入札　97
行政刷新会議　188
行政サービス　47
行政処分　120
行政整理　16
行政責任　129
行政の事務・事業量　98
行政の役割と守備範囲　98
行政評価・監視　189
行政評価局　191
協働　50, 129
業務棚卸表　199
グランゼコール　212
グループ制の導入　220
経済財政諮問会議　171
経済社会基本計画　58
経費節減・コスト効率　114
ゲゼルシャフト　9
ゲマインシャフト　9
ゲリラ部隊　181
小泉内閣　208
公益事業　9
公益社団・財団法人　116
公開競争試験　210
公共経営　5
公共財　26
公共サービス　47
公共サービスの担い手の多元化　129
公共性　48
公共的団体　116
公社化　170

227

構造改革特別区域法　100
高速道路株式会社　163
公募施設　122
公・民のコスト比較　45
公・民の混合事業形態　46
公務員制度改革運動　210
公用車　45
顧客志向　17
顧客志向・顧客満足　114
国鉄再建法　67
国土交通省道路局　161
国立大学法人　144
コスト削減　120
コストの計算　98
コストパフォーマンス　128
コスト面　48
国家公務員制度改革基本法　216
コーポレイトガバナンス　66
ごみ収集　44
コール　212
混合型　79
コンセッション方式　79
コンパクト（Compact）　86
コンプライアンス〔法令遵守〕　121

サ　行

財源のスリム化　50
再就職等監視委員会　215
財政の限界　18
最大動員システム　210
サッチャー政権　86, 114
サービス購入型　78
シェアードサービス　89
「刺客」候補　173
資格審査　124
事業受託者　124
市区町村　116
施策展開表　201
市場化テスト　95
市場の失敗（market failure）　25
市場部門　2
市場メカニズム　47, 114
施設の管理　45
自治体経営　13
自治体版市場化テスト　107

指定管理施設　125
指定管理者制度　98, 112
シティズンズ・チャーター　76
指定都市　116
事務次官通達　44
事務事業評価　199
社会的効率　47
社会的有効性基準　47
社会福祉施設　112
収益主義　11
終身職公務員　211
住民サービスの質　120
受益者負担　114
首都高速道路公団（首都公団）　153
上級公務員制度　211
常勤職員　222
上下一体方式　160
上下分離方式　162
情報の非対称性　26
所管課　126
書類審査　124
審議会　156
信書便法　170
申請事業者　124
スポーツ施設　112
成果志向　17
正規職員　224
政策過程　184
政策評価・独立行政法人評価委員会　138
政治主導　208, 209
政治任用職　210, 211
清掃業務　46
清掃職員　47
政府の失敗（government failure）　25
政府部門　2
政府保有株　152
石油危機　31
セクショナリズム　25
セクター　50
設置根拠法（根拠法）　150
説明責任　124
総合規制改革会議　95
総合性確保評価　195
総務省　51, 118
総務大臣　174

組織の大括り化　220
組織のフラット化　220

タ　行

大学共同利用機関法人　144
第三セクター　58, 113
第11次地方制度調査会　43
大統領研修計画　211
第2次安倍内閣　218
第2次臨時行政改革推進審議会　112
単純業務委託　98
小さな政府　55
地縁による団体　116
地方議会　128
地方公営企業　43, 59, 60
地方債　113
地方三公社　59, 60
地方自治法改正　112
地方住宅供給公社　59
地方道路公社　59
地方独立行政法人　59, 143
中央省庁等改革基本法　136, 187
庁舎管理　45
直営　44
直営方式　47
提案型市場化テスト　107
提案審査　124
テイラー、F・W　6
伝統的官僚制モデル　35
テンニース　2
統一性確保評価　195
道路関係四公団　153
道路関係四公団民営化推進委員会　158
道路関係四公団民営化に関する政府・与党協議会　161
特殊会社　150
特殊法人　150
特殊法人改革　214
特殊法人等整理合理化計画　157
特定地方交通線　67
特定調停　70, 71
特定非営利活動法人（NPO法人）　116
独立行政法人　75, 132
独立行政法人制度　98
独立行政法人通則法　133, 137

独立行政法人日本高速道路保有・債務返済機構　161
独立行政法人郵便貯金・簡易生命保険管理機構　175
独立採算型　78
土地開発公社　59
都道府県　116

ナ　行

内閣事務局　218
内閣人事局　215, 216, 219
日本司法支援センター　144
日本道路公団（道路公団）　153
日本郵政株式会社　174
日本郵便株式会社　177
日本列島改造論　59
ニュー・パブリック・サービス　41
ニュー・パブリック・マネジメント→NPM
ノンキャリア　210, 212, 213

ハ　行

「ハコモノ」行政　113
橋本行革　208, 209
鳩山（民主党）内閣　208, 209, 215, 217
パフォーマンス　48
パブリック・マネジメント　4
阪神高速道路公団（阪公団）　153
非営利部門　2
非公式部門　2
非公募施設　122
非人格的な官僚主義　25
非正規職員　222, 223, 224
非正規労働者　120
ファーストストリーマー　211
ファミリー企業　155, 163
福祉国家　22
物件費　222
フッド、C　34
フリーライダー　23
プール制　155
ブレア　86
プレゼン審査　124
文化施設　112
法的整理　70, 71, 73
ホワイトホールモデル　209

本州四国連絡橋公団（本四公団） 153

マ 行

民営化　75, 113
民活法　62, 73
民間委託　43, 75
民間委託方式　48
民間活力　113
民間競争入札　99
民間のシンクタンク　48
民事再生法　71
メージャー　76
モニタリング　120

ヤ 行

郵政解散　169
郵政公社　170
郵政三事業の在り方について考える懇談会　170
郵政事業庁　170
郵政事業の公社化に関する研究会　170
郵政選挙　173
郵政民営化改正法案　177
郵政民営化準備室　172
郵政民営化担当大臣　174
郵政民営化に関する特別委員会（郵政特別委）　172
郵政民営化の基本方針　172
郵政民営化法案　172
郵便局株式会社（郵便局）　174
郵便事業株式会社（郵便事業）　174

ラ 行

ラウフバーン　212
リスク分担　118
リース料　164
リゾート法　62, 63, 66, 73
猟官制　210
臨時教員　223
連携・協働　121
レント・シーキング　27, 29

欧 文

AJ効果　29
BLT（Build-Lease-Transfer）　79
BOO（Build-Operate-Own）　79
BOT（Build-Operate-Transfer）　79
BTO（Build-Transfer-Operate）　79
ENA（国立行政学院）　211
NPM（New Public Management）　22, 75, 185
NPMの類型化　36
NPMモデル　35
PFI（Private Finance Initiative）　75, 98
PFI法　114
PPP（Public Private Partnership）　75
RO（Rehabilitate-Operate）　79
SES（Senior Executive Service）　211
SPC（Specific Purpose Company：特定目的会社）　82
VFM（Value for Money）　76, 114

執筆者・担当一覧

外山　公美（とやま　きみよし）　　　　　　　　　　　　　　8・11章
　1959年　横浜市生まれ
　1989年　日本大学大学院法学研究科博士後期課程退学　博士（学術）
　現　在　立教大学コミュニティ福祉学部教授（専攻：地方自治・行政学）

平石　正美（ひらいし　まさみ）　　　　　　　　　　　　　　2・5章
　1957年　福島県生まれ
　1985年　東海大学大学院政治学研究科博士後期課程満期退学
　現　在　国士舘大学政経学部教授（専攻：行政学・公共政策）

中村　祐司（なかむら　ゆうじ）　　　　　　　　　　　　　　3・7章
　1961年　神奈川県生まれ
　1991年　早稲田大学大学院政治学研究科博士後期課程満期退学　博士（政治学）
　現　在　宇都宮大学地域デザイン科学部教授（専攻：地方自治・行政学）

西村　弥（にしむら　わたる）　　　　　　　　　　　　　　　9・10章
　1976年　埼玉県生まれ
　2007年　明治大学大学院政治経済学研究科博士後期課程修了　博士（政治学）
　現　在　明治大学政治経済学部准教授（専攻：行政学・公共政策学）

五味　太始（ごみ　たいし）　　　　　　　　　　　　　　　　1・6章
　1956年　山梨県生まれ
　1993年　東海大学大学院政治学研究科博士後期課程退学
　現　在　先端政策研究機構理事（専攻：政治学）

古坂　正人（こさか　まさひと）　　　　　　　　　　　　　　2・5章
　1977年　青森県生まれ
　2011年　東京大学大学院人文社会系研究科博士課程単位取得満期退学
　現　在　国士舘大学政経学部講師（専攻：都市政策・行政学）

石見　豊（いわみ　ゆたか）　　　　　　　　　　　　　　　　4・12章
　1965年　京都市生まれ
　1999年　東北大学大学院情報科学研究科博士後期課程退学　博士（情報科学）
　現　在　国士舘大学政経学部教授（専攻：地方自治・行政学）

日本の公共経営 ―― 新しい行政

2014年 4 月25日　初版第 1 刷発行
2016年 7 月 1 日　初版第 2 刷発行

　　　　　　　　　外山公美・平石正美・中村祐司
　　著　者　　西村　弥・五味太始・古坂正人
　　　　　　　　　石見　豊

　　発行者　　木　村　哲　也

　　　　　　　　　　　　　印刷／製本　シナノ印刷

　　　　発行所　株式会社　北樹出版
　　　　　URL:http://www.hokuju.jp
〒 153-0061　東京都目黒区中目黒 1-2-6　電話(03)3715-1525(代表)

Ⓒ Kimiyoshi Toyama et al., 2014, Printed in Japan
　　　　　　　　　　　　ISBN 978-4-7793-0423-1
　　　　　　　　　　（乱丁・落丁の場合はお取り替えします）